IDENTIFICAÇÃO

Blucher

IDENTIFICAÇÃO

Imanência de um conceito

Organizadores

Ignácio A. Paim Filho

Raquel Moreno Garcia

Identificação: imanência de um conceito

Editora Edgard Blücher Ltda.

SÉRIE PSICANÁLISE CONTEMPORÂNEA
Coordenador da série Flávio Ferraz
Publisher Edgard Blücher
Editores Eduardo Blücher e Jonatas Eliakim
Coordenação editorial Andressa Lira
Produção editorial Luana Negraes
Preparação de texto Gabriela Castro
Diagramação Negrito Produção Editorial
Revisão de texto Maurício Katayama
Capa Leandro Cunha
Imagem da capa iStockphoto

Blucher

Rua Pedroso Alvarenga, 1245, 4º andar
04531-934 – São Paulo – SP – Brasil
Tel.: 55 11 3078-5366
contato@blucher.com.br
www.blucher.com.br

Segundo o Novo Acordo Ortográfico, conforme 6. ed. do *Vocabulário Ortográfico da Língua Portuguesa*, Academia Brasileira de Letras, julho de 2021.

Dados Internacionais de Catalogação na Publicação (CIP)
Angélica Ilacqua CRB-8/7057

Identificação : imanência de um conceito / organizado por Ignácio A. Paim Filho, Raquel Moreno Garcia. – São Paulo : Blucher, 2023.

302 p. (Série Psicanálise Contemporânea)

Bibliografia
ISBN 978-65-5506-595-4

1. Psicanálise 2. Orientação sexual 3. Identidade de gênero I. Paim Filho, Ignácio A. II. Garcia, Raquel Moreno.

23-3528 CDD 150.195

Índice para catálogo sistemático:
1. Psicanálise

Conteúdo

Apresentação: Eu, outro mesmo[1]

Jacques André

"Se você morrer durante as férias, como vou ficar sabendo?" A paciente, que se questiona em tom de desamparo, não espera uma resposta. Não que ela antecipe uma recusa do analista, mas sua pergunta contém em si mesma a impossibilidade de ser respondida. Trata-se de uma pergunta mais certa da perda do objeto, ou até de seu desaparecimento, do que preocupada com ele.

Primeira imagem: a dessa paciente; primeiras palavras: aquelas da perda... Alguma coisa nela rimava com conflito e identificação, mas a ordem na qual os colocava mudava a perspectiva: era menos um conflito no âmbito das identificações do que "um conflito para o qual a identificação era a tentativa de solução". Embora seja vaga, essa formulação indica a linha de pensamento que segui.

A identificação e a experiência subjetiva da perda são inseparáveis. Na visão que nos é mais familiar desde Freud, a identificação ocasiona no Eu o restabelecimento de um objeto que "foi perdido

---

1 Conferência apresentada na Jornada da Associação Psicanalítica da França, em dezembro de 1994, em Vaucresson. Tradução: Vanise Dresch.

ou abandonado" (FREUD, 1991b, p. 52). Trata-se, pois, de uma questão de compensação. Se considerarmos que a perda, longe de ser um dos destinos possíveis do objeto, é constitutiva do mesmo (o encontro com o objeto é sempre uma história de reencontros), é fácil argumentar que as duas dimensões – investimento e identificação, possuir e ser como –, mais do que se excluir ou se suceder, buscam apenas entrelaçar seus efeitos. O espaço para a identificação está inscrito na própria pulsão, onde algo nela se opõe à satisfação plena, onde o objeto se perde.

Qual poderia ser o motor desse trabalho de identificação compreendido como elaboração psíquica da perda, senão a angústia gerada pela própria perda, nesse momento de desamparo no qual o Eu é atacado por aquilo que o excede internamente? Essa angústia, da qual resulta a identificação, não deve ser entendida simplesmente como angústia de separação ou de abandono (a menos que seja apagado o traço libidinal), mas como angústia diante da perda do amor do objeto. Sabemos que, em *Inibição, sintoma e angústia*, Freud designa a angústia da perda do amor como a variante feminina do afeto, após "falhar", de certo modo, em contemplar toda a teoria da angústia pelo prisma da angústia de castração. Os temores intensos encontrados na análise de mulheres corroboram diretamente essa observação. Nessas pacientes, observa-se a presença recorrente do medo de serem abandonadas pelo objeto, o receio de jamais reencontrá-lo ou ainda a apreensão de que a análise revele sua perda.

A primeira consequência teórico-clínica de uma hipótese que faz da angústia da perda do amor uma angústia feminina é a de impor a constatação de que o complexo de castração é insuficiente para delimitar (para simbolizar) a feminilidade, para fornecer um motivo à angústia, apesar das tentativas. A segunda é a de "arcaizar" a feminilidade, tanto que Freud refere que a angústia de perda do amor do objeto é a angústia do bebê (independentemente do seu sexo), antes de poder ser considerada feminina.

A conclusão quanto ao que se articula entre angústia, identificação e feminilidade é quase silogística: se a identificação corresponde à perda do objeto e se a angústia diante dessa perda e a feminilidade estão relacionadas, é de se esperar que a feminilidade e a identificação também possuam alguma correlação. Segundo Freud, "em mulheres que tiveram muitas experiências amorosas, não parece haver dificuldade em encontrar vestígios de seus investimentos do objeto nos traços de seu caráter" (1991a, p. 273). Consequentemente, o caráter feminino se define como um catálogo de perdas; melancólico em seu princípio, se não até em sua manifestação. De forma privilegiada, a mulher, ou a feminilidade, ofereceria ao objeto a possibilidade de deixar seu traço. Mais radicalmente, e para além do que Freud pôde teorizar, podemos nos questionar sobre a eventual cumplicidade que haveria entre o ato psíquico de tomar o outro, o estranho para si mesmo, dentro de si, apropriar-se dele, chegando eventualmente ao ponto de anular sua alteridade – cumplicidade, portanto, entre a identificação, então herdeira da fantasia de incorporação, e a feminilidade. Essa questão é comparável a outra: é legítimo julgar como feminina a angústia de perda do amor? A afirmação de Freud segue ainda sem ser explicitada. Deixemos essa pergunta para o final.

O assassino de John Lennon, que o matou porque se considerava John Lennon, nos dá o terrível exemplo da força de destruição da identificação quando ela se confunde com alienação. No outro extremo psíquico – não da alienação, mas dos processos de diferenciação do Eu, de sua autonomização progressiva –, a identificação desempenha um papel propriamente construtivo, na medida em que ela consome a perda.

Para além dessa diversidade, podendo chegar até mesmo à dispersão, própria da problemática da identificação, resta aquilo que caracteriza sua operação. Idem é o mesmo. O trabalho da identificação é o engendramento do mesmo e, se quisermos manter a oralidade como paradigma desse trabalho, dessa alquimia, podemos afirmar que é tanto a assimilação quanto a incorporação que o caracterizam (FREUD, 1984b, p. 88): *assimilare*, converter em semelhante. Desse modo, a dinâmica da identificação aproxima-se daquela do conhecimento (da teoria psicanalítica, inclusive), em sua tentativa de reduzir o desconhecido ao conhecido. Até mesmo o que estou argumentando e tentando teorizar provavelmente reflete algo da estranha impressão que me causou a frase "se você morrer durante as férias, como vou ficar sabendo?". Não somente porque eu também não ficaria sabendo disso, mas – o que é ainda mais estranho – porque meu primeiro pensamento foi: "Realmente, eu não poderia avisá-la, porque não tenho seu endereço".

A reparação, a restauração do Eu, na qual consiste a identificação, ocorre em detrimento da separação que mantém o objeto a distância (e, para bem dizer, assegura sua existência). Ocorre em resposta à alteridade, à objeção do objeto (para retomar um jogo de palavras já utilizado), e para além do desligamento pulsional inerente à perda. O paradoxo da noção de identificação inteiramente compreendida sob a figura do objeto consiste em designar como contraponto o excesso inconciliável do outro, a primazia da intersubjetividade (toda identificação é identificação a uma relação), primazia que a dinâmica identificatória contradiz ou mascara, fazendo do Eu o centro do mundo.

Paradoxalmente, isso é ainda mais verdadeiro quando se defende o caráter originário da identificação em relação ao investimento do objeto. *Ser* antes de *ter*. Um trabalho do *mesmo* tão precoce responderia a que necessidade imperiosa? Foi num dia de junho de 1938, em Londres, que Freud, aos 82 anos, expulso do seu território e mais abalado pelo seu câncer de mandíbula do que o poeta concentrado no estreito orifício do molar,[2] anotou em sua caderneta uma frase muito estranha. Envelhecido, enfrentando a injúria narcísica por excelência – a da morte –, ele "atribui" ao bebê a frase: "Eu sou o seio" (FREUD, 1985, p. 287). *Narcisismo primário* e *identificação primária* são duas formas de dizer a mesma coisa. Como compreender a desmedida do primeiro, sua onipotência, sua extensão até os limites do mundo, do ambiente parental? Como um estado, um dado primordial, um ser-no-mundo, uma continuidade sem ruptura de uma vida no ventre, ela própria apresentada como um modelo esférico de perfeita autossuficiência? Tal representação é fruto do narcisismo e se reconcilia com as aporias da tradição parmenidiana da filosofia ocidental, da qual talvez seja apenas uma versão psicologizante. Algumas formulações de Freud sobre o narcisismo primário são um eco longínquo do que Parmênides afirmava sobre o Ser Absoluto: "Semelhante ao volume de uma esfera bem redonda, do centro equilibrado em tudo" (PLATÃO, p. 244).

De modo mais empírico, não podemos separar o expansionismo identificatório do bebê e o estado de desamparo no qual o coloca sua prematuridade. A onipotência dá a medida inversa da impotência de uma criança muito pequena para cuidar de si mesma. A unidade que a identificação se esforça para "restabelecer" indissociavelmente da finalidade pulsional narcísica – formar um só – jamais existiu. É possível pensar nas alegrias da vida fetal, que parecem, parafraseando Masud Khan, amplamente retrospectivas.

Vale acrescentar que a resposta narcísica ao estado de desamparo só pode tomar forma por meio dos cuidados e da presença

---

2 Em 1914, em "Sobre o narcisismo: uma introdução", Freud associou a experiência da dor e da doença ao narcisismo, citando a célebre frase de Wilhelm Busch a respeito do poeta que sofre de dor de dente: "concentrada está a sua alma no estreito orifício do molar". (N. T.)

psíquica apropriada por parte do mundo adulto. Trata-se do que Winnicott descreveu, através da noção de preocupação materna primária (WINNICOTT, 1969, p. 168 e ss.), que um "eu sou o bebê", na mãe, precede e permite um "eu sou o seio", na criança. Afirmar "eu sou o seio" é começar a se tomar por outrem, mesmo que isso seja feito em total ignorância. Como esse império do *mesmo* continua a abolir o que poderia distinguir um fora de um dentro, ele participa de uma *perda de realidade*, de um obstáculo à constituição do objeto. Por um lado, a identificação certamente mantém alguma coisa do objeto para além de sua perda; por outro, no cerne de sua operação, ela anula o objeto enquanto tal, abolindo a distância que o separa do Eu. Essas duas principais vias, *objetal* e *narcísica*, são ilustradas através dos dois jogos com o carretel, aos quais a criança se dedica (FREUD, 1981, pp. 51-52).

Vamos voltar, então, ao jogo do carretel, ainda que hesitemos em sobrecarregar com mais um comentário essa pobre criança, já soterrada por eles.

A dialética do Sofista (238, c, d, e) nos dá uma representação aproximada da premência à elaboração psíquica a que a criança está submetida.

> *O estrangeiro: Por um bom motivo, não é possível formular, falar ou pensar o Não Ser em si mesmo e por si mesmo. Pelo contrário, ele é impensável, informulável, não enunciável e inexplicável.*
>
> *Teeteto: Exatamente.*
>
> *O estrangeiro: Que menino fantástico tu és! Tu não achas que pelo simples fato de termos nos expressado como o fizemos, o Não Ser também coloca aquele que o refuta em um tal impasse, que, quando começamos*

a refutá-lo, contradizemo-nos necessariamente em relação a ele?

Teeteto (que não inventou o carretel): Explique melhor.

O estrangeiro: Quando descrevi o Não Ser como não enunciável, inexprimível, inexplicável, já ao fazê-lo eu afirmava a sua existência, a do Não Ser, tu entendes?

Teeteto: Estou entendendo.

A confusão que toma conta de nós ao tentar compreender a dialética platônica do Ser e do Não Ser, do mesmo e do outro, nos dá uma noção do trabalho psíquico a ser realizado pela criança, confrontada com semelhante caos: o Não Ser é, minha mãe é/ausente. Momento fecundo ou catastrófico (conforme os destinos singulares e a intensidade do trauma) que confronta a psique nascente com a obrigação de pensar o impensável.

A tarefa pode ser terrivelmente difícil, mas nosso pequeno se sai muito bem. Para dizer a verdade, ele o faz duas vezes, encontrando duas saídas divergentes, das quais apenas a primeira admite plenamente a hipótese do Ser do Não Ser ou, traduzido para o nosso jargão psicanalítico, *a hipótese do objeto perdido sem ser destruído*. Essa primeira maneira é a do jogo do carretel, a qual dispensa uma nova descrição. Desenrola-se nele uma dupla simbolização entre jogo e linguagem. As primeiras palavras-onomatopeias pronunciadas são de uma criança muito saussuriana que sabe, a seu modo, que a língua é um sistema de diferenças, que *fort* só tem valor em sua oposição com *da*. Todos nós temos em mente as páginas de Lacan sobre esse assunto (LACAN, 1966, p. 379). Esse jogo também pode ser considerado como o da constituição do objeto; um objeto levado à sua perda; uma perda que, nesse caso, o faz ser; quando, em outra situação, ela o destrói, como no excesso próprio da psicose infantil.

No entanto, seria errado considerar o jogo do carretel como um compartilhamento tranquilo entre o Eu e o outro. O objeto só pode ser constituído se conservar do outro uma alteridade degradada. A identificação, trabalho do mesmo, é a base da operação. Na verdade, as representações da mãe e da criança, daquilo que as liga (entre amor e ódio), encontram-se tanto do lado da criança que brinca (ao mesmo tempo dona do jogo e espectadora que sofre a alternância presença/ausência) quanto do lado do carretel (simultaneamente, criança perdida pela mãe e mãe perdendo a criança; FLORENCE, 1976, p. 133). Para que possamos nos autorizar a pensar "é perdendo que se ganha", é preciso que as figuras do mesmo, a libido narcísica que as sustenta, tenham-se imiscuído no objeto. É preciso que Narciso tenha limitado os riscos da perda, dissociando o objeto e a singularidade do outro.

Recém-introduzido na teoria, o *narcisismo* já ameaça tomar conta dela. Se Freud procura diferenciar a escolha de objeto por apoio da escolha de objeto narcísico é para demonstrar o que a primeira (a não narcísica) deve à supervalorização sexual, que tem sua fonte no narcisismo originário da criança (FREUD, 1969a, p. 94). Em parte, essa invasão do narcisismo na teoria é o reflexo do domínio que o narcisismo exerce sobre a psique – um domínio que pode até mesmo conduzir a uma inacessibilidade (inclusive à análise).

Todavia, resta identificar o que é da alçada da descrição de uma psicogênese, daquilo que seria apenas uma variante teórica da fantasia de autoengendramento (desde o narcisismo anobjetal de Freud até o Eu grandioso de Kohut). O cúmulo do narcisismo, na sua onipotência, é apagar sua própria gênese.

Uma vez concedido o império a Narciso, ainda é importante distinguir os objetos. O narcisismo afeta mais alguns do que outros, como Albertina, a fugitiva que depois foi esquecida no romance

Em busca do tempo perdido; ao rever sua foto, Marcel se pergunta como pôde ter amado aquela mulher. Ou ainda, como indicam essas duas formas de olhar para uma mulher com quem cruzamos na rua: a primeira consiste em olhar para ela, e a segunda, em procurar no fundo de seus olhos se ela está olhando para nós. De que forma a criança do carretel olhou para as mulheres? Não fazemos ideia, mas aparentemente constam as duas possibilidades. Ao lado do jogo do carretel, existe também o do espelho.

> *Quando, certo dia, a mãe tinha ficado fora por muitas horas, foi saudada, em seu retorno, com a vocalização "Bebê o-o-o-o!", que inicialmente não foi compreendida. Mas logo se descobriu que, durante esse longo período de solidão, a criança tinha encontrado um meio para dar sumiço a si própria. Tinha descoberto sua imagem num espelho que chegava quase até o chão, e então se acocorava, de maneira que a imagem no espelho "ia embora (*fort*)". (FREUD, 1981, p. 53, n. 2)*

O deslocamento entre um jogo e outro é grande em certos aspectos. O objeto cedeu seu lugar ao duplo especular. No modelo traumático *ab-reativo* (termo retomado por Freud), o jogo do carretel é uma elaboração da perda, peça central dessa experiência. Com o auxílio do recalque, é possível tolerar que "eu" possa ser outrem. Já no jogo do espelho, a simbolização é a da própria dimensão destrutiva, quando "eu" brinca com seu próprio desaparecimento e alterna um "eu não é mais" com um "eu é (como) eu".

O abismo transposto pode ser calculado por meio dos danos causados à linguagem. *Fort/da* são dois advérbios de lugar que têm valor dêitico. Eles fazem parte da categoria de signos "vazios", sempre disponíveis e não referenciais com relação à "realidade", que se tornam "plenos" assim que um locutor os adota em cada instância do seu discurso (BENVENISTE, 1966, p. 254). Émile Benveniste demonstrou que esses signos "vazios" são a condição de possibilidade para uma comunicação intersubjetiva, oferecendo a cada um de nós a capacidade de se apropriar da língua. Contudo, o que o "bebê *fort*" introduz é justamente uma ruptura na comunicação, com um enunciado tido de início como ininteligível pela mãe. Benveniste escreve que

> *se cada locutor, para exprimir o sentimento que tem da sua subjetividade irredutível, dispusesse de um "indicativo" distinto [aqui, bebê, cujo valor é o de um nome próprio], haveria praticamente tantas línguas quantos indivíduos e a comunicação se tornaria estritamente impossível. (1966, p. 254)*

De *fort/da* a bebê/*fort*, passamos da comunicação ao eco, do diálogo (ou ao menos de uma possível abertura a ele) ao solilóquio. O primeiro jogo vê surgir a linguagem, enquanto o segundo a fecha em si mesma. A criança do carretel corre o risco de ter de redescobrir o tempo todo que não há objeto a não ser o objeto perdido. A criança diante do espelho cria um retraimento narcísico que faz do Eu a totalidade da cena pulsional. Do carretel ao espelho, o outro muda de rosto: no primeiro caso, ele é o que eu não tenho; no segundo, ele é o que eu não sou. As representações da castração esforçam-se para demarcar o primeiro registro: o do *ter*. Já a ausência, o nada e o vazio tentam "figurar" o segundo: o do *ser*. Para além do solilóquio, o silêncio ronda a criança diante do espelho: a passagem da oposição criança-carretel à duplicação especular é um passo rumo ao Um, ao indizível. Como já disse o Estrangeiro, de *O Sofista*, dizer Um é demais, pois dizer Um, distinto da coisa, já significa pensar em dois. Portanto, silêncio. Pensemos na forma como certas obras literárias, entre elas as maiores, foram vencidas pela tentação da raridade e até mesmo pela interrupção silenciosa.

Obviamente tudo isso mereceria considerações nuançadas. Nossa prezada criancinha não tenta atravessar o espelho; o duplo lhe convém e permite manter uma distância mínima com a qual ela brinca. Seu jogo, regido pela identificação narcísica com a mãe--desaparecendo, pode até apagar os traços desta, mas é ainda a ela que a criança dedica seu jogo, quando a mãe enfim volta para casa, após longas horas de ausência. Em suma, nosso bebê não é psicótico, ele simplesmente busca uma forma de retraimento para os dias difíceis marcados por traumas. Por meio do carretel, a criança elabora a perda do objeto, brinca com o trágico e não se resigna a ser "uma constante vítima de um amor inútil". O Eu da criança-espelho protege-se de sua própria perda, brincando com a mesma loucura que leva Dorian Gray para o outro lado do retrato. Ao fazê-lo, toda e qualquer criança revela o horizonte narcísico de toda identificação, o que Bion já constatava. Horizonte narcísico na medida em que a identificação é do Eu e serve a seus interesses libidinais (FLORENCE, 1978, p. 153).

Numa tópica da identificação, podemos tentar acompanhar a acentuação narcísica que ocorre desde o carretel até o espelho. Na situação do carretel, a identificação vem *após* o objeto-perdido. Na situação do espelho, ela se situa *entre* objeto e perdido (entre mãe e ausente), contra a conjunção desses dois termos. A primeira identificação opera como uma compensação a uma perda; já a segunda se opõe ao impensável da perda. A primeira identificação tolera o conflito, o inconciliável no âmago do objeto; a segunda recusa-se a fazê-lo e, ao mesmo tempo, ameaça a existência do objeto.

Do carretel ao espelho, o cerco narcísico se fecha, até eventualmente traçar o caminho para os futuros investimentos: o amor ao mesmo, ou seja, a um "objeto" que protege contra a reabertura traumática ao outro. O amor ou o ódio – este ódio primitivo (FREUD, 1994, p. 185) – é tão inseparável do Eu narcísico quanto podem ser a frente e o verso de uma folha de papel. "Eu estou sozinho, eu sou eu, eu sou verdadeiro... eu detesto você" (VALÉRY, 2020).

Entre o monadismo narcísico e a abertura dolorosa ao objeto, as representações do duplo esforçam-se para se manter num ponto instável, não exatamente no meio do caminho. "Não foi nesta sala que você me recebeu no início; foi em um consultório simétrico, não foi?" A paciente expressa sua surpresa assim que se deita no divã pela primeira vez, após duas consultas preliminares nas quais ela havia ocupado uma posição inversa, na poltrona. Essas poucas palavras foram as primeiras de uma longa série que misturava uma confusão entre direita e esquerda com a repetição de histórias de gêmeos (literárias e cinematográficas), além de sonhos nos quais a paciente não se reconhecia bem ao se ver diante de um espelho ("como depois de ir ao cabeleireiro"). O início da análise também participava dessa configuração especular. Foi uma amiga próxima e semelhante a ela, com a qual dividira um apartamento durante muito tempo, que lhe deu o meu nome, recomendado por sua própria analista.

Uma vez que essa jovem mulher inicialmente queria ser analisada por outra mulher, o fato de ter escolhido um homem me pareceu um bom sinal (mas será que não estamos sempre inclinados a interpretar como um bom sinal toda escolha da qual somos objeto?). Isso parecia corresponder a um primeiro desprendimento em relação à sua demanda inicial ou mesmo a uma primeira movimentação do processo de elaboração. Ao longo da análise, o que se revela é que a lógica inflacionária que englobava o duplo não tinha terminado de agir: de certo modo, eu tinha um nome duplo, assim como ela. Descobre-se que meu nome era a versão masculina do nome de sua mãe. Pude perceber rapidamente que a minha forma de falar em voz mais baixa, tal qual a da paciente, participava do jogo de espelho ao qual ela me convidava. Não podemos deixar de falar dos silêncios. Antes de vir me procurar, ela tinha feito três ou quatro meses de tratamento com uma analista que a atendia uma vez por semana, durante cinco ou dez minutos, e que lhe dissera bruscamente que elas não estavam ali para ficar caladas: "Uma análise é um tratamento pela fala, não um tratamento pelo silêncio!". Minha tolerância aos seus longos silêncios nas consultas preliminares foi suficiente para manter a paciente, a quem a pergunta "o silêncio tem algum sentido?" rendeu a melhor nota em filosofia e que depois dirá ser capaz de passar de duas a três horas numa poltrona, sem fazer nem dizer nada.

O registro do duplo não dizia respeito somente às representações, mas também às modalidades do funcionamento psíquico. Lembro-me de alguns dos meus pensamentos no início da análise, submetidos, inconscientemente, à lógica reflexiva: ela tinha dom para o exercício, e eu imaginava facilmente vê-la, um dia, se tornando analista... Estamos acostumados a isolar na fala do paciente um significante que rompe nossa atenção flutuante. Mas, nesse caso, é como se todo o material expresso se prestasse à captura, numa presença tão constante quanto elegante do duplo sentido.

Fui rapidamente seduzido por sua fala marcada pela alusão e pela metáfora discreta, bastante próxima do meu modo de enunciar a interpretação. Isso durou até o dia em que percebi que essa fala leve na forma e rica no significado não correspondia a nenhuma apreensão especial da paciente quanto às representações inconscientes. Ao manter a ambiguidade e o duplo sentido, minhas próprias intervenções permaneciam nitidamente próximas do discurso manifesto, sem desarticulá-lo, sem analisá-lo. Foi colocando os pingos nos ii e demarcando o sentido próprio que a interpretação pôde restabelecer seus efeitos de desligamento.

Sem verdadeira surpresa, foi possível relacionar o reino do duplo na psique com as modalidades particulares do vínculo entre mãe e filha: "Quando ela chora, eu choro. Sinto a mesma coisa que ela, mas não sei por quê". O duplo testemunhava simultaneamente uma diferenciação mínima (o duplo compõe dois, mesmo que seja na duplicação) e um excesso da perda que transbordava suas capacidades de elaboração quanto à separação, ao substituto. Em determinada ocasião, quando era criança e estava em uma colônia de férias, a paciente teve o sentimento de que precisava manter o tempo todo a imagem de sua mãe (imóvel, paralisada, no meio da sala), para evitar que ela desaparecesse. Numa sessão de recuperação, após uma semana de interrupção, ela narrou cinco sonhos que ocorreram ao longo desse período, quase um por dia, nos quais eu era cada vez um dos personagens. Vale ressaltar aqui a dupla função desses sonhos: sua continuidade assegurava uma presença, demarcava o déficit na identificação, mas o papel de doente ou de ausente que eu desempenhava em cada ocasião revelava uma primeira simbolização da perda e uma abertura potencial ao processo identificatório.

A economia psíquica do duplo é, ela mesma, dupla: por um lado, ela lembra o que Freud (1985b, p. 239) descrevia como uma "regressão a um período em que o Eu não se distinguira ainda nitidamente do mundo externo e de outras pessoas". Por outro lado, ela é a solução diante de um processo traumático de diferenciação que assegura ao Eu uma coesão mínima (GREEN, 1980), numa modalidade de identificação que denuncia sua impossibilidade.

O conteúdo das representações entre mãe e filha também correspondia ao que poderíamos esperar. Por trás da repetição contínua das identificações especulares, despontava no horizonte a imagem de uma mãe engolfante e tóxica para a psique da criança, uma silhueta fixa no espelho ("eu não consigo imaginar não poder ver minha mãe nunca mais"), à qual está presa sua própria existência. A ambivalência mostrava-se presente, mas transitava por representações indiretas. Por ter participado ativamente do "parto" de uma égua, a paciente comentou duas coisas: que é falso afirmar que a mãe nunca pisa no seu filhote e que é igualmente errôneo dizer que a fêmea sempre come a placenta (representação milenar do duplo por excelência). Eu apontei (aqui, um exemplo de colocar os pingos nos ii) que isso era pedir demais a uma fêmea herbívora. Vale ressaltar que a mãe da paciente era ginecologista e militante do movimento "pró-vida"; não precisaria tanto para se angustiar.

Onde predomina o duplo, como Freud ressaltou, não sabemos muito bem "a quantas andamos em relação ao próprio eu" (1985b, p. 236). A criança do espelho não estava tão longe disso quando dizia "bebê o-o-o-o", no retorno de sua mãe. O paradoxo de uma problemática narcísica é impor ao sujeito viver sob a ameaça de invasão de figuras da alteridade. Para além de um "eu é eu", de um monadismo frenético, existe um risco de alienação: um outro é eu. Quando Marie-Laure (chamemos assim nossa paciente) foi operada com urgência em função de uma apendicite, sua mãe telefonou apressadamente à clínica para solicitar que tomassem cuidado para não retirar os ovários de sua filha. Essa confusão dos limites corporais e das angústias levanta a interrogação quanto à fonte da identificação especular. Tal identificação resulta mais de uma forma totalizante do que da apropriação de um traço, de uma característica do outro. Ela nos convida a indagar qual Eu, afinal, se duplica: "Eu lhe peço para falar de mim, ela me fala dela".

A participação do narcisismo, de um pulsional arcaico, nessas representações da duplicação mãe-filha ou até da linhagem das mulheres, conforme o modelo das bonecas russas (objeto adorado por essa paciente), é quase evidente. Todavia, essa clareza excessiva não deixa de ser em si surpreendente e vem questionar o *status* de representações que, apesar de parecerem dizer o mais íntimo, não estão ocultas e afloram no discurso, sem que seja necessário revelá-las. Quando me refiro à "mãe engolfante", não digo nada além do que a própria paciente diz: "Minha mãe devora tudo, a gente fala com ela, mas não tem retorno". Aliás, é impressionante observar, quando lemos certos artigos psicanalíticos sobre o vínculo precoce entre mãe e filha, que os autores teorizam a própria fala das pacientes. Fala-se sobre duplicação, reduplicação, envelopamento etc., apoiando-se em citações de mulheres em análise para prová-lo.

Podemos pensar que, para uma menina ou para uma mulher, o parentesco entre a identificação, como trabalho do mesmo, e as representações maternas, entre o mesmo e a mãe, faz pesar uma carga maior sobre esse vínculo. A concepção de uma menina pela mãe ocorre por meio da mitose, imagem do duplo por excelência, com um potencial completo de confinamento narcísico. O abismo que se abre sob os pés de uma mulher quando dela toma conta o pensamento "eu sou/estou me tornando como minha mãe" praticamente não possui um equivalente masculino. Entre o menino e a mãe, para além do dado imediato da alteridade dos sexos, existe a reescrita do "como minha mãe" na linguagem do complexo de castração e da angústia a ele associada. Aprofunda-se e modifica-se, assim, a distância em relação à confusão identificatória. Na menina, o complexo de castração também tenta reescrever a história, porém, mais uma vez, não consegue contornar a angústia.

No caso de Marie-Laure, o "eu sou como minha mãe" faz parte do material manifesto. Poderíamos concluir, então, que o abismo da confusão identificatória não a ameaça? Esta não é minha impressão, pelo contrário. Novamente coloca-se a questão do *status* dessas representações das quais o mesmo é um elemento. Minha hipótese é a de que, nesse caso, a consciência a protege contra a verdade. Não se trata do inconsciente a céu aberto, próprio da psicose. Falar em clivagem não seria melhor, pois não se trata da separação estanque de dois grupos de representações que ignoram um ao outro. Uma forma de contornar essa questão seria retornar à oposição entre o manifesto e o latente. Se passássemos da "mãe que devora" (da paciente) à mãe engolfante (da teoria psicanalítica), fecharíamos, sem dúvida, uma via de abertura para a interpretação. O que escondem essas palavras que expressam conscientemente a confusão e, de certo modo, consentem nela?

A ambivalência e o entrelaçamento entre amor e ódio são inerentes ao processo de identificação. Invocar repetidamente as figuras do mesmo permite mascarar o que separa e opõe, bem como ocultar o conflito e sua destrutividade. O *inconsciente da identificação histérica* é o que assegura a unidade; o *inconsciente da identificação narcísica* é o que promove a divisão e conduz à perda. Tudo isso deve ser levado em conta, mas não podemos perder de vista a evidência da confusão e, com ela, a beira do abismo.

Então, minha hipótese é a de que Marie-Laure se defende contra tal representação aniquiladora através da consciência que ela tem desta. A consciência (ou talvez fosse melhor dizer autopercepção) da representação parece ser a última defesa contra sua verdade. O fato de as coisas serem ditas não significa que elas sejam "percebidas", mesmo se a diferença entre um e outro seja tênue. Nesse caso também, de certa forma, é como perceber-se diante do espelho, "depois de ir ao cabeleireiro": ver-se, identificar-se, mas não se reconhecer realmente.

No *continuum* das figuras do duplo que caracterizam esse tratamento, há uma primeira ruptura, uma primeira efração, a ser entendida como algo que aconteceu assaltando a fala da paciente como um retorno do recalcado. A proliferação das representações do duplo ultrapassava em larga medida a díade mãe-filha, alcançando as amigas, a linhagem. A paciente havia notado que seu nome soava como o de sua tia materna, Flore, e o de sua avó materna, Éléonore. A tia havia morrido de câncer. Atenta ao trabalho do duplo, a paciente percebeu que nove meses separavam a morte dessa tia do nascimento de sua própria irmã mais velha. Num dia em que falava das lembranças da mãe quanto ao falecimento da tia, as lágrimas acompanharam o relato da paciente ("como se ela tivesse morrido ontem"):

> – *Minha mãe era quatro ou cinco anos mais velha do que ela, não consigo imaginar minha mãe como irmã mais velha.*
>
> – *Mais como uma gêmea?*
>
> – *...sim, elas tinham os mesmos gostos, pensavam da mesma forma.*
>
> *(A paciente enumerou tudo o que poderia aproximá-las, a ponto de quase confundi-las)*
>
> – *Quanto tempo separa a morte de sua tia de seu nascimento? – eu perguntei.*
>
> – *... quatro ou cinco anos...*

Abre-se um abismo... As sessões seguintes foram dolorosas, misturando silêncios com vontade de se levantar, ir embora antes do final da sessão. A aproximação das férias agrava sua angústia: "Se você morrer durante as férias, como vou ficar sabendo?". A psique trabalhava silenciosamente, e daquilo que se elaborava naquele momento percebi raros ecos, dos quais um demonstrava o início de uma investigação: "A minha mãe, posso fazer perguntas (implicitamente, sobre os quatro-cinco anos), ela nem se pergunta por quê".

Sobre um fundo contínuo de produção do mesmo, surgia uma figura de alteridade, representação enquistada da qual ela era apenas a depositária de forma ignorada ou iludida. Ainda mais iludida pelo fato de que o próprio processo que buscava reduzir a heterogeneidade da representação traumática, ou seja, a identificação, a mantinha protegida da elaboração psíquica. A reduplicação identificatória teve origem em outro lugar, não entre mãe e filha, mas no lado do objeto do objeto (ele mesmo duplo, em vez de terceiro).

Esse episódio culminou no que poderíamos chamar de análise da mãe (à qual dei minha contribuição), momento de transtorno ou de ruptura da homogeneidade da díade mãe-filha, lento trabalho de desidentificação por meio do qual aquilo que formava uma unidade, a ponto de permanecer "despercebido", revelou-se compósito, tornou-se estranho.

O duplo marca o fracasso – ou a impossibilidade – de um processo de incorporação-apropriação. Ainda que ele participe da identificação, trata-se, nesse caso, de uma identificação malsucedida, que acaba na duplicação. Entretanto, ele nos interessa mais por aquilo que revela do que em si mesmo: a mãe na origem do mesmo. É muito difícil distinguir, nos "primeiros tempos", identificação e investimento, pois a fonte de uma e o objeto do outro são idênticos.

Minha hipótese é a de que o trabalho do mesmo comporta a marca indelével dessa situação materna inicial. O mesmo é a mãe – como toda máxima, esta peca por ser sumária. Primeiramente, porque "a mãe" é uma designação retrospectiva, sintética demais para dar conta de uma experiência perceptiva e psíquica que, como podemos supor, é muito mais dispersa e rica em representações, as quais, embora transitem pela "mãe", não se reduzem ao materno. Dizer "o seio" em vez de "a mãe", passar do total ao parcial, seria apenas uma forma de aumentar o grau de dificuldade. Além disso, em vez de postular a equação mesmo-mãe, seria importante falar de um engendramento do mesmo a partir da relação com a mãe. As figuras do mesmo, sejam elas do duplo, sejam das escolhas da libido narcísica, carregam a marca dessa relação. Comenta-se muito a inflação tanto do narcisismo quanto da mãe na psicanálise pós-freudiana, mas talvez não se perceba suficientemente quanto ambos estão associados.

Não é à toa que a imagem esférica da criança no ventre ou a imagem "autística" do passarinho dentro da casca do ovo (FREUD, 1984a, p. 137) são metáforas do narcisismo primário. Sem perceber, Freud nos dá um exemplo dessa cumplicidade entre a mãe e o mesmo. Depois de discorrer sobre as relações entre as representações do duplo e o narcisismo originário, ele apresenta logo em seguida, sem transição, um caso de retorno do mesmo, destacando a impressão de inquietante estranheza associada a ele. Trata-se de uma história bastante conhecida em que, caminhando a esmo pelas ruas de uma pequena cidade italiana, Freud encontra-se em um bairro de prostituição. Depois de fazer de tudo para fugir dali, ele volta involuntariamente a esse lugar de perdição. O exemplo também poderia ser a coisa mesma. Vale ressaltar que não é qualquer mãe (qualquer mesmo) que retorna, mas a do excesso do sexual (FREUD, 1985b, p. 239).

O trabalho de desidentificação na análise de Marie-Laure, iniciado com a situação dos "quatro-cinco anos", levou-a a dissociar-distinguir as figuras femininas e afetou completamente sua própria unidade. Referindo-se à fala vazia de sua mãe, ela diz: "Ela não foi sempre assim, ela mudou quando eu tinha 15 ou 16 anos". A passagem do "ela" ao "eu" é herdeira da confusão identificatória, mas essas poucas palavras permitiram uma (re)abertura rumo ao investimento, ao objeto. Marie-Laure fala, pela primeira vez, de uma relação amorosa com alguém do outro sexo: "Com 15-16 anos, conheci um cara. Eu queria ir para a África com ele; contei à minha mãe, ela disse que isso estava fora de cogitação".

O trabalho de identificação tem várias facetas. Do ponto de vista histérico, algo do investimento do objeto prossegue no cerne da própria identificação. A labilidade das identificações histéricas permite ao sujeito ocupar sucessivamente as diferentes posições na cena originária, ou seja, ser tanto o homem que arranca o vestido quanto a mulher violentada. Do ponto de vista narcísico, a dimensão do investimento não desaparece, embora se desloque do objeto em direção ao Eu. Freud (1991a, p. 274) descreve, assim, em certo sentido, um Eu com ciúmes do objeto, identificando-se com ele e propondo-se ao Id neste novo disfarce para ser amado.

Embora algo do investimento possa se manter no âmago da identificação, não se pode esquecer aquilo que nela age contra o objeto ou, mais precisamente, contra o que o faz como tal: o fato de ser distante, perdido e, portanto, ameaçador à integridade do Eu, do mesmo modo que um ataque da pulsão. A identificação pode ser alienante, destrutiva, mas, em seu próprio processo, ela é uma atividade de ligação – ligação ao outro, ligação do outro –, e aquilo que não consegue ligar ela contribui para afastar.

Identificação, narcisismo e recalque são três registros que combinam seus efeitos, podendo alcançar a indistinção. Quando Freud define o recalque (que obviamente não é o único ângulo possível de definição) como o processo que "consiste num desligamento da libido em relação às pessoas – e coisas – que foram anteriormente amadas", ele o compara com o movimento de fechamento narcísico (1993b, p. 294). O que é dito sobre o recalque também vale para a identificação, com poucas diferenças: "O Eu trata com os primeiros investimentos objetais do Id [...] retirando a libido deles para si próprio e ligando-a à alteração produzida por meio da identificação". Para completar a relação entre identificação e recalque, no contexto da gênese do narcisismo, basta acrescentar: "A transformação da libido do objeto em libido narcísica que assim se efetua obviamente implica um abandono das metas sexuais, uma dessexualização" (1991a, p. 289). Portanto, recalque e identificação revelam-se como duas formas de responder ao perigo pulsional.

Enquanto o primeiro afasta, a segunda digere. O recalque cria o retorno do recalcado; a identificação, o artifício e a semelhança.

É em semelhantes termos que me inclino a compreender a vinheta clínica apresentada. Representações do duplo e figuras do mesmo constituem em Marie-Laure uma tela encobridora identificatória, um trabalho do mesmo que mantém à distância a efração da alteridade. Basta que algo da ordem de uma desidentificação ocorra para que (re)apareçam certas representações do outro e, com elas, da posição feminina. Não significa que a feminilidade seja estritamente o recalcado da identificação: ela é mais uma representação daquilo que, num vocabulário arcaico e narcísico, seria dito em termos de intrusão, de efração – em suma, algo que penetra na psique, excedendo suas capacidades de simbolização ou, nas palavras de Jean Laplanche, a capacidade de tradução. Nas consultas preliminares, Marie-Laure justifica seus longos silêncios bem como sua dificuldade de começar a falar de si mesma assim: "Eu sempre tive dificuldade com introduções". Com essas palavras e com a arte do duplo sentido que lhe é própria, ela fala do tempo das redações no Ensino Médio.

A conhecida questão da recusa da feminilidade na análise deveria ser retomada nessa perspectiva. A forma como Freud busca circunscrevê-la no âmbito do complexo de castração não é suficiente. O Freud de 1919, o de *Uma criança é espancada*, esboçava uma representação da posição feminina que não se reduzia ao "ser castrada", aproximando-se mais do "ser penetrada pelo pai". Assim entendida, a feminilidade não é um simples sinônimo de abertura à alteridade do inconsciente. Trata-se, sim, de uma representação eletiva, quase de uma dramaturgia. Com *A feminilidade*, o que está em jogo é a possibilidade de tolerar-elaborar aquilo que invade e de encontrar nisso satisfação, numa dinâmica do corpo e da psique inversa àquela da inacessibilidade própria do narcisismo.

Cá estamos nós de volta ao nosso ponto de partida (e de conclusão), em que articulamos identificação, angústia da perda do amor e feminilidade. Freud não avança muito nessa direção. Não há nenhum vestígio de tal angústia nos dois textos falocêntricos, de 1931 e de 1933, dedicados à feminilidade. Todavia, não podemos nos contentar com uma determinação negativa que diria que a angústia da perda do amor é "feminina", por falta de uma reescrita dessa na linguagem da castração. As poucas palavras ditas por Freud em *Inibição, sintoma e angústia* acabam ganhando mais importância. Para além de uma angústia de perda do objeto ou de perda do amor do objeto,[3] trata-se de uma angústia da perda do amor da parte do objeto. Basicamente, é o objeto que se perde; é do seu lado que o processo inicia (FREUD, 1992a, p. 258).

A angústia da perda do amor da parte do objeto, a angústia do bebê ou a angústia feminina é o correlato da situação primitiva de passividade que marca as primeiras experiências libidinais (FREUD, 1992b, p. 149). Portanto, a passividade é, a meu ver, o que liga a angústia em questão e a feminilidade. Por motivos mais ideológicos do que analíticos, a articulação feminilidade-passividade soa como pejorativa. Uma tradição enraizada em Freud e em Hélène Deutsch praticamente assimila passividade não só à submissão, mas também à frigidez. Passividade depressiva de uma menina, de uma mulher, que renuncia a algo por não o ter. A passividade à qual me refiro aqui, muito distinta dessa ideia de renúncia, é a do "objetivo passivo" (a rigor, ser penetrada), do "impulso de passividade" – para empregar expressões freudianas. Essa passividade pulsional é a herdeira feminina da passividade primitiva.

Pelo menos desde a criança do carretel, estamos acostumados com a articulação entre identificação e inversão da passividade em

3 No pensamento de Freud, não há angústia de separação ou de abandono que não carregue a marca do amor (da libido).

atividade. Atividade e identificação adotam facilmente as mesmas dinâmicas. Na minha opinião, trata-se somente de um "tempo" secundário. Dificilmente se consegue distinguir a primeira identificação do traço deixado pelo objeto. Isso pode ser ilustrado pelo exemplo dado por Jean-Claude Lavie quanto à identificação em questão:

> *Uma mãe que se mostra tranquila com a calma do seu bebê, mas que se preocupa ao ouvir seus choros e trata de atendê-lo, instaura a queixa como primeiro modo de obtenção de satisfação, de apaziguamento, de amor. Ao contrário, a mãe que se tranquiliza com os choros de seu bebê e que se preocupa com sua calma inculca-lhe, pelo interesse por ele demonstrado nessas horas, que o silêncio e o retraimento são modos eficazes de adquirir satisfação. (1985, pp. 85-86)*

Lavie ainda conclui que "o desejo da mãe não é o que ela quer de seu filho, mas o que ela faz dele, na maioria das vezes inconscientemente. Isso constituirá o núcleo da identificação primária, forma quase que irredutível de ser-no-mundo" (pp. 85-86). As formas verbais do ser, comuns à passividade e à identificação (ser amado, ser como), são indícios linguísticos de seu parentesco. Ferenczi havia observado esse parentesco, embora sem muito desenvolvê-lo: "Freud referia que a capacidade de viver um amor objetal era precedida por um estágio de identificação. Eu qualificaria esse estágio como o do amor objetal passivo" (1982, p. 131). A meu ver, a abertura aos traços constitutivos da feminilidade é o que permite corroborar as ideias de Freud, citadas no início, quanto à influência identificadora do objeto na mulher.

Na National Art Gallery, em Londres, podemos admirar um quadro de Velásquez, intitulado *Vênus ao espelho*. Trata-se do único nu que ele pintou, ou ao menos o único conservado. Um vidro protetor (com seus reflexos incômodos) infelizmente separa a tela do espectador. Mais do que frágil, essa obra é perigosa. Como tal, recebeu várias facadas no início do século. É claro que outros quadros foram atacados em Londres, entre os quais um de Leonardo da Vinci. No caso do quadro de Velásquez, foi uma *suffragette*[4] que provavelmente não aguentou o que deve ter sido um momento de identificação. Qual foi a necessidade imperiosa que a fez cometer esse ultraje (reparável)? O que o quadro mobilizou em seu inconsciente de forma traumática? Como não sabemos, abre-se um espaço para levantar hipóteses.

Vênus encontra-se deitada, em pose de odalisca. Ela está de costas para aquele que foi seu primeiro espectador, o pintor, e, portanto, para nós. Podemos apostar que há uma relação entre a ira da *suffragette* e as magníficas nádegas que nos são dadas a contemplar: esse ponto de vista sobre a mulher é um ponto de vista de homem, não somente o de Velásquez; e um ponto de vista de homem não apenas sobre a mulher, mas também sobre a feminilidade dos homens. Seria necessário deter-se nos vínculos inconscientes que essa perspectiva estabelece com a "mais universal das depreciações". Podemos pensar que a depreciação do objeto, tão delicadamente exibido, rendeu às nádegas ao menos uma das facadas. Entretanto, tenho a impressão de que, embora tenham sido uma condição estimulante, as nádegas não foram suficientes para tanto.

Nesse quadro, existe uma "falha". É desse modo que os historiadores da arte falam do espelho ou, melhor dizendo, do rosto que nele se reflete. O contorno é impreciso, a beleza dos traços está

4 O termo *suffragette* é usado, em seu sentido mais estrito, para os membros da Women's Social and Political Union (WSPU), uma organização militante criada em 1903 para reivindicar o direito de voto das mulheres no Reino Unido. (N. T.)

ausente, contrastando intensamente com o que o dorso magnífico da mulher nos faria imaginar. Por sua tendência natural à idealização, o historiador da arte sugere que a pintura desse rosto poderia ser uma contribuição inábil de um aluno do ateliê. Para mim, o contrário: a genialidade de Velásquez está em ter sabido fazer desse espelho uma psique, um espelho da alma, e nele ter inscrito o traço deixado pelo objeto e seu desejo depreciador. Isso bem que valia um protesto em nome da igualdade. Contudo, a facada vai além, como se o quadro fizesse crer que a própria existência se encontra ameaçada. Uma breve verificação prática permite convencer-nos: o espelho está posicionado de tal forma que descobrir o rosto de Vênus desafia as leis da ótica. De um ao outro, do rosto ao espelho, a linha que assegura a identidade é uma linha rompida.

Argumento

Ignácio A. Paim Filho e Raquel Moreno Garcia

> *Quando alguém quer apresentar uma área do saber – ou dito de forma mais modesta, de pesquisa – [...], têm claramente que optar entre dois métodos ou técnicas. [...] Uma forma de apresentação dessa ordem merece o nome de genética. Ela reproduz o caminho pelo qual o pesquisador passou. A outra apresentação, que justamente produz tal efeito, é a dogmática; ela introduz seus resultados, demanda atenção e crença quanto aos seus pressupostos e oferece poucas informações sobre a sua fundamentação.*
>
> FREUD, 1940/2007, pp. 209-210[1]

Quando nos propusemos a trabalhar de forma genética a problemática da identificação, conceito estrutural do pensar freudiano, não sabíamos conscientemente da dimensão de tal proposição. Esse não saber provavelmente foi um facilitador para romper possíveis resistências a surgir, via palavra escrita com sua perenidade,

1 A partir deste ponto, a referência dos escritos de Freud será feita pelo ano da primeira publicação, seguido do ano da publicação em português.

das complexidades que estão envoltas nesse conceito, ao qual atribuímos o contundente adjetivo de *imanente*. Destacamos que o usamos no sentido da sua perdurável permanência, em conexão com sua inseparabilidade dos fundamentos da constituição do sujeito psíquico.

Caminhando no sentido de referendar essa concepção – sua imanência –, construímos nossas ideias sobre a problemática das identificações em três segmentos que remetem a três territórios com suas permeáveis fronteiras: a *metapsicologia*, a *clínica* e a *cultura*.

No capítulo de abertura, que determinou o nome deste livro, trabalhamos numa perspectiva genética (FREUD, 1940/2007, p. 209) com leves marcas dogmáticas a temática das *Identificações*. Eis aí o nascimento de um conceito imanente que será central na estruturação do mundo anímico. Esse conceito sofreu desdobramentos significativos no decorrer do pensamento freudiano, que ampliaram seu significado e lhe propiciaram um *status* metapsicológico próprio. No entanto, ele manteve seu significado original: o outro tomado como modelo de forma passiva e/ou ativa. O Eu arquitetado pelo outro, o outro em mim. Com essa ideia de modelo que produz construções e transformações no sujeito em meio às múltiplas facetas da repetição – mediado pelo trabalho da melancolia *versus* o trabalho do luto –, Freud configurou o constructo teórico da sua psicologia profunda. Visando estabelecer os fundamentos metapsicológicos da identificação, trabalharemos de forma pontual o pensar freudiano em seus desenvolvimentos na psicanálise contemporânea. Tal proposição, nos capítulos que compõem a tessitura de nossas ideias, tem por meta dialogar com o complexo de Édipo e o de castração, paradigma do pensar freudiano, na sua íntima relação com a bissexualidade e a teoria pulsional.

No ponto referente à bissexualidade, procuramos refletir a respeito das suas nuances metapsicológicas e manifestações clínicas.

Para isso, estabelecemos um diálogo com Freud, percorrendo algumas de suas ideias, desde o desenvolvimento da libido até os enigmas identificatórios. Nesse processo, trabalhamos o conceito do sexual infantil e suas implicações na bissexualidade psíquica, num trânsito entre bissexualidade narcísica e bissexualidade edípica. Balizados por esse pensar freudiano, construímos uma interlocução com autores contemporâneos como Jean Laplanche, Jacques André e Silvia Bleichmar.

Seguindo nossa apresentação com perspectivas argumentativas a respeito do complexo de castração, fizemos um fechamento propositivo em relação à metapsicologia e uma abertura para as ressonâncias das identificações na clínica. As questões aqui desenvolvidas visam exercitar o pensamento sobre a complexidade de um conceito secular da metapsicologia freudiana, o complexo de castração, em seu vínculo com o pulsional: morte e vida. O objetivo é estabelecer um diálogo com as novas configurações que vêm produzindo diversas e inquietantes roupagens, desafiando as soluções até então fixadas pela ordem social. Diante desse contexto, busca-se ponderar a respeito da pertinência desse complexo – em sua intrínseca relação com o complexo de Édipo – como organizador por excelência da psique e, por conseguinte, da cultura.

Direcionando-nos para a clínica em parceria com os colegas Augusto Paim, Bruna Fernandes e Liza Corso, vamos de início revisitar de maneira circunscrita os escritos teóricos de Freud a respeito da homossexualidade. Para isso, partiremos da revisão do conceito de estruturas psíquicas, diferenciando quanto ao tópico da escolha de objeto, que está implicado, mas não é determinante na constituição da psique. Nesse processo, procura-se desmistificar o lugar marginalizado em que, muitas vezes, a homossexualidade é historicamente colocada, ao lado das perversões "patológicas" (FREUD, 1905/1969). Em seguida, para elucidar nossas proposições, trazemos o enredo do filme *Azul é a cor mais quente* (2013), longa-metragem que retrata a vida da personagem Adèle e os conflitos advindos do seu romance com outra mulher, Emma.[2] Fazemos uso dessa produção cinematográfica para desmembrar teoricamente a relevância dos estudos sobre a homossexualidade e sua pertinência para a contemporaneidade. Com esse breve percorrido, temos a pretensão de reatualizar os fundamentos freudianos sobre as identificações e a problemática das identidades sexuais.

No espaço desse capítulo, adentramos o "O enigmático e o obscuro tempo da adolescência". Em companhia das colegas Adriana Somogyi, Danielle Centenaro, Eliane Deitos e Ítala Chinazzo, propomo-nos a refletir sobre o labor que o psiquismo empreende em tempos de adolescência. Objetivamos uma psicanálise que se dedique às intensidades e às violências pulsionais, muito além daquelas da puberdade: vivências edípicas e vivências impregnadas de conteúdos arcaicos promotores de sofrências. Inspiradas no modelo do Projeto de 1895, no trabalho dos sonhos e no trabalho do luto, queremos trabalhar e dialogar os aportes freudianos com a psicanálise contemporânea, ofertando à clínica do sofrimento adolescente subsídios metapsicológicos norteadores/balizadores de intervenções eficazes. O trabalho da puberdade/adolescência consiste no reencontro com o objeto perdido, quiçá perdido. O texto com uma proposta teórico-clínica traz vinhetas da clínica da atualidade. Como se apresentará e manifestará toda esta complexidade em tempos de adolescência – trabalho da adolescência?

---

2 Esse filme é uma adaptação da *graphic novel* de Julie Maroh, de 2010. O projeto inicial contemplava duas partes. Entretanto, devido a impasses, a segunda parte foi cancelada. Nossas interlocuções se fazem em torno da primeira parte, que foi contemplada na versão final do filme, coescrito e coproduzido por Abdellatif Kechiche.

Visando ampliar nossas inquietações sobre a problemática da clínica no capítulo "Melancolia e luto: o processo de vir a ser", aventamos exercitar, a partir do filme *Girl*, um pensamento clínico e metapsicológico sobre a complexidade do processo de redesignação na protagonista Lara, a partir de seu gênero autopercebido. Nessa trajetória, o misterioso interrogante "Quem sou eu?" adquire novos contornos e, com ele, a dinâmica do processo identificatório se faz proeminente, tendo como agente demarcador a resultante do trabalho da melancolia *versus* o trabalho do luto.

Dando sequência às reflexões clínicas, retomamos a história da jovem homossexual de Freud (1920/1976). Nessa retomada, vamos estabelecer, a partir da narrativa freudiana e do romance histórico *Desejos secretos*, a nossa própria narrativa sobre as origens e os destinos dos secretos e indiscretos desejos de Sidonie. O mesmo véu que encobria a homossexualidade feminina naqueles tempos encobria também a pesquisa psicanalítica. Sendo assim, em nosso tempo, ousamos e nos comprometemos com o trabalho de rupturas do *closet* epistemológico.

Depois de tecer e destecer nossas compreensões sobre metapsicologia e a clínica, é chegado o momento de trabalhar as repercussões das identificações na cultura. Tal proposição é demarcada pelo princípio freudiano de que a psicologia individual é, ao mesmo tempo, psicologia social (FREUD, 1921/1969). Nesse sentido, buscaremos utilizar as produções da cultura como metáfora para a clínica.

No capítulo que descortina as indagações iniciais sobre a cultura, em companhia de Augusto Paim, vamos abordar o lugar das diferenças anatômicas na construção das identidades sexuais. Essa meta é decorrente de certa concepção da ordem social que tende a desconsiderar o lugar da anatomia dos sexos no equacionar dos processos identificatórios. Teremos como nosso principal mediador a intrigante proposição freudiana de 1912: *anatomia é destino*. No decorrer dessa narrativa, vamos buscar referendar que a anatomia biológica é destino dado pela genética, enquanto anatomia psíquica é construção – tem algo de acidental, o não saber do inconsciente – que determina outros destinos, elaborados em parceria com as figuras parentais.

Nesse capítulo, produzido em colaboração com os colegas Clarissa Salle de Carvalho, Élvis Bonini, Mariana Biasi e Tatiane França, visamos compreender melhor as diversidades das sexualidades na estruturação de gênero do sujeito psíquico. É responsabilidade nossa, psicanalistas da contemporaneidade, uma vez que estamos diante de uma – ainda que tardia – abertura cultural promotora de uma integração social importante e muito necessária nos tempos atuais. Para tal, acreditamos que essa complexa tarefa deve estar amparada fundamentalmente na base da metapsicologia freudiana e, em especial, na obra capital *Três ensaios sobre a teoria da sexualidade*, desde sua propositiva etapista e desenvolvimentista até suas aberturas para a singularidade de cada sexualidade azarosamente constituída.

No diálogo sobre as sexualidades diversas com as ciências sociais, com a cultura, a psicanálise deve sua contribuição, propondo uma metapsicologia do gênero, a partir do histórico-vivencial do sujeito psíquico, aquele que virá a ser sujeito social, sujeito político. Com esse texto sobre os processos identificatórios e as questões de gênero, propomos assinalar as composições daquilo que se constitui em dependências do eu, em seu imbricado precipitado das identificações, e assim cercar o "DNA psíquico" do gênero no que tange às manifestações das sexualidades, a partir das teorizações freudianas em sua riqueza e limitações com o enriquecimento dos estudos contemporâneos.

Encerrando nossas especulações sobre as vicissitudes das identificações no contexto social com Bruna Fernandes e Juliana Stuck, trazemos para o palco analítico a história cinematográfica *A garota dinamarquesa*. Nessa exposição, nosso olhar vai direcionar-se, de forma pontual, para a construção da feminilidade das protagonistas, Lili e Gerda. Ao dizer *construção*, já estamos nos posicionando no sentido de que as identidades psicossexuais são produtos de uma história que vai estruturando sentidos, os quais têm o potencial de serem criados e recriados, em meio às dobras da malha identificatória.

Essas interlocuções, alinhavadas nos diferentes capítulos que compõem este livro, estão empenhadas em significar e ressignificar o lugar do processo identificatório na estruturação da psique. Acompanhados por essas reflexões, indagamos e colocamos à prova nossas teorizações, numa perspectiva que desejamos ser mais genética do que dogmática, estabelecendo indagações que esperamos profícuas a serviço da clínica e das amplas diversidades das configurações psíquicas.

Boa leitura!

Parte I
A metapsicologia da identificação

1. Identificação: imanência de um conceito

Ignácio A. Paim Filho e Raquel Moreno Garcia

> *Eu próprio não estou, de modo algum, satisfeito com esses comentários sobre a identificação.*
>
> FREUD, 1923/2007, p. 83

Em 17 de dezembro de 1896, em meio às turbulências da sua autoanálise, as inquietações com a clínica – em especial a histeria – e sua disposição de conceber um aparato psíquico, Freud escreve em carta a Fliess: "Na verdade, confirmei uma conjectura [...] acerca do mecanismo da agorafobia nas mulheres 'públicas'. Trata-se do recalcamento da intenção de apanhar o primeiro homem que passar pela rua: uma inveja da prostituição e identificação" (1896/1969, p. 218). Eis aí o nascimento de um conceito que será central na estruturação do mundo anímico: identificação.

Esse conceito sofreu desdobramentos significativos no decorrer do pensamento freudiano, que ampliaram seu significado e lhe propiciaram um *status* metapsicológico próprio. Ele, no entanto, manteve consigo seu significado original: o outro tomado como modelo, de forma passiva e/ou ativa. Acreditamos que essa concepção faz ressoar um conceito mais antigo, enunciado por Freud em 1895, em seu *Projeto para uma psicologia científica: o complexo do semelhante*:

> *Suponhamos que o objeto que compõe a percepção se pareça com o sujeito – um outro humano. Nesse caso o interesse teórico [que lhe é dedicado] também se explica pelo fato de que um objeto semelhante foi, ao mesmo tempo, o primeiro objeto hostil, além de sua única força auxiliar. Por esse motivo, é em relação aos seus semelhantes, que o ser humano aprende a conhecer. (1895/1969, p. 383)*

Esse enigmático conceito carrega consigo a premência do outro na estruturação da psique, no interjogo entre o autoerotismo, a bissexualidade narcísica e bissexualidade edípica: "Por isso, por meio do seu semelhante, o homem aprende a reconhecer" (FREUD, 1895, p. 383), ou ainda a se conhecer. A identidade se construindo pelo outro, no outro em mim.

Temos a apresentação dessa proposição nas mais diferentes definições. Por exemplo, Roudinesco e Plon propõem: "processo central pelo qual o sujeito se constitui e se transforma, assimilando ou se apropriando em momentos-chave da sua evolução, dos aspectos, atributos ou traços dos seres humanos que o cercam" (1998, p. 262). Em Laplanche, encontramos: "o sujeito assimila um aspecto uma propriedade, um atributo do outro e se transforma, total ou parcialmente, segundo o modelo do outro" (1992, p. 226). Valls, mantendo essa visão, anuncia: "primitiva forma de funcionamento psíquico e de vínculo com o objeto, que em princípio consiste na ação de tornar-se idêntico. Idêntico a um atributo do objeto ou a muitos" (2009, p. 309). Com essa ideia de modelo que produz transformações no sujeito Freud, configurou-se um constructo teórico de alta relevância para a sua metapsicologia.

Seguindo suas pegadas, teremos, em 1900, no Capítulo IV da *Interpretação*, um momento de assunção das identificações, quando se refere às múltiplas facetas que as constituem – "permite-lhes, por assim dizer, sofrer em nome de toda uma multidão de pessoas e desempenhar sozinhas todos os papéis de uma peça" (FREUD, 1900/1969, p. 163) – e sua vinculação com o inconsciente. Nesse momento, temos a primeira grande demarcação estrutural desse conceito inovador da psicologia das profundezas: "Assim, a identificação não constitui uma simples imitação, mas uma assimilação baseada numa alegação etiológica semelhante; ela expressa uma semelhança e decorre de um elemento comum que permanece inconsciente" (FREUD, 1900/1969, p. 164). Esse elemento inconsciente, decorrente do encontro da pulsão com o objeto, passa a ser marca distintiva do processo identificatório que, ao ser elaborado pelas diferentes configurações desses atributos, estabelece o intercâmbio entre o *ser* como objeto e o *ter* o objeto. É prenúncio do que será enunciado em 1938 [1940] nos achados do seu espólio: "'O seio é parte de mim, eu sou o seio'. Somente mais tarde: 'Eu o tenho' – quer dizer, 'eu não sou ele'..." (p. 335).

Por essas trilhas, visando validar o jogo simbólico entre o ser e o ter, Dora (1901) surge como uma possibilidade, ainda que pouco trabalhada por Freud no quesito da identificação. Entretanto, encontramos nesse material clínico todo um processo identificatório entre Dora e as figuras do seu romance familiar, composto pelo pai, uma mãe presente na sua ausência, o senhor K e a senhora K. Contudo, no caso do Pequeno Hans e do Homem dos Ratos (FREUD, 1909/1969), a temática das identificações ressurge com mais vigor. Nesses, temos relatado, por exemplo, o temor dos cavalos e o desejo de ser um cavalo, ou seja, ser o pai. No Homem dos Ratos, esse jogo entre o ser e o ter é ricamente trabalhado à luz do complexo de Édipo direto.

Mas foi em 1910, em Leonardo – "uma lembrança da sua infância" –, que Freud se debruçou sobre esse tema, fazendo-o trabalhar e convertendo-o num dos pilares fundantes da sua metapsicologia em construção, ou seja, o lugar das figuras parentais e sua função determinante na constituição do psiquismo. Freud trabalhou de maneira exaustiva a vivência infantil do menino Leonardo, entregue quase exclusivamente aos cuidados maternos – momento de corroborar sua tese da mãe como a primeira grande sedutora –, delimitado pela ausência do pai. Esse cenário será um dos elementos centrais para a tese freudiana sobre a gênese psíquica da homossexualidade: tomar a mãe como modelo de identificação (ser) e o pai como objeto do desejo (ter): "O menino reprime seu amor pela mãe; coloca-se em seu lugar, identificando-se com ela" (FREUD, 1910/1969, p. 92). Recalcando seu amor pela mãe, coloca-se em seu lugar, identificando-se com ela, e toma a si próprio como um modelo a quem deve assemelhar-se. Os novos objetos de seu amor – um retorno ao autoerotismo – serão então figuras substitutivas e lembranças de si: meninos que ama, assim como fora amado – escolha narcisista de objeto: primórdios da concepção das identificações narcísicas.

Esse estudo sobre Leonardo foi desdobrado, no quesito identificação, no caso do Homem dos Lobos (1910-1914). Neste, deparamo-nos com a clínica, dando vitalidade às ideias freudianas, que trabalha as repercussões traumáticas do encontro precoce de Serguei com a cena primária. Esse contexto delineou o caminho a ser seguido na constituição e resolução do complexo de Édipo desse jovem russo. Freud, balizado pelas suas concepções sobre as identificações, trabalhou, na teoria e na clínica, o duplo aspecto do processo edípico: direto e invertido. Foi um momento significativo para integrar sua teoria da bissexualidade com as vicissitudes da problemática edípica, em seu duplo trânsito entre Narciso e Édipo. Com o Homem dos Lobos, é posta uma metapsicologia que permite articular o jogo identificatório com as múltiplas facetas que constituem o feminino e o masculino.

Contudo, se faz necessário sinalizar a presença do trabalho *Totem e tabu* (FREUD, 1913/1969) como fator de ligação entre esses textos e, ao mesmo tempo, o lugar de precursor das ideias que estavam por vir no trabalho do narcisismo (1914). Foi o momento de propor uma espécie de antropologia psicanalítica para o complexo de Édipo, centrada na interdição do desejo incestuoso e parricida, constitutivo do sujeito e da ordem cultural: o mito das origens, que tem o assassinato do pai da horda pelos filhos que retornam do exílio como seu marco inaugural – "no início foi o ato" (FREUD, 1913/1969, p. 191). Com esse ato posto, efetua-se a refeição totêmica – a incorporação do pai morto – por todos os filhos. De posse desses atos, os filhos determinam estas duas leis: ninguém ocupa o lugar do pai, representado no totem, e ninguém tem acesso às mulheres do pai. Esse campo dá sustentabilidade à máxima freudiana: "O pai morto torna-se mais forte do que fora vivo" (FREUD, 1913/1969, p. 271). Esse momentoso processo põe em marcha o caminho que vai da endogamia para a exogamia. Portanto, a incorporação passa a estar vinculada à fase oral canibalística, que faz dela precursora de todo o processo identificatório, conforme exposto por Freud em 1915, em adendo aos *Três ensaios* "o alvo sexual consiste na incorporação do objeto – modelo do que mais tarde irá desempenhar, sob a forma de identificação, um papel psíquico tão importante" (1905/1969, p. 186).

Com esse intercâmbio entre clínica e teoria, Freud se debruçou, em 1914, sobre o tema do narcisismo, em que o papel da identificação primária ganha maior significação. O ser identificado a partir da intervenção do outro passa a ser determinante na constituição do Eu. A polêmica sobre a especificidade, não especificada por Freud, da "nova ação psíquica" (FREUD, 1914/2014, p. 99) incita muitas leituras, com destaque à que decorre da identificação primária. Tal proposição ganha validade com a concepção do narcisismo primário que constitui o Eu ideal, em função do investimento parental, centrado nos mandatos endogâmicos: "Tens de ser...". Entretanto, com o advento do narcisismo secundário, balizado pelas identificações secundárias, emerge o Ideal-eu: "Não sou, mas vou ser...".

Nesse jogo entre clínica/teoria e teoria/clínica, são lançadas as bases para fundamentar e avançar em nossa compreensão das identificações. Como já foi dito, *Sobre o narcisismo – uma introdução* (1914) põe em relevo uma concepção teórica que permite demarcar com maior clareza o lugar do objeto na estruturação da psique pela via do processo identificatório. Com esse suporte, o texto *Luto e melancolia* (1915-1917/1969) redesenhou a questão identificatória. Essa questão terá extensas repercussões a partir de 1920. O aprisionamento às identificações narcísicas – alienantes – surge como elemento metapsicológico que tem a melancolia como seu mais explícito representante. O trabalho da melancolia torna-se paradigmático da impossibilidade de acontecer o assassinato simbólico dos objetos primários. Esse contexto foi eternizado na célebre expressão: "Assim a sombra do objeto caiu sobre o Eu" (FREUD, 1915-1917/1969, p. 108). Enquanto isso, o processo do luto, o seu trabalho, desvela o lugar estrutural da perda para consolidar a identificação, que faz a travessia da heteronomia para a autonomia.[1]

---

1 Essa expressão está presente no artigo de Freud de 1915/1917, fazendo o contraponto ao trabalho do luto. Tomando-a como referência, mais além da patologia da melancolia, acreditamos que esse trabalho poderá ter dois grandes destinos: direcionar-se para o trabalho do luto e/ou seguir de eterno em seu labor interminável, pela busca da completude que outrora lhe fora prometida. Nessa trajetória, nos avizinhamos das ideias contidas no artigo *Complexo*

Em 1919, ressurge, depois de dez anos, o texto *O estranho* e, com ele, a sinistra temática do duplo. A problemática identificatória adquire maior consistência. O narcisismo primário retorna como fundante da constituição do Eu, ratificando o poder do investimento parental, no vir a ser do sujeito. É enunciada de forma contundente a dúplice função do duplo: um primeiro momento protetor, a importância de viver a plenitude; e o aconchego de ser Narciso, diante do pulsional desgarrado de nossas origens, o desamparo absoluto. Entretanto, seguir sendo esse ser majestoso torna-se embaixador da própria morte psíquica. Nesse sentido, Freud exemplifica a tenacidade da perpetuação das identificações narcísicas, que, como sabemos, são produtos do investimento dos objetos primordiais: "a identificação com uma outra pessoa, de modo a equivocar-se quanto ao próprio Eu ou colocar um outro Eu no lugar dele, ou seja, duplicação, divisão e permutação do Eu – enfim, o constante retorno do mesmo" (1919, p. 351).

Fechando a segunda década e inaugurando a terceira década do século XX, Freud nos brindou com o texto *Sobre a psicogênese de um caso de homossexualidade feminina*. Neste, a exemplo do trabalho sobre Leonardo (1910), fez uma leitura da estruturação da novela familiar de uma jovem homossexual de 18 anos. Por esse caminho, buscou validar a psicogênese da homossexualidade feminina em decorrência de uma identificação com o pai, um forte "complexo de masculinidade" (1920/1976, p. 185), buscando a mãe

---

melancólico: o anseio da alma (PAIM FILHO *et al.*, 2018), cujos autores propõem a melancolia como estrutura de base. Ao fazê-lo nesses moldes, partem do pressuposto de que todos nós carregamos, em nossa alma, a impossibilidade da elaboração plena da perda dos objetos primários, a perene nostalgia que nos habita: "Assim podemos pensar o complexo melancólico como esta busca – sempre fracassada e dolorosamente vivida por um objeto perdido e de existência parcial" (2018, p. 95).

como objeto do desejo. Nesse processo, a corrente heterossexual sucumbiu à corrente homossexual:[2]

> *Portanto desde os anos precoces sua libido fluía em duas correntes, das quais a que está na superfície pode ser chamada de homossexual. Provavelmente essa era a continuação direta, sem alteração, de uma fixação infantil na mãe. [...] também transportou a corrente heterossexual, mais profunda, para a homossexual, manifesta. (Idem)*

Merece destaque que, nessa narrativa, Freud retomou as ideias esboçadas, em 1920, em nota de rodapé aos *Três ensaios sobre a teoria da sexualidade* (1905), em um diálogo com Ferenczi, marcando as diferenças entre heteroerotismo/homoerotismo de sujeito – identificação – e heteroerotismo/homoerotismo de objeto – escolha de objeto.

A virada para a década de 1920, além de trazer à luz o conceito de pulsão de morte, convocou Freud a se ocupar da problemática das identificações de maneira mais incisiva. Aquilo que até então vinha sendo abordado em algumas linhas e em muitas entrelinhas passa a ser tratado diretamente. Sendo assim, em 1921, a identificação galgou um lugar próprio, no Capítulo VII da *Psicologia das massas e a análise do Eu*, com desdobramentos nos Capítulos VIII, X e XI. Nesse último, as relações entre o amor objetal e o processo das identificações constitui tema nuclear. Foi o momento de receber uma definição, de vir a ser conceito: "A identificação é conhecida pela psicanálise como a mais remota expressão de um laço emocional com outra pessoa" (FREUD, 1921/1969, p. 133). Logo em seguida agrega: "O primeiro tipo de laço, portanto, já é

2 Essa temática segue sendo pensada no Capítulo 3 do presente livro.

possível antes que qualquer escolha sexual de objeto tenha sido feita" (p. 134).

Freud transitou da antropologia social à antropologia psicanalítica, inspirado em Le Bon, que aborda o poder da massa – a alma da raça na vida anímica do sujeito, sujeitado a partir da potência da massa que nele recruta progressões de moções pulsionais, bem como processos de contágio, com sua manifestação na sugestionabilidade, uma sorte de fascinação para esse sujeito imerso. Aqui, a referência se faz a um sujeito autômato e carente de vontade, revelado pelo fenômeno das massas.

Da psicologia das massas/macrocosmos ao processo do indivíduo/microcosmos, Freud trabalha a anatomia estrutural do psiquismo, propondo a referência ao outro como um modelo, um objeto, uma ajuda, um inimigo – enfim, sobre a relação do sujeito com seus próximos (família, objeto de amor, mestres, médicos), constituindo-se como fenômenos individuais e sociais, a saber, o Anímico narcisista e o Anímico social, ou seja, a influência de uma pessoa ou da massa sobre o indivíduo, tendo a família como o polo atrator. Foi à luz do conceito de libido que Freud teceu sua compreensão da psicologia de grupo, tendo como vínculos de amor a essência da alma das massas ligadas pelo poder de Eros, que mantém unido tudo o que existe no mundo. Em consequência, a sugestão recíproca, a imitação e o contágio encontrarão como fundamentos Eros, libido, força de união. Para tanto, ocorre a perda do sentimento de individualidade em prol da intensidade afetiva e o consequente incremento do afeto e a inibição do pensamento científico.

Como já havia proposto anteriormente, a massa é caracterizada por ligações libidinais, e toda relação afetiva aporta um caráter sempre ambivalente, uma dificuldade com as diferenças, mas quando um grupo se forma, diz Freud, "a totalidade da intolerância se desvanece, temporariamente ou permanentemente, dentro do grupo" (1921/1969, p. 129). Os membros do grupo igualam-se, constituindo a limitação do narcisismo que aponta para o laço libidinal com os outros. A referência nesse ponto é para a força da pulsão de morte, quando cita, em *Além do princípio do prazer*, a luta entre ódio/agressividade e amor, do egoísmo ao altruísmo. Então, na massa, a força da pulsão sexual se apresenta como meta desviada, dessexualizada, qual seja, a identificação.

Nesse texto, está posta a complexidade do processo das identificações. Encontraremos nele a forma primeira e mais originária de laço afetivo, a primeira exteriorização de uma ligação do indivíduo com uma pessoa. Essas identificações desempenham um papel na pré-história do indivíduo, na história primitiva do complexo de Édipo, definindo quiçá a história do sujeito.

Nessa trilha edípica, a relação do menino com a mãe é de investimento de objeto sexual direto e, com o pai, de identificação, tomando-o como modelo. Ambos convivem e, diante da força unificadora da vida mental, acabam por se reunir, e o complexo de Édipo se origina de sua confluência. A identificação constitui um processo ambivalente, tecido de ternura e da necessidade, ainda que irrealizável plenamente, da eliminação da ardente paixão edípica. Esse processo é derivado de um tempo oral da organização libidinal, um tempo de incorporação/devoração, amar/devorar. A identificação aspira configurar o Eu à semelhança do outro, algo de fascinação, devoção, servidão e autossacrifício (FREUD, 1921/1969).

Buscando a compreensão desse fundamental e complexo processo das identificações, Freud sintetiza sua singular dinâmica em três vertentes: primeira, a identificação enquanto forma original de laço emocional com um objeto; segunda, a identificação que se constitui, por uma via regressiva, como introjeção do objeto no

Eu, quando a escolha de objeto retroage em identificação; e terceira, quando o Eu assume características do objeto, bem como quando alguma qualidade comum é partilhada com outra pessoa que não é objeto da pulsão sexual direta.

Seguindo na estruturação das suas ideias, em 1923, ao abordar a constituição do Eu e do Supereu, Freud resgata e amplia a discussão que fizera a respeito da melancolia. Propõe que grande parte da constituição do Eu se dá por certo processo de substituição, a saber, uma carga de investimento depositada no objeto recolhida e substituída por uma identificação. Dessa forma, explicita uma definição metapsicológica para o Eu: "A partir dele, poderíamos supor que o caráter do Eu seja, na verdade, um precipitado destes investimentos recolhidos dos objetos dos quais se desistiu. Assim poderíamos dizer que o Eu contém a história dessas escolhas objetais" (FREUD, 1909/1969, p. 41). Trata-se do Eu detentor dessa história das escolhas objetais, qual seja, a conversão de libido objetal em libido narcísica, que trará consigo uma dessexualização, desistência das metas sexuais, uma forma de sublimação. Freud aponta para a patologia, quando as intensidades dessas identificações numerosas e incompatíveis produzem a fragmentação do Eu ou conflitos entre as diferentes identificações que concorrem em seu interior.

Freud afirma o caráter duradouro das primeiras identificações, remetendo ao surgimento do Eu ideal, que é o herdeiro do ideal do Eu e que contém a primeira e mais significativa identificação do indivíduo com o pai da própria pré-história pessoal: "ela é uma identificação direta e imediata, anterior a qualquer investimento de objeto" (1909/1969, p. 42). Essa identificação primária se constituiu a partir das escolhas objetais, dirigidas pelas figuras parentais. Portanto, devemos levar em conta tanto a estruturação triangular da relação edípica quanto a disposição à bissexualidade constitutiva do indivíduo.

> *É que certo grau de hermafroditismo anatômico faz parte da norma; em nenhuma pessoa normalmente desenvolvida, homem ou mulher, faltam traços do aparelho do outro sexo [...]. A concepção resultante desses fatos anatômicos há muito conhecidos é a de uma predisposição originalmente bissexual, que no curso do desenvolvimento foi se transformando em monossexualidade, com alguns resíduos do sexo atrofiado. (FREUD, 1905/1969, p. 29)*

Teríamos a bissexualidade psíquica com sua soberania incontestável promovendo o fecundo jogo das identificações no núcleo inconsciente do Eu? Acreditamos que sim, apesar do paradoxo assinalado por Freud ao abordar a complexidade e a dificuldade da vivência edípica, diante do Édipo completo, direto e invertido, às custas da disposição bissexual original da criança. Freud advoga que essa intrusão da bissexualidade dificultaria a percepção das identificações e as consequentes escolhas objetais primitivas. Temos então:

> *A experiência analítica nos mostra que, em um certo número de casos, um ou outro componente do complexo desaparece, deixando rastros quase imperceptíveis, de modo que teríamos um arco, no qual uma das extremidades contém os casos em que prevalece o complexo de Édipo normal e positivo e a outra contém os casos em que o complexo de Édipo aparece invertido e negativo. Ao longo do arco se situariam os casos em que a forma completa do Édipo se compõe de uma mescla dos dois componentes em proporções variáveis. Ou seja, quando da dissolução do Édipo, as quatro vertentes que o compõem se combinarão de modo a*

> *resultarem em uma identificação materna e paterna. (FREUD, 1923a/1969, p. 44)*

Entretanto, entendemos como dificuldade que incita o rumo a percorrer os amores e ódios possíveis subsidiados pelo caldeirão das paixões arcaicas, daquilo que teriam sido estímulos vividos na pele, que ganharam o estatuto de excitação, para nunca arrefecer, mas minimamente alcançar alguma transformação na dimensão psíquica do ser.

Ao passo que propõe o complexo edípico positivo/normal e, em outra versão, aquele que seria negativo/invertido, Freud (1923a/1969) também alude a uma forma completa, constituída por uma mescla dos componentes em proporção variável. Apesar de manter a referência às predisposições inatas, supõe:

> *como resultado mais comum dessa fase sexual regida pelo Complexo de Édipo, encontraremos no Eu um precipitado que consiste do produto dessas duas identificações de alguma forma combinadas. Essa mudança que no Eu terá, dali em diante, um papel especial, apresentando-se frente ao outro conteúdo do Eu na forma de Ideal-de-Eu ou de um Super-Eu. (p. 44)*

Quando propõe essa concepção a respeito da estruturação do mundo psíquico em instâncias, Freud aponta para a compreensão e descrição das relações dinâmicas que atuam na vida psíquica e, assim como o Id, o Eu também está sujeito à influência e ao poderio das pulsões. Ele, portanto, sugere "que essa energia deslocável e não diferenciada, atuando possivelmente tanto no Eu quanto no Id, provenha do estoque de libido narcísica" (1923a/1969, p. 53). Temos, então, o Eros dessexualizado, as pulsões eróticas com sua plasticidade, desviáveis e deslocáveis em relação às pulsões destrutivas.

Essa libido dessexualizada consiste em energia sublimada conforme a especificidade de Eros: unir e atar. Dado que esse processo de sublimação é intermediado pelo Eu que orquestra os primeiríssimos investimentos do Id, ele absorve a libido desses investimentos e a liga à modificação/substituição promovida em seu interior. Trabalhando sobre as dependências do Eu e corroborando as afirmações anteriores, Freud reitera: "o Eu se erige, em grande parte, a partir das identificações que entram no lugar dos investimentos de carga que o Id abandonou" (1923a/1969, p. 56). E acrescenta que essas primeiríssimas identificações constituiriam uma instância especial, contrapondo-se ao Eu, enquanto Supereu, produto da primeira identificação em tempos de incipiência do Eu, bem como o herdeiro do complexo de Édipo: "foi ele quem introduziu os mais grandiosos objetos no Eu" (p. 56). Uma reminiscência da antiga fraqueza e dependência do Eu.

Nas dependências do Eu, estão força e fraqueza. O Eu se enriquece com o vivenciar das experiências do externo, oriundas do mundo externo e do Id, às quais o subjuga parcialmente. Além de drenar a libido do Id, transmuta em formações do Eu os investimentos que o Id havia depositado nos objetos. Assim, em seu desenvolvimento, o Eu parte das percepções imediatas das pulsões até alcançar as condições de controle sobre elas. Ele passa da subserviência à inibição das intensidades pulsionais.

Diante das duas espécies de pulsões, Freud propõe que o Eu, trabalhando nos processos de identificação e sublimação,[3] aju-

---

3 A sublimação é abastecida pela *pulsão sexual*, reforçada pela pulsão agressiva liberada do encontro e desencontro do jogo pulsional entre Eros, tentando ligar e transformar, e pela pulsão de destruição, tentando romper e desconectar.

dará as pulsões de morte a dominar a libido no Id. Contudo ele deve, para tanto, estar abastecido de libido enquanto representante de Eros, em seus três tempos constitutivos: ser amado, amar a si mesmo e amar o outro.

O trabalho do luto versus *o trabalho da melancolia: a problemática identificatória*

> *Ter e ser na criança. A criança gosta de expressar a relação de objeto pela identificação: "Eu sou o objeto". O ter ocorre depois; após a perda do objeto, retorna ao plano ser. Exemplo: seio. "O seio é parte de mim, eu sou o seio". Somente mais tarde: "Eu o tenho" – quer dizer, "eu não sou ele..."*
>
> FREUD, 1938/2014, p. 205

Após ter percorrido os fundamentos metapsicológicos da identificação, no pensamento freudiano, vimo-nos compelidos a trabalhar a especificidade do trabalho do luto na sedimentação do processo identificatório com sua perene imanência. Este é compreendido como o processo que viabiliza o trânsito das identificações primárias, isto é, as alheias, para as secundárias, as próprias. Sem esse trabalho, não há uma autêntica autoria na constituição do Eu. Diante da sua não efetivação, se dará a regressão ao território onde impera o trabalho da melancolia, com suas identificações alienantes. Nas palavras de Freud proferidas em 1938 e achadas em seu

---

Como resultante desse processo, teremos a criação do objeto sublimatório: criar o não criado, pensar o não pensado. Como sabemos, este é o substituto do objeto originário, possibilitando ser oferecido para o mundo e ter o reconhecimento por parte deste. Remetemos o leitor ao nosso trabalho *Sublimação: um desafio metapsicológico* (PAIM FILHO *et al.*, 2016).

espólio,[4] encontramos, como um lembrete final, uma reafirmação do lugar do luto nesse processo e, em consequência, do lugar do estado melancólico, quando não se reconhece a perda: "O ter ocorre depois; após a perda do objeto, retorna ao plano ser". Escutemos: "retorna ao plano do ser, após a perda do objeto". Perder o objeto é o trabalho que implica o luto, que está posto na lúcida expressão de Freud: "'Eu o tenho' – quer dizer, 'eu não sou ele'...". Enquanto isso, na vigência do trabalho da melancolia, só resta ao sujeito seguir cumprindo o mandato endogâmico, que, pela transformação no contrário, se expressa nos seguintes moldes: "O seio é parte de mim, eu sou o seio" (FREUD, 1938/2014, p. 205).

O psiquismo, então, se estrutura pelas perdas/separações/renúncias, que fornecem garantias para que o Eu inconsciente e o Eu pré-consciente se constituam em uma organização. Assim sendo, vai se formar um sofisticado conglomerado de representações de si mesmo, resultado do investimento libidinal do outro, e, com todo um processamento altamente metabólico, agora em amálgama, o núcleo do Eu, o precipitado dos investimentos objetais abandonados. Portanto, na consolidação do processo pelo trabalho do luto, o Eu se torna efetivamente livre, desde o constitutivo luto de seus objetos primeiros até o necessário luto das perdas na vida, quando este Eu volta a funcionar com maior independência.

---

4 Quando se exilou em Londres, Freud concluiu o seu *Moisés e o monoteísmo* (1934-1939), mas também foi encontrada, em seu espólio, uma folha solta com algumas frases isoladas, algumas vezes pouco claras – datadas de 16 de junho a 22 de agosto de 1938 –, que traz como título: *Resultados, ideias, problemas*. Entre essas, estava a frase de nossa epígrafe. Diante desse contexto, atrevemo-nos a ponderar que Freud, até o final da vida, estava inquieto com as identificações e sua íntima relação com o luto do objeto perdido. Por essa linha associativa, compreendemos que nos deixou como legado a necessidade de problematizar e construir ideias em busca de novos resultados.

Encontraremos, por outro lado, na expressão da melancolia, o dramático, o enigmático processo insuficiente de um Eu em se constituir em um Eu com autonomia. Alienado ao poder do objeto, borram-se as diferenças, uma perda impossível de ser suportada e transformada, e o Eu sucumbe a uma aderência, reverenciando o objeto fascinante, ideal, impossível de ser amado/odiado – cenário da servidão e do autossacrifício, o de seguir enunciando a máxima que diz: "Eu sou o objeto".

Nessa afecção, pelos caminhos percorridos pela libido, em sua composição com a pulsão de destruição, diante do desaparecimento do objeto e da impossibilidade de vivenciar esta perda/separação, os investimentos não são dirigidos a outro objeto, mas recolhidos para dentro do Eu. Assim se produz uma identificação do Eu com o objeto perdido, porém não abandonado/renunciado – perpetuando o trabalho da melancolia. E, tendo como desfecho a impossibilidade de renunciar ao amor/servidão ao objeto soberano, esse amor refugia-se na identificação narcísica, de forma que agora atua com ódio sobre esse objeto substituto, ou seja, o próprio Eu, humilhando-o. Nesse sentido, estão estabelecidas as condições para o exercício da tirania contra si próprio, a partir da instância crítica, o Supereu, com seu masoquismo moral: "Acrescentamos que, nas duas situações opostas, a paixão e o suicídio, o eu, embora por vias totalmente diversas, acaba sendo sobrepujado pelo objeto" (FREUD, 1915-1917/1969, p. 111). Portanto, na composição do trabalho melancólico, teremos três ingredientes indispensáveis: perda do objeto, ambivalência e regressão da libido ao Eu. Contudo, a intensidade da ambivalência, associada ao traumático vivido com os objetos primários, será o grande diferencial no trabalho do luto.

Trata-se do trabalho da melancolia, processo radical e deletério, inerente a toda cria humana, que, em sua versão possível – o luto –, encontra um terreno fértil que forja condições para o vir a ser das identificações. Os jogos identificatórios, combustível da vida, promovem plasticidades no emprego da libido, no seu intrincamento com a pulsão de morte. Portanto, pensar as velhas e novas configurações psíquicas implica necessariamente pensar o processo identificatório e sua efetivação mediada pelo trabalho do luto *versus* o trabalho da melancolia. Tudo isso tem por escopo que a constituição da psique requer um trabalho contínuo de apropriação e desapropriação de nossa herança, que se fez proeminente a partir do investimento do outro, o nosso semelhante. Essa tese expressa está em Freud de forma poética, a partir das suas leituras de *Fausto*, de Goethe: "Aquilo que herdaste dos teus pais, conquista-o para fazê-lo teu" (FREUD, 1913/1969, p. 188).

2. Do sexual infantil à bissexualidade psíquica[1]

Ignácio A. Paim Filho e Raquel Moreno Garcia

Preâmbulo

> *Penso que é perfeitamente lícito que o ser humano persiga o fio da meada de alguma hipótese até onde quer que seja, ou por simples curiosidade científica, ou no papel de* advocatus diaboli, *que nem por isso vendeu a alma ao diabo.*
>
> FREUD, 1920/2006, p. 178

Movidos por essa curiosidade científica instigada por Freud, vimo-nos compelidos a repensar a questão da sexualidade – mais especificamente, o sexual. Nesse reencontro, nossas percepções foram aguçadas pela questão da bissexualidade, que, parece-nos, vem se impondo de forma contundente, com diferentes

1 Uma versão anterior deste texto foi publicada como comunicação preliminar em *Constructo* (*Revista de Psicanálise*, Porto Alegre, n. 1, 2016). E, em sua versão ampliada, no livro MORENO GARCIA, R. (org.). *Sobre o infantilismo da sexualidade*. Porto Alegre: Sulina, 2017, pp. 106-133.

roupagens, no privado das salas de análise, bem como no meio cultural. Esse possível excesso de apresentação da temática, que transita entre o *voyeurismo* e o *exibicionismo*, tem produzido, a nosso ver, discursos que fazem, por vezes, da bissexualidade tão somente um processo psicopatológico. Decorrente dessas proposições, nossa escuta foi nos direcionando para resgatar o caráter estruturante da bissexualidade, uma vez que a compreendemos como processo que se dá de uma *bissexualidade narcísica* para uma *bissexualidade edípica*.[2]

Sabemos que essa problemática circula na cultura há muito tempo, aparecendo na poesia, na filosofia, na biologia, na medicina, enfim, nos mais diferentes segmentos que se interessam pela constituição humana. Temos um exemplo significativo em *O banquete*, de Platão, ao nos remeter ao *encômio* (discurso laudatório) do poeta Aristófanes, que, numa narrativa mitológica, fala-nos sobre um momento arcaico da existência dos sujeitos, quando eram essencialmente duplos, formando assim três possibilidades: feminino-feminino, masculino-masculino e o andrógino, uma terceira modalidade que trazia consigo a junção do masculino e do feminino (PLATÃO, 2009). Como herdeiro dessa longa tradição, vamos encontrar Fliess, um otorrinolaringologista fascinado pela possibilidade de vincular seios nasais com a sexualidade, que apresentou a Freud a ideia da bissexualidade como constitutiva do *Homo sapiens*. Vejamos alguns trechos da correspondência de Freud a Fliess: "A mim me parece que é assim: abracei literalmente a sua ênfase na bissexualidade e considero essa ideia a mais significativa para minha matéria desde a da 'defesa'" (MASSON, 1986, p. 293 [carta de 04 de janeiro de 1898]). Um ano depois retoma e assinala

---

2 A proposição da bissexualidade em sua versão narcísica e edípica está estruturada no jogo identificatório. Portanto, seu acontecer é resultante respectivamente das identificações primárias e secundárias.

o fascínio que essa temática lhe incita: "Mas a bissexualidade! É claro que você tem razão quanto a ela. Estou acostumado a encarar cada ato sexual com um processo em que há quatro indivíduos envolvidos" (p. 365 [carta de 01 de agosto de 1899]). Em 1901, volta ao tema, reconhecendo o papel de Fliess para a elaboração desse pressuposto: "Você se recorda de eu lhe ter dito, anos atrás, quando você ainda era especialista e cirurgião nasal, que a solução estava na sexualidade. Muitos anos depois, você me corrige, dizendo que estava na bissexualidade – vejo que tinha razão" (p. 449 [carta de 07 de agosto de 1901]).

Como podemos ver, Fliess lança as bases para que Freud possa evoluir da bissexualidade biológica para aquilo que poderíamos chamar de *psicobissexualidade*, ou seja, a sexualidade psíquica que vai se constituir como tal nos desdobramentos da bissexualidade. Entretanto, esse pioneiro postula uma bissexualidade biológica marcada pela anatomia, propondo sexualizar o recalque. O sexo biológico determinaria, por si só, o recalque do componente masculino ou feminino. Em Freud, apoiado na constituição bissexual dos indivíduos humanos, esta asseveraria que o motivo do recalque seria a luta entre os caracteres sexuais. Sendo assim, o sexo dominante no indivíduo teria recalcado no inconsciente a sub-rogação anímica do sexo derrotado. No núcleo do inconsciente de todo o indivíduo, estaria recalcado o sexo contrário: "No homem, o recalcado inconsciente se reconduz a moções pulsionais femininas; e a inversa na mulher" (FREUD, 1919/1969, p. 197).[3]

3 Esse pensar é condizente com as reflexões freudianas de 1901, que, em carta a Fliess de 07 de agosto de 1901, falando da sua pretensão de escrever sobre esse tema, profere: "Por ora, tenho uma coisa para ele; a compreensão primordial que, já há muito tempo, ergueu-se sobre a ideia de que o recalcamento, meu problema nuclear, só é possível através da reação entre duas correntes sexuais" (MASSON, 1986, p. 448).

Após romper com Fliess, em 1904, Freud continuou buscando, de forma obstinada, integrar a teoria da bissexualidade ao seu arsenal metapsicológico. Como relatam os biógrafos, a paternidade de tal teoria está vinculada à ruptura da amizade entre esses homens. Fliess acusou Freud de roubo de ideias, o que culminou no texto *Em minha própria causa* (FLIESS, 1906/1998). Nele, o autor acusa O. Weininger e H. Swoboda de plágio. Este último era paciente de Freud, que, segundo Fliess, o teria instruído para praticar o ato. Um ato parricida? Talvez. Se assim for, esse ato pode exemplificar a psicopatologia das relações cotidianas desses dois homens, em meio a suas demandas libidinais homossexuais e heterossexuais. Nesse sentido, evocamos a observação feita por Freud a Ferenczi:[4]

> *Não, o Sr. percebeu que eu não possuo mais necessidade daquela abertura total da personalidade [...]. Desde o caso Fliess, durante a superação do qual o Sr. justamente me viu ocupado, essa necessidade exauriu-se em mim. Uma parte da libido homossexual foi retirada e empregada na ampliação do meu próprio Eu. Tive sucesso onde o paranoico fracassa. (FREUD; FERENCZI, 1994, p. 281 [carta de 06 de outubro de 1910])*

Palavras significativas que revelam e encobrem as múltiplas facetas da bissexualidade, dando ancoragem à máxima que propõem: a teoria nasce da clínica.

Como veremos adiante, certezas e interrogações sobre os destinos da bissexualidade surgiram no pensamento freudiano no decorrer de toda a sua obra. Assim, vamos nos aventurar a fantasiar

4 Pensando nesse pioneiro, é importante destacar que, em 1911, em "La nosología de la homosexualidad masculina (homoerotismo)", também se ocupou da bissexualidade. Nesse trabalho, propõe a expressão "ambissexualidade".

metapsicologicamente (FREUD, 1937/1969) a respeito da enigmática questão de como se dá o desenvolvimento da bissexualidade psíquica a partir do sexual infantil. Tendo em mente a mitologia da sexualidade de Aristófanes apresentada por Platão, que narra como Zeus, ofendido pela completude e pelo êxito dos seres duplos, decidiu dividi-los em dois com seus raios, inclusive os do terceiro sexo, de forma que o resultado desse castigo divino foi a inscrição da eterna busca nos homens – o desejo de se fundir novamente com a metade perdida, perfazendo novamente um só ser.

Algumas considerações metapsicológicas

> *Vislumbramos assim a fórmula de que os neuróticos preservam o estado infantil de sua sexualidade ou foram retransportados para ele. Desse modo, nosso interesse volta-se para a vida sexual das crianças, e procedemos ao estudo do jogo de influências que domina o processo de desenvolvimento da sexualidade infantil até seu desfecho na perversão, na neurose ou na vida sexual normal.*
>
> FREUD, 1905/1969, p. 161

Para prosseguir em nosso percurso, em busca do fio da meada, sem o temor de vender a alma ao diabo com seu poder disruptivo, convidamos o leitor a reler as seguintes palavras. Entretanto, nos antecipamos, no sentido de assinalar a importância dos *Três ensaios sobre a teoria da sexualidade* (1905) como ponto de partida e, ao mesmo tempo, de convergência dos demais desdobramentos do legado freudiano. Essa concepção nos faz ressaltar e propor um adendo ao título original – *Três ensaios sobre a teoria da sexualidade infantil.* Acreditamos que esse adendo faz jus ao âmago do pensamento freudiano, que tem no infantil, com seus correlatos, os *shibboleths*,[5] que dão fundamentação à sua metapsicologia. Em seu texto inventário de 1938, Freud diz: "a criança psicologicamente é o pai do adulto" (1937/1969, p. 215). E ainda:

> *É que certo grau de hermafroditismo anatômico constitui a norma; em nenhum indivíduo masculino ou feminino de conformação normal faltam vestígios do aparelho do sexo oposto [...]. A concepção resultante desses fatos conhecidos de longa data é a de uma predisposição originariamente bissexual, que, no curso do desenvolvimento, vai se transformando em monossexualidade, com resíduos ínfimos do sexo atrofiado. (1905/1969, p. 133)*

Então, podemos transferir essa concepção do hermafroditismo anatômico para o campo psíquico e compreender a inversão em suas distintas variedades como expressão de um hermafroditismo psíquico? Essa indagação é pertinente e nos estimula a pensar. Porém, Freud nos adverte de que não seria lícito conceber relações tão estreitas entre hibridez psíquica suposta e hibridez anatômica comprovada. Recordemos a formulação citada por ele: "um cérebro feminino em um corpo masculino" (1905/1969, p. 134).

Diante desse contexto, visando a elucidações em busca de uma interlocução, permaneceram duas ideias: na inversão, intervém de algum modo uma disposição bissexual que está para além da

---

5 No decorrer da sua obra, Freud nomeará quatro conceitos, tidos por ele como fundamentais. Para caracterizá-los se utilizará da palavra *shibboleth* ("armadilha"), retirada do *Livro dos Juízes*, do *Antigo Testamento*: os sonhos (1914), a sexualidade (1919), o complexo de Édipo (1920) e o inconsciente (1923). Entendemos que esses, no seu conjunto, instituem e constituem o universo da sexualidade infantil. Remetemos ao trabalho de Ignácio Paim, *Shibboleth, Freud e o fundamental na psicanálise e no devir analista* (2010).

conformação anatômica; contudo, temos o desafio de refletir como jogaria tal disposição com a anatomia e que perturbações afetariam a pulsão sexual no desenvolvimento dos invertidos. Nesse processo que remeteria à ordem do verso e reverso, teríamos um caminho linear anatomicamente definido, mas psiquicamente indefinido, então: "a anatomia é o destino" (FREUD, 1912/1969, p. 172)?[6]

Não esqueçamos que Freud busca pensar o diferente, o estrangeiro, para lançar um olhar ao nativo. Nesse sentido, a inversão, em sua intensidade, denuncia o que habita todo o ser da cultura, a saber, a disposição perversa polimorfa (FREUD, 1905/1969, p. 179).

Sigamos revisitando o célebre *Três ensaios sobre a teoria da sexualidade*, de 1905, porém com adendos até 1925. Discorrendo sobre a sexualidade infantil, especialmente sobre a libido, Freud introduz o objeto sexual, do qual parte a atração sexual e a meta sexual, qual seja, a busca pela satisfação da pulsão. Ele propõe, então, desvios com relação a ambos: objeto e meta; assim, teríamos, oposta a uma concepção inata da inversão, a possibilidade do caráter adquirido da pulsão sexual, como uma impressão sexual ou influências externas que favoreceram e inibiram em diferentes épocas da vida, resultando na fixação da inversão, o que afetaria muitos indivíduos em época precoce da vida e cuja consequência seria a inclinação homossexual.

Freud (1905/1969) retira do discurso médico a antiga *libido sexualis*, para constituí-la como determinante fundamental da psique: a meta da sexualidade humana não é a procriação, mas o exercício do prazer, mediante a fixação em um objeto. Remetendo a Havelock Ellis, uma vivência da primeira infância que teria sido determinante para a orientação da libido poderia estar

6 Cumpre destacar que Freud toma essa expressão de um dito atribuído a Napoleão Bonaparte.

determinada por circunstâncias externas. Freud trabalha sempre com a dualidade entre *inato* (pulsional) e *adquirido* (histórico-vivencial). É esclarecedor que tenha chamado o primeiro dos seus três ensaios de *Aberrações sexuais. Aberrante* tem o sentido de romper com a ideia de um padrão de normalidade preestabelecido. A sexualidade humana que, em sua essência, é a sexualidade infantil perverte a ordem vigente da autonomia da sexualidade adulta em relação ao infantil, fornecendo subsídios para teorizar sobre o infantil da sexualidade.

Diante disso, Roudinesco propõe, em seu livro *Freud em seu tempo e no nosso* (2015), que vejamos Freud junto a Marcel Proust, ou seja, como cientista e escritor, como os narradores modernos da exploração do Eu; ambos trataram da questão da homossexualidade como uma inversão, definindo-a como consequência de uma bissexualidade fundamental para a civilização e para a perpetuação do humano. Sem a bissexualidade, os homens estariam, assim, submetidos a uma virilidade excessiva e de poucas capacidades sublimatórias e, portanto, condenados à extinção. Nesse sentido, encontramos em Freud a seguinte afirmação: "os homens não conseguem viver em companhia dos de sua espécie, a menos que desenvolvam uma grande dose de adaptabilidade passiva" (1933b/1969, p. 143).

Somente em 1901, em sua viagem a Roma – cidade bissexual, detentora de potência masculina, assim como de encantos femininos –, depois de ter concluído seu livro sobre os sonhos, Freud pôde apreciar grandes promessas arqueológicas e reencontrar-se com a natureza imemorial da feminilidade.

Retomemos mais alguns detalhes metapsicológicos na e da relação "pulsão *versus* objeto", considerando a bissexualidade, muito falada e pouco estudada, de vital importância para a estruturação da alma humana. Como sabemos, em Freud, a pulsão tem origem no corpo e busca formas de descarga, do ato ao trâmite da escritura psíquica, enquanto para a bissexualidade é necessária a presença do investimento da libido do casal parental, fazendo da potencialidade ficcional do hermafroditismo anatômico uma possível psicobissexualidade: a mão do homem criando a pulsão sexual da sua cria, tal qual o toque de Deus Pai em Adão para criar a humanidade.[7] Sublinhamos que esse hermafroditismo é entendido como metáfora, na acepção de que o corpo pulsional como um todo, ao ser erogeneizado, vai criando o corpo representacional. Esse corpo traz consigo as vicissitudes do masculino e do feminino que nos habita. Nesse sentido, Freud nos ensina os três tempos de apresentação e consequente representação dessa força no desenvolvimento do anímico: atividade *versus* passividade, masculino fálico *versus* masculino castrado e, por último, masculino *versus* feminino.

Embora Freud seja enfático, em vários momentos do seu pensar, sobre a importância da bissexualidade, não existe um trabalho que trate especificamente dessa temática. Em 1901, numa carta a Fliess, chegou a comentar o seu desejo de escrever um trabalho intitulado *A bissexualidade humana*, em que pretendia chegar à raiz do problema e, com isso, dizer "a última palavra que me seja facultado dizer – a última e a mais profunda" (MASSON, 1986, p. 448 [carta de 07 de agosto de 1901]). Ele, entretanto, nunca realizou tal projeto.

Encontramos várias referências sobre o enigma da bissexualidade no percurso que vai de 1898 até 1933. Eis algumas delas: "Desde que me familiarizei com a noção de bissexualidade, passei a considerá-la com fator decisivo e penso que, sem levá-la em consideração, dificilmente se poderá chegar a uma compreensão das manifestações sexuais efetivamente no homem e na mulher"

---

7 Referência à pintura de Michelangelo – *A criação de Adão* – no teto da Capela Sistina, no Vaticano.

(FREUD, 1905/1969, p. 206). Em 1908, Freud segue refletindo sobre seu enigma: "Os sintomas histéricos são expressão, por um lado, de uma fantasia sexual inconsciente masculina e, por outro lado, de uma fantasia feminina" (1908a/1969, p. 168). Em 1930, retoma o tema em *O mal-estar na civilização*: "A teoria da bissexualidade ainda está cercada por muitos pontos obscuros e não podemos deixar de sentir como um sério impedimento na psicanálise o fato de que ainda não tenha sido descoberto nenhum elo com a teoria das pulsões" (1930/1969, p. 126). E, por último, em 1933, na conferência *Feminilidade*:

> *Chamo a atenção dos senhores para o fato de que partes do aparelho sexual masculino também aparecem no corpo da mulher, ainda que em estado atrofiado, e vice-versa. Considero tais ocorrências como indicações da bissexualidade, como se o indivíduo não fosse homem ou mulher, mas sempre ambos – simplesmente um pouco mais de um, do que do outro. (1933b/1969, p. 141)*

Após esse recorte sobre a bissexualidade em Freud, passamos a estudar como se dá o salto entre o corpo biológico com sua bissexualidade para o corpo pulsional, do sexual infantil à psicobissexualidade. Para isso, propomos que a inserção se dê a partir do narcisismo, transitando do Eu ideal ao Ideal do Eu, culminando no Eu realidade definitiva – tendo por veículo a tessitura identificatória.

Pretendemos que a ideia aqui expressa possibilite articular a bissexualidade do narcisismo como o grande reservatório da libido. Freud considerava a libido de caráter masculino, pois é sempre ativa (1905/1969). Portanto, nesse primeiro estágio, tomaremos como nosso fio condutor a manifestação primordial da bissexualidade na psique, que se dá no binômio "passividade *versus* atividade". Para equacionar esses fatores, adotaremos como base o postulado de Paim Filho, *A guerra e o repúdio ao feminino: uma releitura da disposição feminina originária* (2014), a respeito da existência de uma disposição feminina originária, condição inerente à cria do homem, conectada ao desamparo e à impossibilidade de viabilizar a ação específica, dependência absoluta de outro semelhante. Vemos esse momento como pura passividade em relação a sua demanda pulsional, bem como à dos seus objetos. Temos aí a passividade de Eu realidade originária, com sua disposição feminina, marcada pela potencialidade de acolher e albergar essas demandas pulsionais, que são sempre ativas. Nesse momento, a contenção e a satisfação pulsionais acontecem por meio dos destinos pulsionais narcísicos – transformação no contrário e o retorno sobre si mesmo.[8] Estamos no território do narcisismo primário, com suas identificações alheias.

Na medida em que o aparelho sofre inscrições, marcas que se constituirão em representações sobre o leito dessa disposição feminina originária, se dá o processo defensivo e estrutural, de contenção pulsional, possibilitando a complexização do aparato anímico, que é incitador da trajetória do Eu realidade originária para o Eu ideal, universo do narcisismo primário. Seguindo por essa trilha, é importante destacar o lugar do que Freud chamou, em 1923, de a "identificação direta e imediata" (1923a/1969, p. 42).

---

8 Essa concepção da passividade anterior à atividade só pode ser fundamentada no pensamento freudiano após 1920. Entretanto, temos dois textos precursores que remetem ao poderio do objeto e que nos permitem inferir o paradoxo das ideias freudianas: *Sobre narcisismo: uma introdução* (1914/1969) e *Luto e melancolia* (1915-1917/1969). Com o conceito de pulsão de morte (1920), em especial de masoquismo primário (1924), temos solidificado o fato de que a cria humana antes de ser sujeito (ativo) é objeto (passivo). Isso é explicitado quando Freud trabalha a problemática do *fort-da* na pulsão de domínio, retomada em 1920. Esse cenário dá sustentação à máxima que declara: o que viveu passivamente repete ativamente.

Destacamos o acréscimo feito por ele, em nota de rodapé, recomendando cautela em relação ao agente desse fazer, propondo que se diga *identificação com os pais*, pois a diferença dos sexos ainda não foi adquirida nesse período. O papel dessa identificação é fundamental no processo de instauração do narcisismo primário, pois é produto de um investimento do objeto (função materna/paterna) no sujeito (bebê), anterior a qualquer investimento objetal desse, o que significa receber uma demanda do outro (passivo), ser identificado, e, somente num segundo momento, teremos o vir a investir no outro (ativo), identificar-se. Esses dois momentos, genericamente, marcariam o narcisismo primário (Eu ideal/*bissexualidade narcísica*) e o narcisismo secundário (ideal de Eu/abertura para a *bissexualidade edípica*).[9]

No advento dos indicadores da castração, no prelúdio da conflitiva edípica, temos a instauração de forma cabal do recalcamento originário (passivo); com ele, o sujeito passa ao segundo estágio, delimitado pelo trânsito entre a fase anal expulsiva e retentiva. Nesse processo, estabelece-se a fase fálica, na qual o par antitético da bissexualidade vai se dar entre o masculino fálico *versus* masculino castrado. Temos aqui a crença na existência de um único sexo, o masculino.

No decorrer desse estágio, se dão as marcas contundentes da angústia de castração, centrada na diferença anatômica entre os

9 Em seu relatório para o CPLF/2016, intitulado "Alguma coisa do inconsciente", em que aborda a dinâmica do eu inconsciente, Domenique Cupa propõe que "o jogo das identificações com o pai e a mãe, bem como aquele das escolhas de objeto constroem o complexo de Édipo e tornam explícito o lugar do Super--Eu" (2016). Em Freud, "o complexo de Édipo é um sedimento que se forma no eu, consistente dessas duas identificações unidas uma com a outra de alguma maneira. Esta modificação do eu mantém sua posição à parte; opõe-se aos outros conteúdos do eu como o ideal do eu ou o Super-Eu" (1923/2007, p. 277). Temos aí, então, a clivagem do Eu.

sexos – ápice da conflitiva edípica. A perda, quando inscrita de forma simbólica, viabiliza a instauração do ideal do Eu e o estabelecimento das condições necessárias para o acontecer do Eu realidade definitiva, concomitantemente à instalação do recalque secundário (ativo), que, com o recalque originário, mantém o inconsciente recalcado que alberga o desejo incestuoso e parricida. Uma vez estabelecida a resolução da conflitiva edípica, em sua dupla forma direta e invertida, o sujeito está habilitado a reconhecer o feminino e o masculino que o constitui, de forma variável e singular, determinando a masculinidade e a feminilidade: o eterno *vir a ser*, ao qual estão subordinados homens e mulheres. Como enfatiza Freud, "como se o indivíduo não fosse homem ou mulher, mas sempre ambos – simplesmente um pouco mais de um do que do outro" (1933b/1969, p. 141). Portanto, a bissexualidade, no interjogo de ter e não ter o falo, segue como componente do sexual, implicada de forma decisiva no potencial criativo de cada sujeito. "Estou acostumado a encarar cada ato sexual como um processo em que há quatro indivíduos envolvidos" (MASSON, 1986, p. 365 [carta de 01 de agosto de 1899]).

As ideias até aqui delineadas na interlocução com o pensamento freudiano visam ser um estímulo para reatualizar seu legado. Nesse processo, reconectamo-nos tanto com a vitalidade do seu pensar como com impasses que suscitaram compreensões paradoxais. Entre estas, se sobressai a linearidade da proposta centrada num desenvolvimento em estágios. Cremos que essa linearidade não é compatível com a alta complexidade – com todas as suas circunvoluções – que envolve o jogo identificatório, indicado pelo próprio Freud, no qual o rebento com sua permeabilidade é assujeitado por um outro, com sua trama sexual infantil e seus desdobres bissexuais. Com a pretensão de ampliar sua significação, ou ainda ressignificá-los, lancemos um olhar para a contemporaneidade.

Dialogando com a contemporaneidade

> *A identificação é conhecida pela psicanálise como a mais remota expressão de um laço emocional com outra pessoa. Ela desempenha um papel na história primitiva do complexo de Édipo.*
>
> FREUD, 1921/1969, p. 133

Após percorrer de forma circunscrita as raízes da bissexualidade no infantil, centrada no jogo de identificações, mais além da cingida moldura dos estágios do desenvolvimento, reaproximamo-nos do dizer de Freud: "A teoria da bissexualidade ainda está cercada por muitos pontos obscuros" (1930/1969, p. 126). Com a pretensão de construir alguns pontos com menor grau de obscuridade, vejamos o que o nosso tempo tem a dizer sobre essa enigmática questão, tida por Freud como a chave para decifrar a essência do ser: "a solução estava na sexualidade. Muitos anos depois, você me corrige, dizendo que estava na bissexualidade – vejo que tinha razão" (MASSON, 1986, p. 448 [carta de 07 de agosto de 1901]).

Nesse sentido, aproximamo-nos das ideias recolocadas por Laplanche, partindo da teoria da sedução generalizada que está sustentada nas mensagens do outro provido de inconsciente que encaminha mensagens que acometem a criança numa sorte de dissimetria implacável. O autor acredita que sejam veiculadas mensagens pré-conscientes/conscientes dos pais e que o inconsciente destes seria como um ruído que interfere nesse processo de comunicação, comprometendo as mensagens pré-conscientes/conscientes. Assim: "Esses desejos inconscientes também vêm infiltrar-se na designação de gênero. É, pois, o sexuado e principalmente o Sexual dos pais que vêm provocar esse ruído na designação" (LAPLANCHE, 2015, p. 169). Esse sexual será sempre reativado no adulto, sua sexualidade infantil, na presença da criança. Então: "O Sexual é múltiplo, polimorfo. Descoberta fundamental de Freud, ele fundamenta-se no recalque, no inconsciente, na fantasia. É o objeto da Psicanálise" (p. 155).

Remetendo-nos ao tempo transcorrido desde o início da psicanálise, Silvia Bleichmar propõe diferenciar entre a produção de subjetividade e a constituição do psiquismo, como forma de depuração dos enunciados que se conservam dogmaticamente daqueles cuja permanência se faz necessária:

> *A produção de subjetividade é da ordem histórica, social e política: alude aos modos com os quais cada sociedade determina as formas pelas quais um sujeito se constitui como sujeito social e se insere no mundo no qual lhe é dado viver. Já a constituição do psiquismo tentar contornar um conjunto de variáveis que implicam certa universalidade e cuja permanência se sustenta além de certas mudanças na produção de sujeitos históricos. (2006, p. 83, tradução nossa)*

E, assim, ela propõe:

> *Por sua vez, as categorias masculino-feminino não recobrem totalmente o sexo na sua condição de genital e, como atributos de gênero – e, neste sentido, a insistência daqueles que trabalham com estas questões é absolutamente válida –, são categorias anteriores à descoberta da diferença anatômica; mas, ao mesmo tempo, paralelas à sexualidade pulsional dos primórdios da vida. (p. 77, tradução nossa)*

Laplanche propõe um termo capital: *designação*. Trata-se de um processo que sublinha o primado do outro em tempos de constituição, de definição de gênero. A designação é "um conjunto complexo de atos que se prolongam na linguagem e nos comportamentos significativos do entorno" (LAPLANCHE, 2015, p. 166). Então, a partir de Freud teríamos a identificação primitiva com o pai da pré-história pessoal, recolocada como identificação simbólica por alguns lacanianos, como uma matriz do ideal de Eu. Para Laplanche: "proponho o seguinte: em vez de 'identificação com', não seria uma identificação por? Em outras palavras, eu diria: identificação primitiva pelo socius da pré-história pessoal" (2015, p. 167).

Temos, então, a precedência do *gênero* em relação ao *sexo*, em que o sexo organiza o gênero, fixando-o. Temos também a precedência da *designação* em relação à *simbolização*, identificação primária "por".

Jacques André nos contempla com a seguinte visão:

> *Devemos à psicanálise ter reconhecido uma bissexualidade psíquica genérica, mas também ter conservado o modelo de desenvolvimento de acesso à genitalidade como meta última. Por um lado, o descobrimento do polimorfismo e do infantilismo da sexualidade que persegue seu próprio prazer com uma finalidade sem fim, por outro, uma redução normativa que restabelece um "estágio" privilegiado. Nossa época, contrariando certa normatividade psicanalítica, propõe que não há "inconsciente por excelência". Cada vez menos obrigada e protegida pela norma, a relação homem-mulher, abandonada a si mesma, exibe tanto mais a aspereza de sua conflitividade inconsciente. (MORENO GARCIA; PAIM FILHO, 2017, p. 123)*

Masculino e feminino constituem uma dualidade que só pode ser posicionada do lado do Eu, do Eu inconsciente e, para tanto, no marco de uma disjunção que deve se articular em relação aos desejos inconscientes, o que é da ordem da sexualidade ampliada, não regida necessariamente pela sexuação ou por imposições, ordenamentos da cultura no exercício do relacionamento sexual entre dois.

Citando Freud, Jacques André prossegue:

> *em Freud, nota agregada em 1915 aos Três ensaios: a independência da eleição de objeto a respeito de seu sexo, a liberdade de dispor indistintamente de objetos masculinos ou femininos são consideradas pela psicanálise como a base originária a partir da qual se desenvolvem, sucedendo a uma restrição em um ou outro sentido, tanto o tipo normal quanto o tipo invertido. [...] a anatomia imaginária é o destino. (2017, pp. 123-124)*

A clínica contemporânea convoca a complexidade da castração, na qual escutaremos menos um "tê-lo ou não tê-lo" do que "por que um único sexo e não dois?". Nela, um papel preponderante é desempenhado pela angústia de perda de amor na escolha de objeto de amor. As questões "gênero *versus* sexo" levam o psicanalista a repensar a diferença dos sexos e a relação com a bissexualidade?

Bissexualidade e diferença dos sexos andam juntas e, na atualidade, acessamos o que outrora permanecia sob a égide do recalque, no registro da fantasia, qual seja, a existência de vidas sexuais e de sexualidades. Temos jogo *do* gênero ou jogo *no* gênero? Jacques André (2017) discorre sobre essa heterossexualidade que precisa vencer o sentimento de sua própria fragilidade constitutiva, numa sorte de ritualização, propondo posições sexuais normativas intrinsecamente impossíveis de encarnar. E, diante do fracasso persistente em se identificar plenamente e sem incoerência, com ruídos, essas posições revelam uma heterossexualidade não somente como lei obrigatória, mas também como comédia inevitável, quiçá tragédia... Sendo assim, é imprescindível para essa reelaboração que se dê um fértil jogo *no* gênero.

O programa político de desfazer o gênero esbarra no infantilismo do inconsciente. O Sexual soltou todas as suas amarras com o instinto, com o genital e, portanto, com a relação sexual. Sua liberdade seria antes nosso determinismo, mesmo que a psicanálise trabalhe com a esperança de renegociações dos termos do tratado da história pessoal. A psicanálise, sobre as bases de seu próprio edifício, é convocada a receber as improntas da cultura e refletir sobre elas.

Proposição de Jacques André: a bissexualidade une apenas dois, sempre os mesmos, nunca um sem o outro; a nossa psicanálise, a mais cafona, dificilmente prescinde dessa questão. Porém essa figura primitiva do Sexual seria original ou reacional? Venceria os limites da castração? Da sexuação? A bissexualidade precederia a diferença dos sexos ou responderia a ela?

Pensamos num duplo vértice: *origem*, enquanto bissexualidade narcísica, e *destino*, como bissexualidade edípica. Nesse desdobramento, o corte da castração faz história, que circula entre o repúdio do feminino – vencer a castração –, a supremacia de autoengendrar-se e o reconhecimento do corte com sua fenda (FREUD, 1937/1969). Resultante dessa combinatória, podemos ter, em consonância com McDougall (1997), a bissexualidade não como patologia, mas como novas invenções do ser, oriundas de um solo fecundo que determina a anatomia psíquica como destino traçado em parceria com esse outro, da ação específica, da nova ação psíquica até os meandros de um Édipo errante.

Sendo o processo de identificação constituído por suas duas posições sexuais, somente suportável se apoiado num fundo de simbolização que as distinga, poderíamos conceber, por esse ângulo, a bissexualidade não como uma formação reacional à diferença dos sexos, mas quase inversamente como um jogo psíquico numa combinatória entre o desejo e a identificação. Se as homossexualidades e as heterossexualidades são múltiplas, as bissexualidades inevitavelmente também o são. Teremos a fantasia bissexual como variante da recusa da castração, mas essa não será a última palavra. Se, por um lado, a teoria enquanto vertente é unificadora, por outro, a clínica com suas histórias, suas peleias em fornecer sentido por vezes ao que nunca alcançou ter, produz interrogantes. Por esse percurso, aventamos a possibilidade de que a bissexualidade, enquanto conceito polissêmico, remeta não a um dimorfismo, mas a um polimorfismo que faz do feminino e do masculino um grande mosaico identificatório, que perpetua em si suas intermináveis variantes. Essa é a razão pela qual o enigma "o que quer uma mulher com seu par complementar?" e "o que quer um homem?" está fadado a ser uma permanente esfinge.

Podemos sustentar a realidade de dois sexos anatômicos, mas não o da bissexualidade, pelo menos não a psíquica, estruturada em estágios de caráter evolutivos e, portanto, restritivos, partindo do infantilismo da sexualidade, que faz do sexo qualquer recôndito do corpo. Diante desse hipotético saber, é impossível trabalhar com esse binarismo reducionista do sexual, como toda a sua extensão. Estaríamos diante de uma banalização, enquanto bissexual, binarismo *versus* polimorfismo desse sexual...

Sexual é aquilo que funda o inconsciente, sob recalcado originário, esse estranho que nos constitui, o polimorficamente perverso efeito do que ingressou naquele corpo orificial e que segue afetando, em sonoras ou silenciosas reverberações, a pulsão de vida e de morte, ao passo que a bissexualidade, indo além de *bi*, é o complexo mosaico, o efeito do jogo fecundo das identificações.

Entretanto, reafirmamos que esse binarismo será reducionista quando apartado da amplitude que o universo das identificações nos impõe. Propomos que o prefixo "bi" seja uma faceta bidimensional que clama por se fazer tridimensional. Para fundamentar esse trabalho da alma, invocamos a Carta 52 de 1896, na qual Freud fala de rearranjos, novas combinações, possibilidades de retranscrições (MASSON, 1986 [carta de 06 de dezembro de 1896]). É o pedido de tridimensionalidade que o "bi" comporta, um duradouro pedido de *quero mais...*

Ouçamos a contemporaneidade, o que a cultura para além do já sabido nos oferta, nos impõe. Ouçamos a partir de uma escuta livremente flutuante a clínica dos nossos tempos, sexualidades pulsando em busca de um vir a ser psíquico. Para tanto, o psicanalista necessita, mais do que nunca, fundamentar seus aportes teóricos e técnicos na plasticidade de sua escuta, acompanhado de uma disponibilidade interna em receber o jogo de identificações – portado e suportado no complexo de transferência/contratransferência.

Alguns apontamentos finais a título de ensaio

O encontro com o objeto é, na verdade, um reencontro.

FREUD, 1905/1969, p. 209

Esses apontamentos têm sua concepção mobilizada pela indagação feita por Maria Bonaparte, em 1925, a Freud: "por que escrevemos?". Diz ele: "em primeiro lugar para nós mesmos, seguindo um impulso interno" (JONES, 1989, p. 393). Partindo desse pressuposto, ressurge a nossa velha questão: por que repensar o sexual infantil, neste momento, centrado na bissexualidade psíquica? Se é "para nós mesmos seguindo, um impulso interno", pensamos que seja um convite para retomar a eterna vocação freudiana, explicitada no texto *Análise terminável e interminável*, de 1937, de fazer refletir o papel e a responsabilidade do analista no processo analítico e na transmissão do conhecimento em psicanálise.

Nesse sentido, sentimo-nos comprometidos com a tarefa de refletir, inquirir, divergir, convergir, enfim, de liberar nosso espírito investigativo, visando ampliar alguns postulados que, a nosso ver, vêm comprometendo a escuta das múltiplas possibilidades de manifestação da sexualidade infantil. Essa escuta é centrada em um padrão de normalidade - desculpe-nos a redundância - normativa, um processo que desconsidera a amplitude e autonomia do corpo erógeno como um todo, tributário do corpo pulsional e concomitante do corpo biológico, que é construído de forma exemplar por Freud no seu texto seminal *Três ensaios sobre sexualidade*, que foi nomeado "ensaios" por sua ousadia, por ter ido além do seu (e do nosso) tempo. Nesses ensaios, ele faz pesquisas e proposições que vai vivenciando e reformulando no decorrer da sua obra, que tem a clínica e as manifestações da cultura como fator desencadeante de novas especulações. Pensamos que essa proposição de ensaio seja uma maneira adequada de olhar e refletir sobre as complexidades que nos constituem enquanto seres sexuados. Assim sendo, acreditamos que valha a pena resgatar esse *modus pensante* que os ensaios propõem: cultivar incertezas na expectativa de produzir certezas abastecidas pela indagação.

Com essa proposição em mente, retomemos as inquietações sobre nosso ofício, diante das ressonâncias de um pensar restritivo, no qual temos a hegemonia da heterossexualidade em detrimento da homossexualidade, o prazer genital que prevalece, as desconsideradas possibilidades legítimas de prazer das demais zonas erógenas, o juízo de valor que se estabelece. Corremos o risco de ficar presos a uma visão evolucionista, ou seja, predeterminada: ponto de partida/ponto de chegada, acompanhada de um ideal a alcançar. Sendo assim, a patologização do ser está posta. A história com seu percurso é relativizada e não ressignificada.

Seguindo esse percurso, os transexuais, como marca do nosso tempo, nos convocam para revisitar o caldeirão da feiticeira, a metapsicologia; sua psicossexualidade, por exemplo, revela as sutilezas da escolha de objeto, remetendo, de forma explícita, para além do corpo biológico. Neste, à semelhança dos "invertidos" do início do século XX, reencontramo-nos com a possibilidade de rever os enigmas que permeiam todas as escolhas do objeto sexual de maneira mais contundente. Surge a necessidade de discriminar libido homossexual (narcísica/ausência de diferenças) de libido heterossexual (edípica/presença das diferenças). Elas constituem a vida psíquica, centradas no processo identificatório, implicadas na escolha de objeto heterossexual como homossexual, subsidiadas pela bissexualidade. Lembramos que o objeto é resultante de uma subjetividade, e não de uma objetividade: "A escolha objetal se consuma, contudo, é no âmbito da representação; [...] representações não destinadas a se concretizarem. Surgem novamente, pois, nessas fantasias as inclinações infantis em todos os seres humanos" (FREUD, 1905/1969, p. 212). Esse enunciado freudiano evoca a importância de ratificar o lugar do objeto nas origens da sexualidade, anterior ao que chamamos de escolha de objeto. Nesse sentido, façamos um pequeno parêntese, visando a esclarecer que, ao falar em "escolha", estamos nos referindo à dinâmica do inconsciente, aos moldes do que está posto em 1917: "O Eu não é senhor em sua própria casa" (1917c/1969, p. 178). Fechando o parêntese, temos, em 1905, um bom indicativo de por que olhar e ocupar-se com o objeto: "a mãe – dirige à criança os sentimentos que decorrem da sua própria vida sexual, acariciando-a, beijando-a e embalando-a; e a toma claramente como o substituto de um objeto sexual pleno e legítimo" (1905/1969, p. 210). Diante dessa afirmação de ser "um objeto sexual pleno e legítimo", não temos como nos furtar: toda a chamada escolha de objeto trará consigo a marca desse ser originário, ratificando a assertiva: "o encontro com o objeto é, na verdade, um reencontro" (p. 209).

O complexo de castração, esse organizador da vida psíquica, deve ser reconvocado para cumprir sua função disruptiva, compreendendo que a força pulsional que instrumentaliza sua função de corte é exercida pela pulsão de morte. A energia dessa pulsão tem a função de ruptura da homeostasia narcísica – agente diferenciador por excelência – que põe Eros para trabalhar. Em decorrência desse inquietante trabalho, criam-se vias colaterais com potencial propício para novas ligações simbólicas mediadas pela pulsão sexual, fazendo valer o princípio de desacomodar um saber dogmático em prol de um saber em constante devir. Tomando por paradigma as diferenças anatômicas entre os sexos, sua essência reside em ser mensageiro da falta, da não completude, que constitui o humano além da identidade de gênero. Ressaltamos que a diferença anatômica foi o ponto de partida para Freud conceber esse princípio diferenciador: presença de um pênis, apresentação de uma completude fantasmática, contrapondo-se à presença da vagina, apresentação de uma incompletude no seu corte. Foi a partir da angústia de castração, ter ou não ter – no seu trânsito de estruturar-se como metáfora –, que pôde retrospectivamente propor a existência, em nossas origens, de uma angústia originária (1926) ligada ao desamparo e, por conseguinte, à morte. Portanto, esse ponto de partida, com sua experiência traumática, vai ressignificar vivências anteriores, como a perda das fezes, o desmame e a separação do corpo da mãe. A partir dos desdobramentos, dos meandros, desse processo complexo, temos subsídios para refletir que o "ser ou não ser" fálico está conexo de maneira determinante aos destinos da estruturação do sexual infantil. Julgamos que a expressão "mãe fálica" – o além da anatomia –, cunhada por Freud (1933b/1969), seja um exemplo significativo dessa proposição.

Reconhecer-se como castrado significa, em última instância, ser sabedor da própria transitoriedade. Mesmo que seja um saber sempre parcial, esse saber está implicado, de forma decisiva, na potencialidade de vir a ser ético de cada sujeito.

Seguramente, pensar nas vicissitudes da sexualidade e, portanto, da constituição do psiquismo é um desafio que se impõe na contemporaneidade. É um desafio que o ser ético da psicanálise nos convoca a enfrentar, o que nos permite significar e ressignificar antigas ideias – "o infantilismo da sexualidade" (FREUD, 1905/1969) –, criar e recriar novos postulados.

3. Complexo de castração em tempos de novas configurações[1]

Ignácio A. Paim Filho

> *A morte é a companheira do amor – juntos eles regem o mundo. No começo a psicanálise supôs que o Amor tinha toda a importância. Agora sabemos que a morte é igualmente importante.*
>
> FREUD, 1926/1990, p. 120

A temática desenvolvida neste escrito traz consigo vários desafios de haver-nos com a dualidade fundante do sujeito e do meio cultural: morte e vida – dois fatores que, em sua inter-relação, desenham a cartografia do humano. Tal ideia é corroborada pelo pensamento freudiano – que tem, por característica central, o princípio de se inquietar com as soluções vigentes, redirecionar o olhar para o problema e indicar novas saídas – ao propor, em 1920, o postulado do acontecer psíquico como resultante da tensão entre pulsão de vida e pulsão de morte.

---

1 Trabalho original publicado na *Revista Brasileira de Psicanálise*, 2018, v. 52, pp. 97-112. Revisto para a publicação no livro PAIM FILHO, I. A. *Inconfidências metapsicológicas: das Unheimliche*. Porto Alegre, Sulina, 2019.

Acredito que essa nova concepção de Freud também se deva ao que as novas configurações das décadas de 1920 e 1930 o instigaram: refletir sobre o mal radical no homem (GARCIA-ROZA, 1990). Por exemplo, na clínica, a compulsão à repetição, os sonhos traumáticos, a reação terapêutica negativa e as neuroses de guerra; na cultura, as ressonâncias da Primeira Guerra Mundial, os prenúncios da agudização dos movimentos antissemitas e o surgimento de regimes totalitários e xenófobos, os quais, como sabemos, culminam na Segunda Guerra Mundial. Nessa mesma época, o mundo entra no ritmo célere dos loucos anos de 1920, um movimento de ruptura que estabelece mudanças comportamentais significativas. Seu epíteto – "loucos" – já denuncia sua marca fundamental: poder ousar em busca de novas formas de exprimir o modo de pensar e de viver – maior liberdade para o desejo de se expressar. Temos amostras desse processo no florescer do cinema, na literatura e na música; no âmbito social, amplamente falando, pela possibilidade de aproximação das mulheres no universo masculino com maior grau de simetria. Esse contexto sociocultural é representado emblematicamente pelo surrealismo na França e pelo movimento modernista no Brasil. Ao mesmo tempo, o centro econômico do mundo deixa de ser o continente europeu, devastado pela guerra, e passa a ser os Estados Unidos, com suas promessas de felicidade plena.

Contudo, esse furor hedonista de desfrutar intensamente a vida após a morte "vivida" na guerra sofre um nocaute. No final da década, ocorre a quebra da Bolsa de Nova York, cujo efeito transpõe o continente americano e põe o mundo em estado de alerta quanto a outras formas de destrutividade do bicho-homem. Roudinesco assinala que Freud estaria convencido de que "a busca imoderada das riquezas era tão perigosa quanto a submissão à tirania" (2016, p. 447).

O território psicanalítico, em sintonia com seu tempo, adquire maior amplitude, insere-se em outros continentes, amplia seu raio de ação de Viena para o resto da Europa e, em especial, para a América. Paralelamente vive conflitos internos, com dissidências e disputas acirradas entre seus membros, o que encena a força e a destrutividade entre esses filhos da horda. Em consonância com os acontecimentos no cenário mundial, ao fim da primeira década do século XX, as mulheres, a princípio de forma acanhada, começam a fazer parte de suas fileiras; a partir dos anos de 1920, surge uma nova configuração, e há uma ocupação feminina proeminente no movimento psicanalítico, elaborando sistemas de pensamento próprios (ROUDINESCO, 2016) e desacomodando a soberania do saber masculino, fato que torna a psicanálise uma das precursoras na inserção das mulheres no mundo científico.

Essa conjuntura, com sua efervescência, é decisiva para Freud seguir trabalhando sobre a construção da masculinidade, as particularidades da feminilidade e seus desdobramentos na constituição do ser, em especial a partir dos anos de 1930. A pergunta: "O que quer uma mulher?" (FREUD, 1925a/1969, p. 304) deixa em aberto a possibilidade de um questionamento mais amplo: o que querem homens e mulheres consigo mesmos e com a ordem cultural em que estão inseridos, enquanto sujeitos portadores de um inconsciente que alberga em suas entranhas a força do desejo incestuoso e parricida? Essa ordem cultural, como já observado, é marcada pela intolerância à diversidade, num jogo perigoso entre a morte e a vida, potencializado pelo narcisismo das pequenas diferenças (FREUD, 1930/1969).

As soluções encontradas pelo estado social vigente nas primeiras décadas do século XX retratam seu mal-estar e a necessidade de um questionamento que leve a novas formas de problematizar e novas saídas – o mais além do desejo e do sexual, com seu universo desejante, com suas implicações em homens e mulheres em sua interação com o coletivo. Consonante a essas inquietudes, Freud – desbravador da alma humana – promove mais um revés na concepção do sujeito moderno, introduzindo a destrutividade, em 1920, no cerne da psique, junto com a sexualidade infantil, abordada em 1905.

Nesse sentido, é importante recordar que essa mudança, que amplia os recursos metapsicológicos em vigor, propõe-se a ir além do princípio do prazer/desprazer – considerado guardião exclusivo da vida psíquica –, o que significa questionar a sua supremacia, centrada na ideia do desprazer como ausência de prazer. Até então, era impensável a ideia de um desprazer originário, da dor pela dor. Essa proposição, que tem seu marco fundante na chamada virada de 1920, estrutura-se no decorrer de dez anos, atingindo sua magnitude em 1930, momento de assunção do postulado da pulsão de morte, compreendida como disposição autônoma, pulsão por excelência. Freud fala explicitamente da importância da ubiquidade e da destrutividade não erótica na constituição do sujeito e da ordem social: "a inegável existência do mal" (1930/1969, p. 142). É a instauração da morte da alma, que permite pensar além da morte biológica – a morte da psique, a morte do desejo.

Abastecido por esse cenário que dá sustentação às configurações sociais e individuais do século XX, sinto-me amparado para me debruçar sobre as novas configurações que compõem nossa época e podem ser compreendidas sob a ótica das múltiplas formas de constituição da sexualidade infantil, que determinam diferentes maneiras de apresentação do peculiar jeito de ser de cada sujeito, do estrutural ao psicopatológico. Por esse caminho, entendo que vivemos um tempo que solicita a ressignificação – reinscrever a história – das velhas configurações, cujo modelo emblemático é a família heteroparental e seus valores heteronormativos, e simultaneamente demanda a significação – inscrever a história – das novas configurações, com famílias homoparentais, casais homoafetivos, transexuais etc.

Com tal concepção em mente, a passagem do tempo e suas velhas/novas configurações, exercito, no decorrer deste texto, um diálogo com o enigmático complexo de castração, que "inibe e limita a masculinidade e incentiva a feminilidade" (FREUD, 1925a/1969, p. 318), o que faz dele um fator decisivo na estruturação do mundo anímico e, por conseguinte, da civilização. Por meio de um olhar transversal e longitudinal, busco averiguar a pertinência desse complexo na contemporaneidade, momento histórico que propõe a supremacia do saber da consciência em detrimento do estrangeiro que nos habita, com suas inequívocas tendências masoquistas (FREUD, 1920/2006). Nossa época se caracteriza, por exemplo, pela expressão "ele(a) escolheu ser menino(a)". Escolheu? Retorno a essa questão mais adiante.

Cabe destacar que compreendo o mal como tudo aquilo que produz rupturas na homeostasia psíquica – desestabilizando o *status quo* –, não estando envolvido um juízo de valor, diferentemente do que ocorre com seu homônimo, o adjetivo "mau". O substantivo "mal" remete a um estado anímico de turbulência, "como um princípio, isto é, como algo que está presente a cada momento regendo cada começo" (GARCIA-ROZA, 1990, p. 155). Em relação à homeostasia, parece-me que as novas configurações de hoje, como as do século passado, estão fazendo seu papel: cumprem uma missão disruptiva, que o novo, permeado pelo conhecido desconhecido, com seus estranhamentos, desvela. Tendo por guia o pensar freudiano – da solução ao problema –, lancemos um olhar para algumas manifestações dessas configurações, ou melhor, dessas soluções.

Nosso tempo tem sido pródigo em produzir diversas e inquietantes configurações, que determinam diferentes modos de expressão. Um provável reviver dos loucos anos pelos indivíduos da "Pós-Modernidade"? Configuração: com + figuração. *Figuração* é um processo que tem por matéria-prima a sexualidade infantil, abastecida pela pulsão de morte e pulsão de vida, fundamentada no complexo de Édipo e em suas ramificações – elementos que nos constituem como sujeitos psíquicos, inseridos na ordem civilizatória, que, por sua vez, remete às múltiplas maneiras como as figuras podem se combinar, desde o infantilismo da sexualidade (FREUD, 1905/1969), expresso na psicopatologia, até as manifestações estruturantes da sexualidade em toda a sua extensão, a possibilidade de transfigurar e reconfigurar. Esse cenário faz pensar na Carta 52, em que Freud (MASSON, 1986) fala da dinâmica das marcas psíquicas que podem sofrer rearranjos e retranscrições. Destaco que essa figuração, em termos metapsicológicos, está assentada de forma ampla nas condições de figurabilidade – ensejo para criar representações – e nas condições de representabilidade – conforme proposto por Freud (1900/1969), por meio do condensar e do deslocar, para contornar a barreira do recalcamento –, produtos das vicissitudes do encontro da pulsão com o objeto. A precariedade dessas condições determina um maior grau de sofrimento do corpo e da alma, em seu trânsito entre dores vividas e sentidas e dores vividas e não sentidas.

Seguindo esse trajeto, o que dizer sobre os transexuais, os casais homoparentais com seus filhos, os amores livres sem pacto de fidelidade e a bissexualidade vivida em ato – enfim, sobre os embates entre o corpo pulsional, com sua artesanal anatomia psíquica (escopo do como ascender à masculinidade e à feminilidade), e o corpo biológico, com sua anatomia inata? Esses são alguns exemplos que nos convocam a dialogar, entre nós e com o meio cultural muitas vezes permeado por demandas niilistas, sobre a não compreensão das diferenças e/ou a busca de soluções imediatistas, impulsionadas pelo litígio da descarga, associado à supremacia da morte psíquica em detrimento da vida.

Antes de continuar, parece-me importante enfatizar que, nesse tempo de novas configurações, estamos vivendo, por um lado, uma revitalização do pensamento animista e religioso e, por outro, uma decadência do pensamento científico (PAIM FILHO, 2015). Acredito que esse fenômeno seja produto da insuportável dor do desamparo: viver é morrer um pouco a cada dia; necessitamos desesperadamente de alguém ou de algo que sustente a crença do ser imortal. "No inconsciente, cada um de nós está convencido da sua própria imortalidade" (FREUD, 1915b/1969, p. 327). Deus Pai e/ou Deus Logos. Tempo de capturas narcísicas? Tempo do inconsciente a céu aberto? O âmbito científico somente cumprirá sua função propulsora de um pensar reflexivo e interrogativo se resgatar e trouxer consigo o registro de que todo saber é um processo eterno, de construção e desconstrução.

Visando prosseguir nesse diálogo, percebendo no singular uma expressão do coletivo, sinto-me inclinado a referendar a ideia de que os destinos da morte e da vida têm no fator *intensidade* seu elemento determinante. A força disruptiva do pulsional necessita ser ligada por Eros, a fim de que se estabeleça um trabalho psíquico que privilegie a chamada via longa, que implica um haver-se com os limites do desejo e das exigências pulsionais. É importante que a pulsão encontre no objeto um elemento mediador de suas demandas, sendo esse um possível caminho para manter a diferença com a Antiguidade – enquanto marca da desmedida civilizatória –, não privilegiando a pulsão em detrimento do objeto (FREUD, 1905/1969). Tais limites incitam a revisitar o complexo de castração: a eterna presença do terceiro (com sua assimetria), aquele que dá a conhecer a não completude, "como algo que está presente a cada momento regendo cada começo" (GARCIA-ROZA, 1990, p. 155), a dor do masoquismo erógeno propiciando a construção de caminhos libertadores (masoquismo protetor da vida). Esse complexo, muitas vezes desconsiderado – talvez por não ser politicamente correto ousar falar dos limites do humano, de sua transitoriedade –, é um fator imprescindível para o estabelecimento de um fazer ético do sujeito e do meio cultural. Isso aparece em 1916, quando Freud, sob os efeitos diretos da Primeira Guerra Mundial, escreve um breve texto refletindo sobre a efemeridade do tempo ou, se quisermos, do ser. Nesse texto, ele diz: "O valor da transitoriedade é o valor da escassez do tempo" (1916/1969, p. 345).

Minha meta é referendar o lugar paradigmático desse complexo para refletirmos sobre o acontecer da morte e da vida psíquica na contemporaneidade. Tenho por base a postura freudiana enunciada na conferência "Psicanálise e psiquiatria": "Não desejo suscitar convicção; desejo estimular o pensamento e derrubar preconceitos" (FREUD, 1917d/1969, p. 289).

É ocasião agora de concentrar-nos na intimidade desse complexo, em toda a sua profundidade, e refletir sobre nosso desamparo – a história cíclica do bicho-homem: nascer, viver, morrer. Freud (1926[1925]/1969) afirma que, em última instância, a angústia de castração é semelhante ao medo da morte, o que não se representa, mas se presentifica na força do que está desligado do pulsional, a pulsão de morte indomada. É importante destacar que esse complexo transcende as diferenças anatômicas entre os sexos ("derrubar preconceitos"); ele ganha sentido a partir delas, mas sua configuração é mais ampla: "Não obstante, não se deveria falar de um complexo de castração até essa ideia de perda ter se vinculado aos órgãos genitais masculinos" (FREUD, 1923b/1969, p. 183). A expressão "até essa ideia de perda" nos permite pensar na noção de ressignificação, assentada *a posteriori* (*nachträglich*) ou, como preferem os franceses, *après-coup*: um segundo momento traumático, dando significado a um momento traumático anterior. Portanto, a diferença anatômica ressignifica as perdas anteriores; ao mesmo tempo, essas perdas conferem significado à descoberta da diferença anatômica entre os sexos. Em 1926, Freud amplia e anuncia as várias etapas (com sua temporalidade) que compõem essa vivência traumática constitutiva: a separação do corpo da mãe, o desmame, a perda das fezes e, por último, a descoberta da diferença anatômica, quando entra em cena a primazia do falo (FREUD, 1923b/1969).

Cabe assinalar que esse complexo cumpre a função de ser o elemento mediador ou organizador da transição do universo narcísico/Eu ideal para o universo edípico/ideal do Eu. Assim, sua função primordial é ser o portador da incompletude. Em seus desdobramentos, habilita o humano a haver-se com as diferenças, para o que concorre a singularidade da anatomia psíquica. As novas configurações demandam que as diferenças sejam ouvidas, no sentido de uma escuta reflexiva e disruptiva, semeando a interrogação diante de tantas certezas ("estimular o pensamento"). Saber, por exemplo, que toda escolha está imantada por um não saber, o que remete ao desconhecido que nos habita e que se julga imortal; trilhar caminhos pelos quais tenhamos a possibilidade de descobrir o que há de libertador em "saber" que construímos a vida a partir da morte e a morte a partir da vida.

Para prosseguir articulando as novas configurações pelo vértice do coletivo, mais do que pelo vértice do particular, vejamos como a castração, esse ordenador do psiquismo enquanto separação, tece sua função. Para que essa proposição se valide, ou melhor, se revalide, parece-me que nosso olhar deve redirecionar-se longitudinalmente para o centenário complexo de Édipo. Sabemos que este é constituído de um segmento narcísico e de outro edípico propriamente dito (PAIM FILHO, 2014); seus desdobramentos acontecem à medida que o complexo de castração inscreve rupturas na hegemonia do narcisismo primário decorrente do ser identificado – um contexto esclarecedor para concebermos as origens do Édipo como vinculadas ao narcisismo com seu processo identificatório. Isso é dito por Freud: "ela [a identificação] desempenha um papel na história primitiva do complexo de Édipo" (1921/1969, p. 133). Observemos o assinalamento, por parte de Freud, de uma "história primitiva", relacionada às identificações primárias instauradoras da transição do autoerotismo para o narcisismo, com seu masoquismo subjacente, e, por conseguinte, da ascendência do próprio Édipo. Este, por exemplo, carrega o masoquismo narcotizante (PAIM FILHO; MACHADO, 2017) em suas entranhas – está submetido à pulsão de apoderamento das figuras parentais –, o que seus pés inchados revelam. O complexo de castração instrumentaliza a energia disruptiva da pulsão de morte para viabilizar o emergir do narcisismo secundário e da triangulação edípica com sua conflitiva. Dentro dessa cartografia, resgato a expressão "primazia do falo", a fim de estabelecer quanto de metafórico ela comporta.

Seguindo as pegadas intrépidas de Freud, podemos (e devemos) ampliar o significado do falo para além do corpo anatômico, o que nos convida a inquirir a teoria falocêntrica[2] ("não desejo suscitar convicção, mas interrogação"). Essa teoria indiscutivelmente nasce acoplada ao pênis enquanto órgão. Todavia, aos poucos, se desenha um descolamento, que permite vislumbrar algo que ultrapassa a anatomia, a saber, a concepção do falo como símbolo de um poder irrestrito, ao qual estão submetidos homens e mulheres. A proposição da bissexualidade psíquica, em seus vários segmentos (atividade *versus* passividade; masculino fálico

---

2 A proposta de repensar a questão falocêntrica para além da anatomia é trabalhada, de forma pioneira, por Lacan a partir de 1956, em especial no texto "A significação do falo" (1966/1998), em que o autor aborda o falo imaginário, o falo da mãe e o falo simbólico.

versus masculino castrado; e, por último, masculino *versus* feminino), vem ao encontro dessa ideia, corroborando a tese de que a estruturação da psique se faz no andamento de um processo identificatório que se instaura no decurso da bissexualidade narcísica – completude imaginária de um hermafroditismo anímico – para a bissexualidade edípica – incompletude, com a discriminação entre feminino e masculino e as renúncias decorrentes desse saber, mediadas pelo complexo de castração, que viabiliza a construção da masculinidade e da feminilidade (MORENO GARCIA; PAIM FILHO, 2017).

Nesse sentido, a advertência freudiana no texto *Feminilidade* é pródiga: "devem concluir que aquilo que constitui a masculinidade ou a feminilidade é uma característica desconhecida, que foge ao alcance da anatomia" (FREUD, 1933/1969, p. 141). O corpo anatômico, portanto, não é o destino determinante da identidade psíquica, com sua vasta gama de subjetividade. A constituição dessa identidade é desconhecida, e cada vez mais somos convocados – em tempos de múltiplas manifestações de Eros e Tânatos – a construir hipóteses metapsicológicas a seu respeito. Essa identidade adquire vigor estrutural e transformador à medida que se desenha o processo identificatório, que permite ao sujeito, diferentemente do Édipo de Sófocles, seguir eternamente inquirindo-se, sem uma resposta unívoca: "Qual é a minha origem?"; "Qual é o meu destino?"; "Qual é o meu desejo?"; "Quem sou eu?".

Diante do exposto, revisitemos a fase fálica do desenvolvimento da libido – interpolação na teoria da sexualidade feita por Freud em 1923, aporte que avaliou como necessário para discriminar a percepção de uma ausência do corpo representacional que transcende o corpo biológico, a transição entre o universo anal e o genital. Nesse estágio, o pênis – mais especificamente o pênis em ereção – figura mais como símbolo privilegiado para perpetuar a ideia de completude e de potência, e menos como órgão em si.

Aqui nos deparamos com o primado do falo; o genital está por vir. "O que está presente não é uma primazia dos órgãos genitais, mas uma primazia do falo" (FREUD, 1923b/1969, p. 180). Esse primado visa aplacar a angústia diante da constatação da ferida da castração. A percepção da ferida/vagina põe em marcha o que Freud define nesse momento como renegação (*Verleugnung*): "Sabemos como as crianças reagem às primeiras impressões da ausência de um pênis. Renegam o fato e acreditam que elas realmente, ainda assim, veem um pênis" (1923b/1969, p. 182). Há uma diferença significativa entre a potencial subjetividade fálica – "veem um pênis" – e a objetividade incitada pela fase genital.

Seguindo essa toada, façamos uma breve parada a fim de abordar o significado da palavra "falo". Originária do grego, é definida como imagem representativa do pênis. Destaco: *representativa*, ou seja, refere-se ao pênis, mas não é o pênis em si. Estamos no território da representação, da construção plástica que simboliza alguma coisa. Nas divindades gregas, o termo está associado à fecundidade, à capacidade regenerativa da natureza e à aptidão de exercer uma função apotropaica (proteção contra influências maléficas). Essa concepção resultou na criação de um derivado, *itifálico*, que se refere à imagem do pênis em ereção, encontrada na representação de vários deuses, sendo Priapo o mais emblemático e antagônico, potência na ereção e impotência na fertilidade. Seria nesse sentido o *falo* uma *falácia*? A presença de uma *potência* que recobre uma *impotência*? Sim. Reduzir o falo ao pênis é buscar sustentar um sofisma, que pode criar um sentido falso para o falocentrismo. Não se trata da hegemonia do pênis, mas do falo, com todo o seu investimento narcísico, concepção condizente com a sexualidade ampliada proposta por Freud no prefácio à quarta edição (1920) de *Três ensaios sobre a teoria da sexualidade* (1905/1969), ideia ratificada em 1925: "Em primeiro lugar, a sexualidade está divorciada de uma ligação por demais estreita com os órgãos genitais, sendo considerada como uma função corpórea mais ampla" (1925b/1969, p. 51). Uma ilustração desse pensamento já está presente em 1909, quando, em carta a Jung, Freud revela: "Em particular, sempre considerei Adônis como o próprio pênis; a alegria da mulher quando o deus, que ela tomara por morto, se levanta é inequívoca!" (1993a, p. 286). Não esqueçamos que esse deus é filho do incesto, entre Teias e sua filha Mirra – a realização plena do desejo, a renegação da castração.

Dito isso, sigamos nosso roteiro. A mencionada interpolação de 1923 na teoria da sexualidade é precedida por dois textos de Freud: *As transformações do instinto exemplificadas no erotismo anal* (1917c/1969) e *História de uma neurose infantil* (1918[1914]/1969). É seguida por outros dois: *A dissolução do complexo de Édipo* (1924/1969) e *Algumas consequências psíquicas da distinção anatômica entre os sexos* (1925a/1969). O primeiro trabalho enseja o entrosamento entre fezes, pênis e bebê, o que possibilitaria subjetivá-los: "esses elementos do inconsciente são tratados muitas vezes como se fossem equivalentes e pudessem livremente substituir um ao outro" (p. 161). Estaria aí explicitado um jogo centrado no poder concebido no ser e no dar, que o processo primário do inconsciente – condensar e deslocar – propicia? Penso que sim. Um ano depois, no caso do Homem dos Lobos, reencontramos a menção à equivalência entre esses elementos: "'Fezes', 'bebê' e 'pênis' formam assim uma unidade, um conceito inconsciente – a saber, o conceito de um 'pequeno' que se separa do corpo de alguém" (1918[1914]/1969, p. 107). Termo significativo: *conceito*, que se define, de maneira informal, como noção ou ideia abstrata de algo, modeladora de percepções e de conhecimento. Deleuze e Guattari comentam: "todo conceito tem um contorno irregular [...] sendo uma questão de articulação, corte e superposição" (1997, p. 27).

Contudo, é somente em *A dissolução do complexo de Édipo*, depois de conceber a existência da fase fálica, que Freud nomeia essa associação, ou melhor, esse conceito, de "equação simbólica" – equação que vai ao encontro não da preponderância do falo vinculado exclusivamente ao pênis ("ligação por demais estreita"), mas da plástica fantasmática da ereção como completude, tendo por contraponto a vagina: ferida/marca de uma abertura, com seus mistérios ligados à caverna das origens. No trabalho de 1925, centrado (a princípio) na distinção anatômica entre os sexos, o autor nos fornece mais subsídios para fundamentar a hipótese de a anatomia ser o catalisador que permite (re)criar sentidos para a presença/ausência do pênis e sua relação com o clitóris. Nesse texto, Freud aborda de forma mais contundente as particularidades do complexo de Édipo na menina. Ele explicita uma diferença significativa na trama edípica de meninas e meninos por meio do complexo de castração: elas entram na conflitiva edípica diante da constatação da presença de uma ausência, que revela a ideia de castração; eles saem da conflitiva edípica diante da impossibilidade de seguir renegando a falta que a vagina representa. Apesar de certo grau de prevalência da anatomia, Freud segue falando da equação pênis/bebê como referência simbólica de completude.

O simbólico, enquanto ressonância desse conceito inconsciente, cria margem para expandir essa circunscrição, viabilizando que Freud cunhe o conceito de mãe fálica (1933/1969), noção ou ideia abstrata, com contornos irregulares, de uma mãe que não tem inscrita em si a marca da castração, não tem o pênis, mas tem a fantasia da completude que o falo representa: articulação, corte e superposição. Há na perversão – renegação (*Verleugnung*) da castração – uma perpetuação na crença da mãe fálica, explicitada, por exemplo, na invenção do objeto-fetiche: "o fetiche é um substituto do pênis da mulher (da mãe), em que o menininho outrora acreditou e do qual – bem sabemos o porquê – não quer de modo algum abdicar" (FREUD, 1927/2007, p. 162). Um porquê cercado de certo grau de mistério; talvez o que podemos saber de maneira pontual. O não abdicar é uma tentativa de manter a fantasia de possuir o falo, conceito produzido por uma organização perceptiva a partir da constatação de uma ausência.

Considerado das perspectivas até aqui abordadas, o texto *Análise terminável e interminável* (FREUD, 1937/1969) faz um fechamento e uma abertura significativos para os desdobramentos do complexo de castração. O repúdio da feminilidade (o feminino enquanto componente da bissexualidade psíquica, portanto passividade), fenômeno universal que abrange homens e mulheres, é marcado por uma eterna recusa da aceitação plena da castração, que se mantém pulsante sob o leito de rocha: neles como temor de submissão a outro homem, nelas como inveja do pênis. Esse é o fechamento proposto por Freud, reatualizando o pênis, e não o falo; entretanto, há também uma abertura, visto que resgatamos a concepção metapsicológica do falo, legada pelo próprio Freud: representação que revela uma presença encobridora de uma ausência em homens e mulheres, no longo caminho da construção da masculinidade e da feminilidade. Nesse sentido, o que está em jogo é a inveja do falo, que a expressão "repúdio da feminilidade", enquanto passividade, revela; a crença de que alguém tem aquilo que nos falta – a completude narcísica tributária do deus Priapo, com seu priapismo: potência estéril.

Com base no princípio que considera o complexo de castração o ordenador da vida psíquica, a presença dele enquanto reconhecimento da falta que nos constitui como humanos é um fator preponderante para que o sujeito e sua inserção cultural se estabeleçam de forma ética – o que alude a haver-se com o próprio desejo e o do semelhante, a ver-se construído pelos caminhos que levam de Narciso a Édipo. Nesse sentido, a castração, ao mesmo tempo que poda,[3] abastecida pela força disruptiva da pulsão de morte

---

3 *Poda*: corte que visa estimular o crescimento da planta. Entretanto, os profis-

– angústia acionando o recalque –, cumpre o papel de instigar a interdição do desejo incestuoso, império da plenitude narcísica, em prol de um Eros transformador, que pode construir novos caminhos para a realização e/ou a construção do desejo.

Ao recolocar o complexo de castração com sua função ordenadora no epicentro da constituição do anímico, temos condições de refletir sobre as novas configurações por meio desse prisma, o qual permite desprender-nos do fenômeno manifesto e escutar o latente. Assim, pensar a questão do corpo por esse viés pode ser um desafio profícuo. Por exemplo, quando ocorrem cirurgias plásticas mutiladoras do corpo, em nome de um Eu ideal, em detrimento do ideal do Eu, sejam elas em transexuais, heterossexuais ou homossexuais, quais as possíveis vicissitudes desse ato de poda? Parece-me que há aqui uma demanda para que a anatomia do corpo biológico ofereça a solução para o que transborda da anatomia psíquica do corpo pulsional. A problemática justaposta nessa solução é acreditar que o corpo biológico, em sua transformação, dê conta das injúrias narcísicas – o conhecer da castração – que a história de cada sujeito comporta. O corpo mutilado paradoxalmente é erigido a um grande falo – Adônis –, que visa, em sua concretude, fomentar a supremacia do repúdio ao feminino, desconsiderando excessivamente a anatomia do corpo e a passagem do tempo. Quando a intervenção no corpo se faz pela via de um Eu ideal, impõe-se com maior relevo a supremacia do juízo de atribuição, que se pauta pela oposição entre bom/meu e mau/do mundo. Logo, o que é sentido como mau deve ser extirpado. Diante dessa lógica,

sionais advertem que ela precisa ser feita de maneira adequada, pois os excessos podem comprometer a vitalidade da planta. O corte da castração – jogo fecundo entre desassimilação e assimilação – deve cumprir um efeito similar no humano: nem tão intenso que faça o desejo sucumbir nas profundezas do Aqueronte, nem tão frágil que limite as múltiplas possibilidades de satisfação ou, ainda, de ressurreição.

estabelece-se um possível funcionamento psicótico: o corpo como destino da representação incompatível,[4] decorrente da força da rejeição (*Verwerfung*) (FREUD, 1918[1914]/1969). Destaco, porém, que, quando a mutilação do corpo se faz pelo viés da predominância do ideal do Eu, estão criadas as condições para que vigorem as leis do juízo de existência; essas condições estruturam recursos mais adequados para o sujeito vir a adquirir maior grau de intimidade com seu novo corpo anatômico e, nesse contínuo, pôr em marcha a reconfiguração do seu corpo representacional.

Antes de seguir para o encerramento dessas especulações, retomemos a questão formulada anteriormente: *escolhemos* ser menino ou menina? Não. Essa "escolha" é produto da história da sexualidade infantil, construída em parceria com as figuras parentais. Falar em *escolha* é falar do determinismo dos desejos inconscientes – nossas escolhas resultam dos múltiplos caminhos pelos quais esses desejos se fazem conscientes. Quando os pais delegam essa tarefa impossível para seus rebentos, eles põem em cena desejos filicidas, desamparo transvestido de liberdade, provável inscrição débil da castração, perpetuação da máxima de alcançar as aspirações não alcançadas pelos progenitores: "A criança deve satisfazer os sonhos e os desejos nunca realizados dos pais" (FREUD, 1914/2004, p. 110). Tal visão ratifica a proposição de que a identidade sexual é tecida na trama do romance familiar.

Por conseguinte, advogo que a inscrição simbólica da castração – enquanto fator de interdito, marca da alteridade – segue como o elemento mediador da vida anímica, a qual, reafirmo, se

---

4 No texto "O tornar-se mulher: a intrigante história da(s) garota(s) dinamarquesa(s)" (PAIM FILHO *et al.*, 2017b), baseado no filme *A garota dinamarquesa*, os autores trabalham os aspectos em que predomina o Eu ideal na personagem Lili, apresentando como um provável funcionamento delirante, de maneira circunscrita, a busca da última cirurgia – determinante de sua morte –, feita para tornar-se uma mulher "de verdade".

estrutura em torno do complexo de Édipo e suas ramificações, complexo que diz que o sujeito e a cultura são o produto da interação da tríade "pais-mães-filhos", em suas diversas apresentações, o que instaura a ordem familiar e social. Assim, em face das novas configurações familiares, somos convidados, mais do que nunca, a nos desprender de um possível determinismo do sexo anatômico e a nos ocupar da identidade de gênero psíquico, resultante da bissexualidade psíquica, com seu mosaico identificatório, somada à inscrição psíquica do sexo biológico. A anatomia psíquica é um dos fatores – não o fator – responsáveis na constituição da identidade de gênero (PAIM FILHO; PAIM, 2018). Com essa constatação, nosso olhar e nossa escuta, diante de uma dupla homossexual (assim como diante da heterossexual), em termos do fenômeno externo, direcionam-se ao vínculo que esses sujeitos estabelecem em sua própria rede psíquica: predomínio da libido homossexual (não contempla diferenças/narcísica) ou da heterossexual (contempla diferenças/edípica). Trata-se, portanto, de haver-nos com a existência de um trabalho psíquico que joga entre o desejo de completude e a possibilidade libertadora de sua não efetivação. Que o outro, enquanto semelhante e, ao mesmo tempo, diferente, siga como o mensageiro da falta causadora do desejo do encontro, que impulsiona a vida apesar do inevitável da morte. Esse contexto implica sustentar dialeticamente as velhas e sábias questões: "Qual é o meu desejo?"; "Quem sou eu?".

Nesse sentido, o novo vem para instigar a necessidade de a psicanálise resgatar – quem sabe, reconfigurar – seu objeto de trabalho e investigação: o inconsciente, com sua sexualidade infantil, construída em parceria com as figuras parentais, tendo como móbil o pulsional.

Um último assinalamento, para seguirmos refletindo sobre a problemática da morte e da vida, enquanto seres sexuais, destrutivos, quiçá castrados: "Se queres preservar a vida, prepara-te para a morte" (FREUD, 1915b/1969, p. 339). Essa preparação implica construir certo grau de intimidade com as podas da vida, cujo veículo primordial é a castração. Tudo isso tem como sinalizador a força do pulsional: "Somente pela ação concorrente ou mutuamente oposta dos dois instintos primevos – Eros e o instinto de morte –, e nunca por um ou outro sozinho, podemos explicar a rica multiplicidade dos fenômenos da vida" (FREUD, 1937/1969, p. 276).

Parte II

A identificação e suas ressonâncias clínicas

4. Homossexualidade: percorrendo as trilhas do pensamento freudiano[1]

Augusto M. Paim, Bruna Ferreira Fernandes, Ignácio A. Paim Filho e Liza S. A. Corso

> *A investigação psicanalítica opõe-se com toda a firmeza à tentativa de separar os homossexuais dos outros seres humanos como um grupo de índole singular. Ao estudar outras excitações sexuais além das que se exprimem de maneira manifesta, ela constata que todos os seres humanos são capazes de fazer escolhas de objeto homossexual e que de fato o consumaram no inconsciente.*
>
> FREUD, 1905/1969, p. 136

A temática da homossexualidade era um grande desafio que se impunha ao mundo científico, em especial no início do século XX. As principais correntes defendem a ideia de ser uma patologia, inata e de cunho degenerativo. É nesse clima que Freud se debruça sobre os enigmas que constituem o universo das homossexualidades, num diálogo interrogativo com o universo das heterossexualidades (esse modo de ser). Como sabemos, é no texto inaugural, ou melhor, no livro da sua concepção sobre a sexualidade humana,

1 Trabalho original publicado na *Revista Alter SPbsb*, v. 36, n. 1/2, 2019/2020.

Três ensaios sobre a teoria da sexualidade (FREUD, 1905/1969), que Freud aborda e propõe, de forma mais explícita, a sua compreensão sobre o ser homossexual. Nesse sentido, faz dos fatores acidentais o fator de maior relevância da estruturação do psiquismo (FREUD, 1905/1969). Por esse caminho, vai delineando, desde a primeira edição dos *Três ensaios*, seu posicionamento contrário às teorias do inatismo na constituição da identidade sexual.

Tomando por pressuposto o lugar central desse livro centenário no pensar freudiano sobre a sexualidade, é importante destacar que ele recebeu vários complementos em suas sucessivas edições: 1905, 1910, 1915, 1920 e 1925. Sendo assim, revisitar esse livro é um convite para rever o desenvolvimento de suas ideias no decorrer desse tempo e seus desdobramentos *a posteriori*, nos textos que vieram para complementar suas proposições, principalmente sobre a sexualidade infantil centrada na disposição perversa polimorfa.

Apesar dos avanços que o pensamento freudiano representou para a elucidação de parte dos enigmas que cercam a identidade sexual, suas ideias também são paradoxalmente fontes de leituras geradoras de controvérsias que remetem, por exemplo, a ideias como: a homossexualidade é uma patologia; todo homossexual é perverso; a escolha de objeto é o fator determinante da estrutura psíquica etc. Afirmações como essas nos instigam a percorrer, pelo menos parcialmente, as trilhas do pensamento freudiano. Para realizar tal meta, partiremos do princípio de que toda identidade sexual é decorrente de um processo identificatório, resultante da constituição da sexualidade ampliada do complexo de Édipo.

Antes de seguir em nossas teorizações metapsicológicas, pensamos ser pertinente esclarecer como compreendemos o elemento acidental, referido por Freud em vários momentos do seu clássico *Três ensaios*. Como sabemos, em toda a sua obra, Freud transita entre a importância dos fatores disposicionais e a dos acidentais na gênese da estruturação da alma humana. Contudo, ele destaca a relevância dos acidentais, enquanto representantes da força do inconsciente, que está relacionado ao que cada sujeito vivenciou na constituição do seu ser:

> *É que o acidental desempenha na análise o papel preponderante, sendo esta dominada por ele quase por completo; o disposicional só vem à luz por trás dele, como algo despertado pelo vivenciar, mas cuja apreciação ultrapassa amplamente o campo da psicanálise. (FREUD, 1905/1969, p. 124)*

Diante dessas constatações, delinearemos o nosso pensar, articulando uma interação entre a estruturação do psiquismo e a construção do objeto do desejo e suas vinculações com o processo identificatório. Nesse sentido, antecipamos a máxima freudiana de 1915 em relação ao objeto: "Ele é o elemento mais variável na pulsão e não está originariamente vinculado a ela" (FREUD, 1915a/2007, p. 149).

Visando trabalhar em prol de uma maior clareza, forneceremos uma breve narrativa da problemática do complexo de Édipo, tomando por interlocutores *Totem e tabu* (1913) e *À guisa de uma introdução ao narcisismo* (1914). Essa articulação segue o modelo proposto por Paim Filho (2014). Como produto do entrelaçamento desses dois trabalhos, temos condições de verificar a vigência de uma sexualidade ampliada que constitui a vivência edípica desde a origem do sujeito. Como sabemos, há um primeiro tempo decorrente do investimento parental, que determinará a criação do narcisismo primário com seus mandatos endogâmicos: todo filho deve dar conta dos desejos incestuosos oriundos dos progenitores. Jocasta e Laio ocupam o primeiro plano nesse palco das origens, tempo da identificação direta e imediata, com a instauração da bissexualidade narcísica: "todos os seres humanos são capazes de fazer escolhas de objeto homossexual e [...] de fato o consumaram no inconsciente" (FREUD, 1905a/1969, p. 136). Observemos que falar em escolhas traz consigo um paradoxo: trata-se muito mais de ser escolhido pelo investimento do outro para ocupar o lugar de realização dos desejos não realizados nas figuras parentais (FREUD, 1914/1969). Sendo assim, vir a escolher, dentro do escopo do determinismo do inconsciente, é produto de um árduo trabalho psíquico: protótipo do labor do luto – "segundo o modelo do objeto perdido" (FREUD, 1921/1969, p. 144) –, inerente a toda construção identificatória.

Seguindo um percurso desenvolvimentista, num segundo tempo, se apresentará uma abertura nesse universo endogâmico – Eu ideal – pela instauração das marcas da incompletude que o complexo de castração comporta, trajeto pelo qual o sujeito possa avançar do *ser o objeto* para o *vir a ter o objeto*. Esse contexto é compatível com a possibilidade de instaurar-se a renúncia aos desejos incestuosos e parricidas em nome de um devir que o ideal de Eu comporta. Se assim o for, esse sujeito estará habilitado a uma maior plasticidade para avançar de uma escolha de objeto homossexual (narcísica) para uma escolha de objeto heterossexual (edípica propriamente dita). Para dar fundamentação a essas proposições, Freud vale-se da bissexualidade psíquica e seus desdobramentos no complexo de Édipo direto e invertido, balizados por essa proposição que faz da escolha de objeto homossexual a mais precoce das escolhas entendidas como um determinismo oriundo do inconsciente parental e, portanto, narcísico. Trabalharemos com a suposição de que todos nós somos herdeiros de uma bissexualidade narcísica, com suas potencialidades de vir a ter uma bissexualidade edípica propriamente dita, conforme as ideias de Paim Filho e Moreno Garcia (2017).

Corroborando essa ideia, Freud diz:

> *A mãe provavelmente se horrorizaria se lhe fosse esclarecido que com todas as expressões de ternura ela está despertando a pulsão sexual do seu filho e preparando a intensidade posterior dessa. Ela considera seu procedimento com um amor "puro", assexual. (1905/1969, p. 210)*

Essa afirmação, associada ao "excesso de ternura" materna e vinculada à ausência da figura paterna, é trabalhada por Freud para teorizar a estruturação da homossexualidade. Para efetivar essa meta, ele se ocupa de Leonardo da Vinci e uma lembrança de sua infância (1910).

Homossexualidade(s): retratos de uma clínica freudiana

Nesse escrito de 1910, Freud se ocupa da pesquisa mitológica e da lembrança infantil de Da Vinci para elucidar questões acerca da bissexualidade e da homossexualidade. Retoma figuras míticas, que representam a maternidade juntamente à virilidade para impulsionar a temática do feminino e masculino em um mesmo sujeito – o seio como símbolo do feminino e o pênis como representante da potência masculina. Como estimado apreciador e curioso da história dos mitos gregos, revisita Atena, Dionísio e Afrodite, como símbolos dessa perfeita unção do feminino e masculino em um só corpo, fazendo um paralelo com a pesquisa sexual infantil. Sendo assim, Freud escreve: "Houve um dado tempo em que o genital masculino foi tido como compatível com a representação da mãe" (1910/1969, p. 159), elucidando o período anterior ao complexo de castração, quando o desejo do menino se volta para o enigma da vida, para o emergir da pulsão escopofílica – deparando-se com a frustração de que algo "falta" na mulher/mãe. Frustrado, esse menino converte o desejo no oposto, dando lugar à repulsa às mulheres, enquanto castradas, o que nos conduz a introduzir a temática da homossexualidade.

Freud parte da fantasia de Leonardo – a mãe que amamenta o bebê transforma-se em um abutre (milhafre), que enfia sua cauda na boca da criança – para pensar a passividade, assim como a identificação com a figura materna. O autor do texto sobre Leonardo da Vinci traduziu a lembrança de infância encobridora nos seguintes moldes: "Minha mãe beijou-me apaixonadamente e repetidamente na boca" (FREUD, 1910/1969, p. 98). A partir desse encontro sexual, seu corpo como um todo e, posteriormente, seu próprio genital passam a ser extremamente assaltados por excitações. Essa significativa valorização do pênis torna impensável a possibilidade da diferença no outro e assim parte rumo à exploração do que esse outro possui – vivência intensa, erótica. Nesse ponto, o autor traz a contribuição de Sadger, o qual afirma que seus pacientes homossexuais, em sua maioria, traziam em suas histórias mães/mulheres masculinas, retirando o pai da posição que lhe cabia: "Na verdade, parece que a presença de um pai forte asseguraria, no filho, a escolha correta de objeto, ou seja, uma pessoa do sexo oposto" (FREUD, 1910/1969, p. 91). Em outras palavras, toma-se o pai como modelo. Quanto a essa mesma contribuição, não podemos deixar de mencionar um importante adendo feito em nota de rodapé (FREUD, 1910/1919), que introduz dois fatos importantes que a pesquisa psicanalítica traz para a compreensão da homossexualidade: o aprisionamento nas necessidades eróticas da mãe, bem como a importância da vivência, mesmo que passiva, de uma escolha de objeto homossexual – e mais: que todos nós a temos registrada em nosso inconsciente. Agrega ainda a presença constante de enérgicas forças contrárias a essa demanda incestuosa. Retomando a relação materna, a fantasia de Leonardo cria um corpo metapsicológico para teorizar o lugar dessa identificação na homossexualidade masculina: tomar a mãe como objeto de identificação, e não como objeto de desejo, colocando-se em seu lugar. Dessa forma narcísica, escolhe seus novos objetos amorosos: os belos jovens meninos – como o duplo das origens.

É interessante o movimento que encontramos nesse texto: Freud não encerra, a partir da compreensão de Leonardo, suas proposições sobre a gênese da homossexualidade, mas, ao contrário, faz uma abertura que implica seguir trabalhando. Reafirma que este é um modo de entendê-la, mas destaca a sua singularidade e adverte para a possibilidade da existência de outras configurações: "Pode se originar de uma variedade de processos psicossexuais de inibição" (FREUD, 1910/1969, p. 168).

Entretanto, não podemos desconsiderar a importância desse trabalho para uma possível compreensão da homossexualidade que transpõe o caso de Leonardo. Nesse sentido, em 1921, Freud reafirma: "o jovem não abandona a mãe, mas identifica-se com ela [...] procura objetos aos quais possa conceder um amor e carinho iguais aos que recebeu de sua mãe" (1921/1969, p. 137). Prosseguindo em sua abordagem de como alguém se torna homossexual, em 1920, debruçou-se sobre *A psicogênese do caso de homossexualidade feminina*, momento que instiga a integração da configuração da homossexualidade em ambos os sexos. Com Leonardo, nos oferece algumas facetas da sua estruturação nos homens; com Sidonie,[2] nas mulheres.

---

2 Esse é o nome que nossa jovem homossexual, cujo nome verdadeiro é Margarethe Csonka-Trautenegg, recebe de suas biógrafas I. Rieder e D. Voigt, no livro *Desejos secretos: a história de Sidonie C., a paciente homossexual de Freud*. Nessa biografia, temos a oportunidade de conhecer outras facetas de nossa

Trata-se de uma paciente de 18 anos que se encanta por uma "dama da sociedade", dez anos mais velha, a ponto de abandonar todos os seus outros interesses para admirá-la. Tal dama tinha relações promíscuas com vários homens e mantinha relações íntimas com uma mulher casada. A paciente, segundo seus pais, nunca havia demonstrado interesse pelo sexo oposto. E, em anos anteriores, já havia apresentado sentimentos intensos por outras mulheres.

Freud destaca que a escolha pela dama apontava para a existência da bissexualidade, já que, além de satisfazer os desejos homossexuais (ideal masculino), satisfazia também os heterossexuais (ideal feminino) – a amada apresentava características físicas que lembravam bastante seu irmão mais velho.

Com relação à história sexual, constata que a paciente viveu normalmente o complexo de Édipo (posteriormente teria substituído o pai pelo irmão mais velho) e não apresentava nenhum trauma sexual. A constatação da diferença sexual (em torno dos 5 anos, ao comparar seu corpo com o dos irmãos) trouxe grandes consequências psíquicas.

Sua relação com a figura materna tinha um colorido hostil. A mãe não se opunha à relação homossexual da filha (era até mesmo

---

jovem: infância, maturidade, velhice, morte. Esse amplo contexto nos permite especular, com maior amplitude, sobre as vicissitudes da sua sexualidade infantil, o que nos permite confirmar a tese freudiana da homossexualidade vinculada, de forma estreita, à função materna e que essa não é decorrente de uma doença, ou talvez tenha em si as agruras de toda a neurose, com um colorido sugestivo de histeria: "Fiquei assim por causa de minha mãe [...] qualquer mulher era uma inimiga. Só quando percebeu que alguma coisa em mim não estava normal ficou simpática. Amorosa, de fato, foi apenas no final, quando tomou os comprimidos, até me disse que tinha olhos lindos" (RIEDER; VOIGT, 2000/2008, p. 415). As narradoras comentam a importância, para Sidonie, da beleza materna e complementam esse pensar com a seguinte frase de nossa protagonista: "Sempre fui apaixonada pela beleza. Uma bela mulher é sempre um prazer para mim, e será assim até o fim de minha vida" (p. 416).

sua confidente), a não ser pelo fato de esta se tornar pública. Chamava a atenção a diferença com que tratava os filhos: aos meninos, bastante mimo; com a filha, era fria, pois a via como uma rival e, por isso, interferia na relação dela com o pai. O impacto causado pela gravidez da mãe se deve ao fato de esta ter acontecido justamente na adolescência de Sidonie, quando esta tinha 16 anos. Era o momento em que ela estava revivendo seus sentimentos edípicos, apresentando o desejo de ter um filho do pai. Assim, sentiu-se desapontada, traída, pois quem engravidou foi sua mãe, e não ela; por esse motivo, ficou magoada com o pai e com os homens, renunciando à sua feminilidade (procurou outro objeto sexual – regressão ao narcisismo). "Ela se transformou em homem e tomou a mãe, em lugar do pai, como objeto de seu amor" (FREUD, 1920/1969, p. 170). Além disso, a escolha homossexual oferecia um ganho secundário, que visava diminuir a hostilidade materna para com ela: ao desistir dos homens, deixava-os para a mãe, e assim não precisavam mais competir – "deixando o caminho livre" (p. 172).

O fato de ela sair descaradamente com a dama mostrava quanto queria que o pai soubesse de sua escolha, pois só assim poderia vingar-se dele, desafiá-lo:

> *Era notável, também, que ambos os genitores se comportavam como se entendessem a psicologia secreta da filha. A mãe era tolerante, como se apreciasse a 'retirada' da filha como um favor feito a ela; o pai se enfurecia, como se compreendesse a vingança deliberada dirigida contra ele. (p. 171)*

Esse romance familiar nos induz a refletir sobre o processo identificatório: de um lado, ela está identificada com mãe, fálica (no ter), com o feminino explicitado na beleza; por outro lado, identificada com o pai, no masculino, na busca ativa do objeto do desejo (no ser). Essa temática será trabalhada mais à frente, quando abordarmos a questão do homoerotismo de sujeito e de objeto.

Indo além do seu tempo – e talvez do nosso –, Freud assinala que Sidonie não apresenta doença, que a questão da sua homossexualidade é um problema para a família, ou ainda, para a ordem social: "a tarefa solicitada não era solucionar um conflito, mas a de converter uma variante da organização sexual para outra" (p. 162). Ela não apresenta sofrimento psíquico em relação ao seu objeto do desejo e, portanto, não tem indicação de análise. Observemos a palavra "variante", que corrobora sua tese dos *Três ensaios*: "fronteira nítida entre o que é mera variação dentro da amplitude do fisiológico e o que constitui sintomas patológicos" (FREUD, 1905/1969, p. 51).

Acreditamos que esses dois casos trabalhados por Freud confirmam e, ao mesmo tempo, trazem para o debate contemporâneo a seguinte afirmação freudiana, tomando por referência a história de Leonardo: "Foi através dessa relação erótica com minha mãe que me tornei um homossexual" (FREUD, 1910/1969, p. 97).

Estrutura psíquica: destinos da sexualidade infantil

> *A libido de todos nós oscila normalmente, ao longo da vida, entre o objeto masculino e o feminino.*
>
> FREUD, 1920/1969, p. 171

Seguindo nosso ponto de vista, pretendemos estabelecer alguns parâmetros de como se constitui a estruturação da psique. Para isso, vamos nos direcionar, de forma circunscrita, para as três grandes estruturas que nos foram legadas pelo pensamento freudiano:

neurose, *psicose* e *perversão*. Entretanto, vamos nos ocupar de forma mais ampla da relação "neurose: escolha de objeto homossexual", que será trabalhada na interlocução com o filme *Azul é a cor mais quente*: encontro com uma jovem homossexual no século XXI.

Nossas teorizações sobre essas estruturas partem do pressuposto de que, a partir dos encontros primários da pulsão com o objeto via ação específica e pela nova ação psíquica, delineiam-se as bases fundantes da psique: marco inaugural do processo identificatório na sua intrínseca relação com a bissexualidade. Nesse palco psíquico, onde são encenadas as vicissitudes de Narciso e Édipo, mediados pelo complexo de castração, instaura-se a singularidade de cada sujeito. Nesse interfluxo contínuo, vai se estabelecendo o autoerotismo e o narcisismo – "de fato o consumaram no inconsciente" (FREUD, 1905a/1969, p. 136) –, com seus desdobramentos no acontecer da conflitiva edípica. Esse processo como um todo tecerá a singularidade que estrutura cada indivíduo.

Neurose: um olhar metapsicológico sobre o inconsciente recalcado (*Verdrängung*)

> *Todos nós somos doentes, ou seja, neuróticos.*
>
> FREUD, 1917, p. 476

> *A pulsão sexual dos psiconeuróticos permite discernir todas as aberrações que estudamos como variações da vida sexual normal e como manifestações da patológica.*
>
> FREUD, 1905/1969, p. 155

É com essa declaração, há muito tida como clássica – e não por isso menos verdadeira –, que Freud inicia seu texto sobre os caminhos da formação de sintoma na neurose. Nesta, assim como em outras conferências, ele se dedica a explicitar da forma mais organizada e clara possível de que maneira um sujeito se torna um doente dos nervos; ele, todavia, vai além e mostra como todos nós, considerados indivíduos normais, somos, em algum nível, neuróticos por excelência, bem como possuímos potencial para o adoecimento, assim como para a cura.

Para avançar nessa afirmação polêmica tanto para sua época quanto talvez para a nossa, Freud retoma seus estudos a partir daquelas que seriam as primeiras estruturas encontradas por ele: a neurose histérica conversiva, a neurose obsessiva e, um pouco mais tarde, a histeria de angústia. Por meio delas, explica como a libido, em sua íntima ligação com o inconsciente, que contém em si o desejo incestuoso e parricida, busca satisfação a todo o momento e a qualquer preço; ao mesmo tempo que o Eu, em sua íntima ligação com o consciente – e, portanto, com o mundo externo –, faz uso de todos os seus recursos para direcioná-la a objetos que sejam tolerados por ele e, logo, pela sociedade. Desse jogo de forças surge uma aliança, uma formação de compromisso, em que ambos cedem para que todos ganhem: a isso chamamos de *sintoma*, pelo viés da psicopatologia, ou de *sonhos*, pela chamada normalidade.

Entretanto, esses caminhos descritos tão profundamente por Freud ao longo de sua obra só são possíveis porque algo permite que, em um primeiro momento, essa libido seja de alguma forma enfraquecida a ponto de poder ser redirecionada; algo intervém no momento em que os primeiros objetos desejados, as figuras originárias, se apresentam no sentido de barrar tal satisfação por ser demasiado desorganizadora para o futuro desse psiquismo. Tal mecanismo é o que de fato cinde o aparato de uma vez por todas em consciente/pré-consciente e inconsciente: o *recalque originário*.

Em sua obra sobre a metapsicologia freudiana, Garcia-Roza (1995) discorre extensamente sobre os dois momentos do recalque:

o primário e o propriamente dito ou secundário. Nesse primeiro tempo, temos o que seria o momento inaugural do inconsciente, as experiências vividas pelo sujeito na constituição da sua sexualidade infantil. Essas experiências gerarão impressões, marcas mnêmicas, traços e, posteriormente, representações. Assim, cria-se o estado de desejo, e a repetição dessa experiência fortalece o mundo da memória.

Ao reportar-nos ao recalcamento propriamente dito, estamos falando não apenas do momento de clímax da conflitiva edípica – em que a ameaça de castração e/ou o receio de perder o amor dos primeiros objetos exige do Eu que retire da consciência os desejos incestuosos e parricidas –, mas também desse já citado sistema criado na primeira infância: o recalcado, que agora se encontra em seu momento derradeiro, age de forma constante e necessita de um pós-calcar, diante da força imponente que o habita. Esse cenário requer a atividade de um novo recalque que potencialize o primário para manter depositadas no inconsciente as ideias que não mais podem ser suportadas. Ao possibilitar ao Eu o alívio de transformar o curso da libido, esse recalque também o condena a suportar a constante pressão vinda do inconsciente, para trazer à tona tudo aquilo sobre o que o recalque operou – o território do desejo. Nesse sentido, o retorno do recalcado (terceiro tempo do recalque) atua como o eterno mediador dos destinos da pulsão, com seu entrelaçamento com o desejo, apresentando a ele a vida neurótica, ou ainda, a vida de todo o sujeito como condição determinante da dinâmica psíquica: desejo *versus* proibição.

O recalque é o grande representante da lei, que opera de maneira seletiva e dialética: exige a renúncia do desejo em sua plenitude e oferece alguma forma de satisfação pelo retorno do recalcado. Nesse sentido, o objeto do desejo é produto do trabalho do inconsciente recalcado via processo primário.

Perversão: um olhar sobre o inconsciente renegado (*Verleugnung*)

> *Quando há nela as características de exclusividade e fixação, então nos vemos autorizados, na maioria das vezes, a julgá-la como um sintoma patológico.*
>
> FREUD, 1905/1969, p. 151

Na Carta 52 (1896), encontramos a primeira referência às zonas erógenas e a seus vínculos com a perversão, que ganhou corpo teórico e sustentabilidade a partir de 1905, nos *Três ensaios*. A *perversão* seria a preservação da sexualidade infantil perverso-polimorfa na vida adulta, sem o trabalho de transformação que o recalque impõe. Freud alicerça sua compreensão do conceito sobre o axioma: "a neurose é, digamos, o negativo da perversão" (1905/1969, p. 63), que apresenta ressonâncias nas *Conferências introdutórias à psicanálise* (FREUD, 1917[1916-1917]/1969). Por esse caminho, na XX Conferência,[3] falando da especificidade de alguns dos homossexuais – aqueles que apresentam elevado "desenvolvimento intelectual e ético" (FREUD, 1917a/1969, p. 356) –, destaca que esses "se comportam em relação aos seus objetos sexuais aproximadamente da mesma forma como as pessoas normais o fazem

3 Destacamos que, no momento que Freud começa a discorrer sobre os invertidos, utiliza a expressão "pessoas 'pervertidas'" (1905/1969, p. 356). Acreditamos que essas aspas denunciem sua necessidade de assinalar o diferencial em relação às perversões sexuais patológicas. Entendemos que o termo "pervertidas" se refira ao desvio da meta final e, portanto, ao objeto do desejo – uma variação. Também é oportuno assinalar que, nessa conferência, aos moldes dos *Três ensaios*, Freud sublinha o trabalho de Iwan Bloch, *Contribuições à etiologia da psicopatia sexual* (1902/1903), que visa refletir a homossexualidade sob o prisma constitutivo. Nesse sentido, Freud comenta as ideias de Bloch: "Na conceituação da inversão, os pontos de vista patológicos foram deslocados pelos antropológicos" (1905/1969, p. 131).

com os seus" (p. 357). Paralelamente, no caso do Homem dos Lobos (FREUD, 1918[1914]/1969), assinala três correntes vigentes na vida psíquica, entre elas a que reconhece e a que não reconhece a castração/renegação.

Antes de avançarmos, um breve parêntese: somente a partir de 1915, de forma incipiente, Freud começa a discriminar as perversões sexuais – como está colocado de maneira mais enfática nos *Três ensaios* – da perversão, no sentido de que esta passa a ganhar contornos de uma estrutura, aos moldes da neurose e da psicose, em especial com o advento da segunda tópica, com o conceito de renegação (FREUD, 1923/2007) e com a cisão do Eu nos processos de defesa (FREUD, 1938/2014). Contudo, o postulado de uma estrutura propriamente dita vai se dar por intermédio de Lacan (1962/1998; 1966).

Para Freud, a perversão é resultante da fixação infantil em um estágio pré-genital da organização libidinal, ou seja, em função dessa fixação, a corrente pré-genital torna-se o eixo organizador da vida sexual. Sendo assim, as fantasias movimentam-se nesse sentido: as pré-genitais coexistem tanto no neurótico como no perverso; a diferença se dá quando o sujeito põe em cena e faz delas o centro de sua vida sexual – exclusividade e fixação. Por conseguinte, o perverso realiza em ato e/ou em suas fantasias conscientes tudo aquilo que o neurótico fantasia de forma inconsciente. Isso decorre do fato de que este sucumbe às leis que o recalque instaura, realizando seu desejo de forma condensada e deslocada, que dará origem a máxima: "os sintomas são a atividade sexual dos doentes" (FREUD, 1905/1969, p. 60).

A perversão, como estrutura, é definida pela cisão vertical da renegação (*Verleugnung*), que caracteriza uma defesa que envolve uma recusa perceptiva, de reconhecer a falta em mim e no outro, representada, por exemplo, pelo corpo da mãe, no qual está ausente o pênis. O perverso não consegue elaborar essa falta, pois precisaria deparar-se com a própria castração. Entretanto, o mecanismo dessa cisão, que de início foi pensado exclusivamente como sinônimo da recusa da castração, ausência do pênis na mulher, é ampliado em 1938. Ao trabalhar esse conceito no texto *Esboço de Psicanálise* (1940[1938]/2014), Freud delineia a possibilidade da relação de equivalência entre a recusa da castração e a recusa da realidade de uma percepção traumatizante. Para corroborar esse pensar, ele se vale da psicose: "a causa precipitadora da irrupção de uma psicose é que a realidade tenha se tornado insuportavelmente dolorosa ou que as pulsões tenham adquirido uma intensificação extraordinária" (1938/2014, p. 163).

Nesse sentido, tomando o fetichismo como modelo para pensar a perversão, a descoberta da ausência induz a construção de um substituto imaginário: o *objeto fetiche*. O fetiche nasce da constatação, da visão, da percepção de que ao corpo da mulher falta um elemento, a vagina denunciando o corte – o *stigma indelebile* (FREUD, 1927/2007) da não completude. Portanto, o olhar se desloca desse lugar que revela a falta para um objeto adjacente: a calcinha, o sapato, o pé... Diante do saber e do não saber da castração, com suas verdades paralelas, o fetiche tem uma função organizadora das pulsões. Nesse palco erótico, a realização sexual ocorre no encontro com a unidade fetiche, com o seu ser paradoxal – "monumento que não deixa esse horror [a castração] ser esquecido" (p. 163) – e não no encontro com o outro, como uma unidade: a parte pelo todo.

Quando dialoga com a perversão, Freud (1905/1969) discorre sobre a fantasia perversa e a fantasia de inversão, deixando aberto um caminho profícuo para discriminar a perversão, enquanto estrutura, da homossexualidade como variação na perversão. Nesse sentido, recordamos que, no item 3 do *1º Ensaio*, quando discorre sobre as perversões, ele trabalha a diferença entre *variação* e *doença*. Por esse caminho, defende a ideia da perversão patológica, insinuando algo estrutural, e "simples variações no interior da escala fisiológica" (p. 56). A perversão não se define por essa relação direta com o fetiche; este não é causa, mas consequência – manifestação do retorno do renegado. Uma relação de crença de que o outro, assim com Eu, não é castrado, de que não há falta. Portanto, a perversão toma o outro como uma extensão fálica de si.

Psicose: um olhar sobre o inconsciente forcluído (*Verwerfung*)

> *Apesar das diferenças entre neurose e psicose, é importante ressaltar que, tanto na irrupção de uma psiconeurose como de uma psicose, a etiologia comum é a mesma: uma privação, a não realização de algum daqueles desejos da infância, sempre indomáveis.*
>
> FREUD, 1924/2007, p. 97

A psicose é, por si só, vista como uma solução primitiva que o psiquismo encontra para lidar com o sofrimento e, dessa forma, com sua vulnerabilidade. O fato é que se trata de um meio, no qual a cisão do recalque não é predominante; como Freud comenta no texto sobre o sr. presidente Schreber (1911) e depois novamente em *A perda da realidade na neurose e psicose* (1924), trata-se de um psiquismo que ainda não alcançou toda a extensão de defesas que o recalque disponibiliza ao sujeito para enfrentar situações que geram ansiedade. O equivalente ao recalque na psicose é um mecanismo denominado *projeção*. Quando o conflito se estabelece em sua insuportabilidade, não possuindo tal recurso, o indivíduo, ao recolher sua libido investida no objeto, a reinveste no próprio Eu. Em outras palavras, toma seu Eu como objeto, podendo desenvolver dessa forma um mundo próprio, criação imaginativa para substituir aquele ser tão maléfico que o decepcionou. Por conseguinte, projeta esse mundo para fora de si como realidade e nele vive como se nada soubesse de um outro mundo anterior, buscando assim um contexto mais favorável para si. Tal forma de se relacionar com a realidade externa é denominada posteriormente de *forclusão* (LACAN, 1958), o que fica evidente na máxima do presidente Schreber: o que foi abolido internamente retorna a partir de fora – no delírio e na alucinação. Lacan cunhou essa expressão a partir dos assinalamentos de Freud sobre a *Verwerfung*.[4] Paim Filho (2003/2014) propõe esta dinâmica: o retorno do forcluído como similar ao retorno do recalcado. Portanto, ratificamos o que é intolerável e deve ser ejetado do psiquismo; na psicose, é a realidade da castração. Essa vivência é dramatizada, por exemplo, na alucinação do dedo cortado do Homem dos Lobos.

Do mesmo modo, o que define uma das características mais essenciais do psicótico é o não reconhecimento das diferenças entre o Eu e o não Eu – mundo de Narciso –, aquilo que frustra e é insustentável ao sujeito, ficando, então, impossibilitado de ascender ao recalque, à castração, ao reconhecimento de um outro diferente – mundo de Édipo. A escolha de objeto nessa estrutura gira em torno do Eu ideal, o outro como um duplo, fusão, e, novamente, o aprisionamento ao narcisismo primário.

---

4 Nesse sentido, remetemos o leitor ao trabalho "Percepção – castração: as múltiplas faces do eu" (PAIM FILHO *et al.*, 2019). No referido texto, os autores trabalham o lugar estrutural das cisões do recalque, da renegação e da rejeição/forclusão na constituição do Eu.

Escolha de objeto: formas de expressão do desejo

> *O homossexualismo sem dúvida não é vantagem, mas não é nada de que alguém deva envergonhar-se, nenhum vício, nenhuma degradação, não pode ser classificado como doença, consideramo-lo uma variação da função sexual, produzida por uma parada no desenvolvimento.*
>
> FREUD, 1935/1982, p. 487

Após esse breve percorrido pelo pensamento freudiano sobre as vicissitudes e variações da sexualidade infantil, com seu imanente hermafroditismo psíquico, vamos nos ocupar das particularidades da escolha de objeto homossexual. Como já dissemos, a escolha de objeto de desejo não determina a estrutura psíquica. Nesse sentido, podemos ter escolha de objeto homossexual, bem como heterossexual, na neurose, na psicose e na perversão. Como fundamentar tal proposição? Se cada estrutura tem um mecanismo fundante próprio, como explicar o interjogo das cisões em relação à escolha de objeto? Se na homossexualidade temos a renegação, como justificar metapsicologicamente sua vigência, em particular, dentro do campo da neurose? Interrogantes contundentes. Sem a pretensão de respostas definitivas, vamos lançar algumas especulações.

Entretanto, antes de prosseguir em nossa explanação, vamos reviver o assinalamento feito por Freud, em 1905, sobre a relação entre psiconeuroses e inversão: "Em todos os neuróticos – sem exceção – encontram-se, na vida psíquica inconsciente, impulsos de inversão, de fixação da libido em pessoas do mesmo sexo. Sem uma discussão aprofundada não se pode apreciar adequadamente a importância desse fator na configuração do quadro clínico" (1905/1969, p. 63). Essa afirmação enfática merece um esclarecimento para nossas ideias, com uma particular potencialidade de produzir estranhamentos: "A psiconeurose também se acompanha frequentemente de inversão manifesta; nesse caso, a corrente heterossexual sucumbiu a plena repressão (*Unterdrückung*)" (p. 64). Não bastando essas afirmações, Freud agrega uma nova nota, em 1920, destacando a necessidade de propiciar um olhar mais atento a tal acontecimento: "Esse fato, que ainda não foi suficientemente apreciado, deve influir de forma decisiva em todas as teorias da homossexualidade" (2016, p. 64).

Objetivando apreciar adequadamente a correlação "psiconeurose-inversão", em prol de aprofundar a discussão, retomemos a expressão "interjogos das cisões". Acreditamos que esse possa ser um bom sinalizador para nossa proposição. Como sabemos pelo que discorremos anteriormente, em cada estrutura se estabelece o predomínio de um tipo específico de cisão como forma de administrar a força do desejo, diante do encontro sinistro com a castração. Contudo, escutemos: *predomínio*, não exclusividade. Visando corroborar essa hipótese, recordamos Freud, quando elucida a seletividade do recalque e sua mobilidade: "O recalque trabalha, portanto, de forma individual; cada representação derivada isolada pode ter seu destino específico; um pouco mais ou um pouco menos de deformação faz com que o resultado se altere" (1915/2004, p. 180). Na sequência acrescenta: "Ele não é apenas individual [...] como também móvel em alto grau" (p. 181). Tomando essa compreensão como indicador metapsicológico, ousamos expandir esse caráter de seletividade e mobilidade para a renegação e a forclusão, destacando que a falência desses elementos – produtores de maleabilidade psíquica – é um dos responsáveis pela configuração dos quadros psicopatológicos.

Tendo esse cenário como tela e moldura, propomos a seguinte concepção para estruturar a relação entre neurose e escolha de objeto desejo: na resolução da conflitiva edípica, na neurose, o desejo incestuoso e parricida sucumbe ao recalque com suas interdições. Em consonância com esse pensar, é valioso resgatar a explanação feita por Freud, em 1923, sobre o amplo arco identificatório que compõe o complexo de Édipo:

> *de modo que teríamos um arco, no qual uma das extremidades contém os casos em que prevalece o complexo de Édipo normal e positivo e a outra contém os casos em que o complexo de Édipo aparece invertido e negativo. Ao longo do arco se situariam os casos em que a forma completa do Édipo se compõe de uma mescla dos dois componentes em proporções variadas. (1923/2007, p. 44)*

Esse escopo destaca o que, por vezes, é negligenciado: "quando da dissolução do complexo de Édipo, as quatro vertentes que o compõem se combinarão de modo a resultarem em uma identificação materna e paterna" (idem).

Partindo da ideia da seletividade e da mobilidade do recalque, mais as quatro vertentes (identificação paterna/identificação materna – escolha de objeto, a mãe/escolha de objeto, o pai) com suas múltiplas possibilidades de combinação na resolução do complexo de Édipo, pensamos no seguinte contexto: quando houver um recalque mais pleno, teremos a vigência da supremacia do Édipo direto – nos meninos, ser como o pai para ter a mãe; em meninas, ser como a mãe para ter o pai. Porém, quando o recalque se faz mais flexível, abre-se espaço para outras cisões, como nosso objeto de interrogação, a renegação. Entendemos que, nessa conjuntura, a homossexualidade na neurose, teremos uma renegação pontual da realidade da castração: o não reconhecimento das diferenças anatômicas entre os sexos. Esses sujeitos têm condições de acordo com seus arcos de possibilidades identificatórias edípicas

– "mescla dos dois componentes em proporções variadas" – de ter um perfil mais feminino ou mais masculino. Isso corrobora, por exemplo, a tese de que a virilidade pode ser encontrada tanto em homens heterossexuais como em homossexuais. Tal fenômeno, no rol da feminilidade, aplica-se também às mulheres. Entendemos que essa compreensão vem ao encontro da proposição freudiana de 1905 sobre a inversão na neurose: "nesse caso, a heterossexualidade sucumbiu à plena repressão", e a homossexualidade emerge através da renegação.

Seguindo com tal perspectiva como referência, recordamos a observação de Freud que cita Ferenczi em nota de rodapé, em 1920, nos *Três ensaios*. Este propõe discriminar dois tipos de homossexuais: quanto ao objeto e quanto ao sujeito – os "'homoeróticos quanto ao sujeito', que se sentem mulheres e se comportam como tal, e os 'homoeróticos quanto ao objeto', que são completamente masculinos e apenas trocaram o objeto feminino por um objeto do mesmo sexo" (FREUD, 1905/1920, p. 137). Contudo, em consonância com o mosaico identificatório que a resolução do processo edípico propicia, Freud adverte para a existência de graus variados de composição entre esses dois homoerotismos na constituição psíquica do indivíduo.

Antes de encerrar esse breve percurso pelas trilhas do pensamento freudiano, vale resgatar qual é a relação entre a homossexualidade e o fetichismo – resgate em nome de uma busca para caracterizar suas diferenças, a partir da semelhança que trazem consigo, que é a renegação da diferença anatômica entre os sexos. Freud revela preocupação similar no trabalho *O fetichismo* (1927/2007). Nesse texto, declara em relação à criação do objeto fetiche, monumento que revela e encobre a realidade da castração da mulher: "Também salva o fetichista de se tornar homossexual, dotando as mulheres da característica que as torna toleráveis como objetos sexuais" (p. 163).

Como já foi dito, compreendemos o fetichismo como pertencente ao universo da perversão, enquanto estrutura. Essa perversão comporta a cisão vertical da renegação de uma forma mais radical: presença das duas verdades – a que reconhece e a que não reconhece a realidade da castração – em mundos paralelos. Exemplificada na expressão: "Eu sei que as mulheres não têm pênis, mas gozo com o objeto fetiche". Evidentemente, a corrente que governa sua vida psíquica é a que não reconhece a castração. Nesse contexto, a mulher, em sua singularidade, é destituída de valor; o que importa é a "coisa fetiche", que encerra em si a ideia de uma totalidade absoluta: "dotando as mulheres da característica que as torna toleráveis como objetos sexuais". Temos, nessa expressão sintetizada, uma das marcas centrais da perversão: a desconsideração pelo objeto como um todo, que, por muitas vezes, é acompanhada de uma crueldade, oriunda da pulsão de apoderamento – ausência da barreira da compaixão (FREUD, 1905/1969, p. 101). Em contraponto, na homossexualidade na neurose, com sua cisão pontual, o objeto do desejo é reconhecido em sua amplitude. O homossexual tem como objeto de investimento um semelhante, que não traz em si a marca da castração no corpo: um homem que busca um homem; uma mulher que busca uma mulher. Desejo um similar com suas complexidades. Renego as diferenças anatômicas, mas contemplo as diferenças que levam a complementaridade: o recessivo em mim que busca o dominante no outro...

Ratificando sua posição a respeito da homossexualidade, Freud afirma em carta a Jones (1921), respondendo a sua pretensão de afastar da formação analítica um médico holandês homossexual: "da mesma forma que não podemos apoiar a condenação legal da homossexualidade, não podemos recusar com base nisso a admissão a formação. Uma admissão requer o exame das qualidades do candidato, e não da sua escolha de objeto sexual" (APFELBAUN; KAHN, p. 187, *apud* ANDRÉ, 2018).

Homossexualidade: um olhar para a cultura, metáfora para a clínica

> *A literatura sobre a homossexualidade não costuma distinguir com suficiente clareza as questões sobre a escolha de objeto, por um lado, e o caráter sexual.*
>
> FREUD, 1920/2016, p. 187

Visando trabalhar as particularidades do caráter sexual e da escolha de objeto homossexual na neurose, propomo-nos a lançar um olhar sobre o filme *Azul é a cor mais quente* (*La vie d'Adèle – Chapitres 1 & 2*; 2013). Neste, a personagem principal Adèle descobre, na cor azul dos cabelos de Emma, sua primeira paixão por outra mulher. Sente acesa em si a chama de um desejo homossexual. Tempo de confrontar-se com um grande enigma: "Qual é o meu desejo?", que contém inevitavelmente um outro: "Quem sou Eu?". Convocatória para refletirmos sobre o processo identificatório.

Adèle é uma introvertida jovem de 15 anos, estudante de Ensino Médio, onde suas colegas conversam constantemente sobre meninos. Entretanto, certo dia, passa por uma mulher com cabelo azul curto (Emma) e sente-se imediatamente atraída. Depois de Adèle ter sido assediada por uma de suas amigas e de ter fantasias vívidas sobre a mulher que avistou, questiona-se a respeito de seus desejos. Era o estranhamento fazendo rupturas na modelação até então erigida. Oportunidade de buscar responder: o que quer uma mulher?

Certo dia reencontra Emma, uma graduanda em Artes, de uma família mais liberal, e assim ambas iniciam uma aproximação. Sem poder revelar a ninguém seus desejos, Adèle se entrega por completo a esse amor secreto, enquanto trava uma guerra com sua família e com a moral vigente – distorção no sentimento. Elas começam um relacionamento apaixonado. A família de classe média-alta de Emma é muito acolhedora com o casal; em contrapartida, Adèle precisa mentir para seus pais, não podendo revelar seus enlaces amorosos (escolha). A mentira revela a fragilidade paterna. É necessário manter o pacto de realizar o sonho não realizado dos pais. Enquadre que algo paira em suspenso, fazendo jus à afirmação de Freud em 1910: "o que é decisivo para nós, se quisermos conhecer em alguém a especificidade da inversão, não é a ação real, mas a distorção no sentimento" (1910/2013, p. 101).

Nos anos que se seguem, o casal passa a viver junto, investindo numa relação amorosa. Adèle termina a escola e se junta ao corpo docente de uma escola primária local, enquanto Emma tenta seguir em frente com sua carreira de pintora. Nossa protagonista se sente pouco à vontade entre os amigos intelectuais de Emma e está deprimida com a sua carreira de professora. Emerge a possibilidade de questionar-se: "Quem sou Eu?". Porém, são poucos os recursos para viabilizar tal empreitada. Sua neurose, com seus traços histéricos, revela a encruzilhada na qual está fixada: entre o masculino e feminino – a bissexualidade se faz proeminente. Adèle gosta de jogar o papel feminino estereotipado no seu relacionamento, mas Emma torna-se distante física e emocionalmente. Elas gradualmente começam a perceber quão pouco têm em comum. As complexidades emocionais se manifestam na relação, e Adèle, em um momento impulsivo de solidão e confusão, tem um envolvimento sexual com um colega homem. Esse ato se dá em nome de quem? Ou ainda, para quem? Acreditamos que a demanda parental internalizada nas vicissitudes da sua bissexualidade psíquica teatralize o feminino nos desejos heterossexuais. Contudo, o masculino em si clama por percorrer outros caminhos: a não realização dos seus mais secretos desejos com os homens. A eterna insatisfação da histeria? Emma se torna consciente da breve mas significativa traição e expulsa Adèle do seu apartamento. Compreendemos que o faz não somente em nome de uma injúria narcísica, mas também pela percepção das dificuldades de Adèle haver-se com sua identidade sexual.

Após três anos do ocorrido, embora Adèle encontre satisfação em seu trabalho como professora de jardim de infância, uma tristeza significativa começa a dominá-la. Percepção do infantilismo de sua sexualidade? Ela então convida Emma para um reencontro. Adèle segue apaixonada por Emma e investe na ligação que ainda existe entre elas. Contudo, seu antigo amor se encontra em outro relacionamento estável. Emma nega o apelo pela retomada da relação, porém não desconsidera a relevância de sua história de amor: "Eu tenho uma ternura infinita por você. Eu sempre a amarei. Toda a minha vida...". Essa ternura significa o desenrolar de uma sexualidade mais sublimada? Emma, como artista, pode lançar mão de outros recursos para contar sua sexualidade – eternamente infantil –, convertendo seu desejo (genital) por Adèle em heranças mnemônicas de uma relação vivida em outro tempo. Adèle, diferentemente, se vê presa com suas crianças em sala de aula e sua criança interna – eternização do infantilismo da sexualidade, Eu ideal –, duplo insatisfeito que se projeta na atualidade de suas experiências, impossibilitada de dar um destino mais definitivo para a sua libido: renúncia em nome de um porvir, ideal de Eu.

As duas se despedem amistosamente. Essa cena comovente revela a capacidade de renúncia de Emma: não basta amar para estabelecer uma relação amorosa suficientemente boa. Emma, apropriada de seus recursos internos – condições de trabalhar seus lutos –, vai construindo seu caminho entre dores e amores, respaldando a máxima freudiana sobre uma possível marca do ser saudável: *Lieben*/*amar und*/*e arbeiten*/trabalhar (MAHONY, 1982/1992, p. 207).

O filme termina na exposição de arte de Emma. Uma das obras principais era o retrato de Adèle – o belo e inquietante retrato do infantil cristalizado. Emma a recebe, mas não lhe dá muita atenção, direcionando-se a outros convidados. Adèle a felicita pelo sucesso de sua arte e se despede da exposição após uma breve conversa com um jovem homem. Ele corre atrás dela, mas vai na direção errada. Aventamos a possibilidade de que talvez vá na direção certa, uma vez que Adèle segue perdida em meio a suas fantasias bissexuais. Inferimos a ideia de que siga perguntando-se se o azul é a cor mais quente, a cor do desejo...?

Encerrando uma observação de Freud, de 1908, em relação à força coercitiva da cultura – injusta – em face ao desejo do indivíduo: "Uma das óbvias injustiças sociais é que os padrões de civilização exigem de todos uma idêntica conduta sexual [...]. Entretanto, na realidade, essa injustiça é geralmente sanada pela desobediência às injunções morais" (1908b/1969, p. 197).

Essa observação segue pertinente? Vivemos com maior liberdade o nosso desejo? Seguimos exigindo de todos uma idêntica conduta sexual? Os preconceitos seguem exigindo obediência? Se assim for, a desobediência segue sendo bem-vinda.

5. O enigmático e o obscuro tempo da adolescência

Adriana Somogyi, Danielle Centenaro, Eliane Deitos, Ítala Chinazzo e Raquel Moreno Garcia

> *As numerosas peculiaridades da vida erótica dos seres humanos, assim como o caráter compulsivo do processo de apaixonar-se, são inteiramente ininteligíveis salvo pela referência à infância e como efeitos residuais da infância.*
>
> FREUD, 1905/1969, p. 236

Introdução

Propomo-nos uma reflexão sobre o trabalho que o psiquismo empreende em tempos de adolescência. E o entendemos inspirado no modelo do trabalho dos sonhos, do luto, nos quais o psiquismo alcança seu processo de complexização descrito por Freud, um tempo adolescente com sua função de organizar a estrutura polimorficamente perversa de outrora, das organizações parciais das pulsões sexuais. São tempos em que se produzem as transformações decisivas, as reorganizações instauradoras da sexualidade adulta. O trabalho da puberdade/adolescência consiste no reencontro com o objeto perdido – objeto parcial anterior ao objeto da totalização – em resgatar o objeto perdido, produzindo uma série de substitutos possíveis. Referimo-nos ao texto inaugural e norteador *Três ensaios sobre a teoria da sexualidade*, de 1905, constituído, porém, de desenvolvimentos que se nutrem de todos os fundamentos que o antecedem nas produções pré-psicanalíticas do *Projeto*/1895, da Carta 52 a Fliess e do Capítulo VII da *Interpretação dos sonhos*.

O mundo nunca mais foi o mesmo depois de Freud e seus desenvolvimentos sobre a sexualidade humana, que impõe um trabalho sem tréguas sobre o psiquismo e que jamais se sacia, arrefece – tão distintas das necessidades vitais que Freud nomeou de campo dos interesses absolutamente apaziguados pela assistência alheia.

O ser da *Hilflosigkeit*, o ser desamparado, só resiste com vida se amparado; paradoxalmente é infectado por esse outro, que é o agente dos cuidados e o promotor da sedução – não a factual em eras de pais perversos, mas a do inconsciente que habita em todo humano. Portanto, é a sexualidade promotora do inconsciente, o qual não está desde as origens, mas que advirá nas origens do sujeito que se constituirá em psíquico e inconsciente e que, em sua soberania, ditará para sempre e até que a morte nos separe, nos aparte da vida, um intenso trabalho de transformação. Como se apresentará, como se manifestará toda essa complexidade em tempos de adolescência – trabalho da adolescência?

Um projeto para o psíquico

Em 1893, a sociedade vienense se deparava com uma patologia que acometeu uma grande parte das mulheres da época e que levou Freud, Breuer e a clínica pré-psicanalítica a debruçar-se sobre seu estudo. Ao longo dessa aproximação, Freud foi percebendo que tal patologia fazia com que os fatos fossem esquecidos, ou seja, que essa patologia chamada *histeria* apagava certas recordações. Ele atribuiu a esse sintoma algo que chamou de *recalque* e que passava, assim, a ser entendido como uma defesa diante de conteúdos que não podiam chegar à consciência, o que determinava que poderia haver desejos opostos dentro de um mesmo sujeito.

Desse estudo, surge, então, em 1895, o *Projeto para uma psicologia científica*, um manuscrito no qual medicina, biologia, física e filosofia se incrementam com o intuito de tornar a psicologia uma ciência natural. Em seu *Projeto*, Freud estava ocupado com os enigmas da histeria, sofrimento que acometia as mulheres, as adolescentes de uma época, paralisadas por conflitivas, impedidas de desfrutar as intensidades da sexualidade, da feminilidade. Essas pacientes sofriam de reminiscências de um passado que se mantinha atualizado, compulsionado no presente.

Embora seja um texto calcado na física da época e que transcendia a neurologia, o manuscrito traz em seu cerne o gérmen de conceitos de significante importância para a psicanálise, que virão a ser trabalhados *a posteriori*. Vivência de dor, vivência de satisfação, memória e o Eu foram contribuições conceituais feitas no texto referido.

Nesse manuscrito, Freud propõe um modelo de aparelho neuronal, aberto a tudo que advém do mundo externo e do próprio organismo. Esse aparelho, ainda rudimentar, sente a entrada dessa quantidade como um aumento de tensão e, por esse motivo, tem como função primária a descarga – ou o *princípio da inércia*. Com sua complexização, o aparelho é obrigado a abandonar sua tendência original de reduzir suas quantidades a zero para que possa sobreviver e manter-se em funcionamento, precisando tolerar certo acúmulo da quantidade que ingressa, através da manutenção desta no nível mais baixo possível – ou o *princípio da constância*.

A quantidade que ingressa depara-se com uma tela de proteção que Freud denominou *barreiras de contato*, cuja função é atenuar essas quantidades que chegam aos neurônios. As mais superficiais, pertencentes aos neurônios Phy, são permeáveis e deixam passar a quantidade como se não existissem. Por sua alta permeabilidade, mantêm-se nas mesmas condições de recepção, inalteradas, após a passagem da quantidade.

Já as barreiras de contato dos neurônios Psy só permitem a passagem da quantidade parcial ou total, porém com dificuldade. Isso significa que ficam permanentemente modificadas em relação ao seu estado anterior. Essa capacidade de ser influenciada e alterada por simples ocorrências é o que origina as vias de facilitação que, por sua vez, caracterizam a possibilidade de memória dentro desse aparelho. Esse processo depende diretamente da magnitude da impressão e da frequência com que se repete.

A retenção pelo aparelho de um pouco de quantidade permite ao pequeno ser humano utilizá-la como a força necessária para poder chorar e atrair o adulto. Isso que ocorre desde os primeiríssimos tempos de vida é importante para que, por meio de uma ação específica, um outro do mundo externo atenda às demandas do pequeno ser.

O organismo humano é, a princípio, incapaz de promover a ação específica. Ela se efetua por ajuda alheia, quando a atenção de uma pessoa experiente é voltada para um estado infantil. Essa via de descarga adquire, assim, a importantíssima função secundária da comunicação, e o desamparo inicial dos seres humanos é a fonte primordial de todos os motivos morais (FREUD, 1895/1969, p. 370).

O humano como um ser que não sobreviveria sem algum "auxílio alheio" faz referência ao fato de o sujeito não ser capaz de eliminar por si só as quantidades que entram em seu aparelho.

Necessita desse outro ser para que, aos poucos, ocorra um desprendimento do autoconservativo em direção ao autoerotismo.

Nenhuma descarga pode produzir resultado aliviante, visto que o estímulo endógeno continua a ser recebido e se restabelece a tensão em Psy. Nesse caso, só é possível abolir o estímulo por meio de uma intervenção que suspenda provisoriamente a descarga da quantidade endógena (Qn) no interior do corpo, e uma intervenção dessa ordem requer alteração do mundo externo (p. 370).

Quando o desamparado é auxiliado por outrem, é facilitada no interior do corpo a atividade necessária para livrar-se do estímulo endógeno, constituindo, assim, uma experiência de satisfação, por meio de pequenas descargas chamadas de *vias colaterais*, que tendem a manter o equilíbrio neuronal. A experiência de satisfação é reinvestida através das facilitações já existentes, ao reaparecer o estado de urgência ou de desejo. Dessa forma, a Qn se esvai, reequilibrando a tensão do psiquismo. Surge, aí, a alucinação primitiva, momento em que a necessidade nutrícia passa a estar desprendida da alimentação.

Por outro lado, quando essas quantidades não são acalmadas por outro humano, há um aumento de tensão dentro do aparelho. O Psy fica completamente exposto a quantidades relativamente grandes, que tendem a ser descarregadas pelo polo motor, por conta do nível de tensão a que sucumbe o aparelho, causando dor.

A dor fica assim caracterizada como uma irrupção de Qn excessiva (de magnitude) ainda maior que a dos estímulos Phy. A dor sem dúvida deixa facilitações para trás em Psy – como se tivesse sido atingida por um raio –, que derrubam por completo a resistência das barreiras de contato (p. 359).

A partir daí, Freud propõe o conceito de defesa primária como resultante da vivência de dor. Quando esta, atrelada à imagem hostil do objeto que causou essa dor, é reinvestida, surge novamente *um estado de desprazer* e *uma nova propensão à descarga*, uma vez que desprazer e descarga funcionam de forma concomitante. O aparelho busca fugir desse estado que, apesar de não ser a mesma vivência inicial, possui certa semelhança com ela. Portanto, pode-se concluir que a dor deixa para trás facilitações abundantes, já que ela é, como Freud a reconhece, o mais imperioso de todos os processos.

A organização, pertencente à Psy, responsável por interferir nas passagens de quantidade a partir da forma como ocorreram na primeira vez, ou seja, se estavam acompanhadas de afeto, de satisfação ou de dor, chama-se Eu.

Embora esse ego deva esforçar-se para se livrar de suas catexias pelo método da satisfação, não há nenhuma outra maneira de isso acontecer se ele não influenciar a repetição das experiências de dor e dos afetos e pelo método seguinte, que é geralmente descrito como *inibição* (p. 375).

A liberação do desprazer é sentida e captada pelo Eu. Um investimento colateral inibidor se apresentará, e, quanto mais intenso for esse desprazer, maior será a defesa primária. Quando essa ideia se aproxima do Eu, a repulsa surge, afastando-a da consciência e da memória, e perde-se o rastro dessa recordação. Dessa forma, é no Eu que se origina o conflito e que se arma a defesa. Diante de quantidades mais amenas, o Eu se esquiva, ligando-as e achando pequenas vias colaterais que derivam e evacuam essas pequenas quantidades. Sendo assim, a experiência se torna menos traumática.

Uma carta reveladora

Em 6 de dezembro de 1896, na Carta 52 enviada a Fliess, Freud passa a trabalhar com a hipótese de que nosso mecanismo psíquico se estabelece por um processo de estratificação sucessiva. Complexizando o que havia proposto no Projeto para uma psicologia científica – em que as vias de facilitação abririam passagens através das quantidades –, supõe, então, que a memória não é estabelecida de uma só vez, mas registrada em diferentes tempos, por meio de registros que são inscritos, reinscritos e transcritos, constituindo, assim, um aparelho de memória.

Freud retoma os dois tipos de neurônios – os neurônios constituídos de células perceptuais e os constituídos de células mnêmicas – e afirma que ambos se excluem mutuamente. Isso significa que os primeiros – representados tanto por Phy quanto por Ômega, neurônio da consciência – não conservam em si traços daquilo que ingressou e teriam pouco espaço para receber novos estímulos caso ficassem marcados. Aqui, as barreiras de contato são tão permeáveis que as quantidades ingressam como se elas nem existissem.

Já os neurônios da memória – representados por Psy – possuem barreiras de contato impermeáveis que, por consequência, armazenam e registram as quantidades que se movimentam, dando origem às marcas. Essas marcas mnêmicas vão sofrendo de tempos em tempos um reordenamento, uma transcrição. Os neurônios da memória fazem-se sentir de modo que apenas deixam passar certas quantidades, ficando sempre alterados, diferentes do estado anterior após cada excitação.

Freud entende que, para haver operação psíquica, fazem-se presentes três tipos de registros em épocas sucessivas da vida. Após a percepção do exterior, o primeiro registro é o que fica como signos de percepção (Wz). Quando há esse registro, mas falta uma transcrição subsequente, vigoram as leis psicológicas vigentes do período anterior, o que Freud chamou de *fueros*. Estes atuam de forma fragmentária e arcaica, circulando sem um lugar, como "sobrevivências".

O segundo registro, situado no inconsciente (Ub), em estatuto de representação-coisa, não tem acesso à consciência; e o terceiro registro, situado no pré-consciente (Vb), é ligado às representações verbais e corresponde ao Eu, tornando-se consciente, uma "consciência do pensamento secundário" (FREUD, 1896/1969, p. 282).

Como afirma Freud, "os sucessivos registros representam a realização psíquica de épocas sucessivas da vida. Na fronteira entre essas épocas deve ocorrer uma tradução do material psíquico" (p. 283). A falha da tradução é aquilo que chamamos de recalcamento e opera pela censura daquilo que causa muito desprazer ao chegar à consciência.

Dentro de uma mesma fase psíquica e entre os registros da mesma espécie, forma-se uma defesa normal devida à produção do desprazer. Já a defesa patológica somente ocorre contra um traço de memória de uma fase anterior que ainda não foi traduzido (p. 283).

Isso significa que um evento determinado, tendo produzido uma quantidade de desprazer no momento que era atual e sendo reativado por um evento posterior, inibirá o desprazer gerado. Assim, quanto mais vezes a lembrança retornar, mais inibida se tornará a produção desse desprazer. Em contrapartida, se o evento anterior produziu determinado desprazer e, quando redespertado, produzir um desprazer diferente, este não poderá ser inibido, pois será sentido como um novo evento.

Nos desenvolvimentos posteriores, com o intuito de complexizar o entendimento psicanalítico a respeito do seu objeto de estudo, o inconsciente, Freud se debruça sobre o modelo onírico, lançando luz sobre o estado de vigília e o conteúdo que vem à tona quando tal estado está alterado, processos que não chegam à consciência na vida diurna. Desde muito cedo, Freud se interessa e se debruça sobre os sonhos, mas é por meio da sua autoanálise e de outros autores que se encoraja a escrever e complexizar sua teoria.

"O que um dia dominou a vida de vigília, quando a psique ainda era jovem e incompetente, parece agora ter sido banido para a noite – tal como as armas primitivas abandonadas pelos homens adultos, os arcos e flechas, ressurgem no quarto de brinquedos. O sonho é o ressurgimento da vida anímica infantil já suplantada" (1900/1969, p. 517). "O livro dos sonhos" foi o primeiro texto fundamental na obra freudiana. Freud o considerava a chave da sua obra. Em 1900, em *Interpretação dos sonhos*, ele diz que o aparelho psíquico é um instrumento composto, cujos componentes ele chamava de instâncias, sistemas, e que a realidade psíquica tem uma forma especial de existência. O lugar psíquico não é mais um lugar anatômico. É a primeira vez que Freud se refere ao aparelho psíquico como um aparelho da alma, por meio do modelo dos sonhos.

Partindo dos estudos e da compreensão do funcionamento psíquico das histéricas, Freud escreve: "Da teoria das histéricas tomamos a tese de que essa elaboração psíquica anormal de um curso de pensamento normal ocorre apenas quando esse se tornou a transferência de um desejo inconsciente de origem infantil e que se acha reprimido" (1900/1969, p. 651). Freud descobre a teoria dos sonhos sobre a hipótese de que o desejo impulsionador do sonho sempre progride do inconsciente e que o desejo é o que coloca o aparelho psíquico em movimento. E, nele, o curso da excitação é regulado pelas percepções de prazer e desprazer.

O ato de sonhar é extremamente complexo e sofisticado, e não seria possível explicar a formação do sonho sem supor a existência de duas instâncias psíquicas, uma das quais submete a atividade da outra a uma crítica, cuja consequência é não se tornar consciente. Para um melhor entendimento da complexidade na formação do sonho, se faz necessário compreender que toda atividade psíquica parte de estímulos (internos e externos) que ingressam no aparelho psíquico, ou seja, as percepções, que percorrem um caminho e uma direção – ingressam por uma extremidade sensível, onde nada do que entra se conserva nesse sistema, assim como não possui registro de memória. O que se supõe é que, no decorrer do processo, existam sistemas chamados de *sistemas mnêmicos* (Mn), que recebem esses estímulos perceptivos, e que neles possam ocorrer associações. As excitações causadas pelas percepções que ingressam no aparelho podem se propagar de um elemento mnêmico para outro devido à diminuição na resistência e a novas vias facilitadoras. Na outra extremidade do aparelho, está a *extremidade motora*, que abre as comportas da motilidade.

Esse caminho, que, em geral, o processo psíquico percorre, segue fazendo do aparelho psíquico um *aparelho reflexo*. Até então, a compreensão do aparelho psíquico como um aparelho reflexo havia sido feita sem considerar o sonho e os esclarecimentos psicológicos que dele podiam ser extraídos.

Na formação do sonho, o sistema que critica mantém relações mais próximas com a consciência do que o sistema que é criticado, localizado no sistema inconsciente. Portanto, o sistema Cs está mais próximo da extremidade motora. O último dos sistemas nessa extremidade é o Pc. O sistema que se encontra por trás do Pc é chamado de Ic, que só terá acesso à consciência através do Pc. Porém, para que haja a passagem do material que se encontra no Ic para o Pc e, assim, tenha acesso ao sistema Cs, o processo de excitação tem que se submeter a modificações. É dentro desse esquema complexo que o sonho se constrói.

O sonho, além de ser o guardião do sono, tem como força motriz a realização de desejos que se encontram recalcados no inconsciente. Quando dormimos, ocorre a retirada do investimento dos sistemas Pc/Cs. O que é do conteúdo inconsciente, os desejos recalcados que se encontram nesse sistema, permanece buscando formas de ser resolvido, de acessar a consciência. Os restos diurnos (aspectos do dia, sensações fisiológicas etc.) que estão na consciência vão se somar às pulsões advindas do Ic, na formação do sonho. Nessa complexa formação, o sonho ainda é obrigado a se ligar a pensamentos oníricos, que são pensamentos similares aos de vigília. Porém, o que os diferencia é que os pensamentos oníricos estão no comando do nosso inconsciente, fazendo igualmente parte do sistema Pc.

Em sua formação, os sonhos também sofrem interferência da censura psíquica que ocorre sob a influência do recalcamento. Durante o sono, a resistência que montou guarda na fronteira entre Ic e Pc diminui, o que ajuda a formação do sonho, facilitando para que o material que está no Ic apareça transformado, distorcido; assim, pode ocorrer a condensação do material psíquico, no qual imagens, ideias e temas se combinam num só, o que faz com que, no sonho, esses conteúdos latentes apareçam "abreviados", condensados. Seria a consideração da representabilidade em imagens sensoriais e certa aparência racional e inteligível do material onírico.

Para ilustrar o funcionamento psíquico na construção de um sonho, cito o caso de Paulo, um adolescente de 17 anos em tratamento analítico há dois anos que busca ajuda por não estar conseguindo dormir, por se sentir desesperado quando seu namorado dá algum sinal que, para ele, pode significar separação, rompimento. Esse sinal pode ser o simples fato de não atender à chamada de celular ou discutirem. Sente e acredita que vai ficar sozinho e não suportará, entrando em desespero. Durante o processo de tratamento, consegue se dar conta de que, antes dessa relação de "grude" com o namorado, havia vivido o "grude" com a mãe, numa relação de engolfamento, de díade sem fim. Uma mãe que não permitiu o desgrude.

Ele não podia existir com seu próprio Eu, talvez não dispusesse de possibilidade de um si mesmo, de uma vida própria. Sua queixa é de se sentir sufocado pela mãe, como uma extensão dela. Filho único, pai submetido à esposa e, como conta Paulo, "sem voz alguma". Desde que Paulo nasceu, sua mãe temia que ele pudesse morrer, não permitindo que ele brincasse, andasse de bicicleta ou fizesse qualquer movimento que não fosse ler livros, estudar e ficar em casa. Quando bebê, a mãe temia muito que o alimento que ela lhe oferecia não fosse suficiente, que ele pudesse morrer. Quando entra na puberdade, percebe que, lá fora, na vida, havia mais coisas além do que a mãe lhe oferecia, mas se acomodava com seus livros e com seu quarto todo enfeitado com símbolos da série de livros *Harry Potter*, inclusive a varinha mágica. Adorava as magias do personagem. Aos 14 anos, começa a dar aula de inglês – uma sugestão da mãe – e acaba se tornando um exemplo para os primos, o que faz com que ele se empenhe ainda mais para ser bom nisso, sendo muito elogiado por todos. Nessa época, chega para tratamento, parecendo um adulto ocupado.

Na adolescência, um pouco antes de vir para tratamento, assume para os pais que é homossexual. O pai, sem voz alguma, sem posicionamento, acata o que a esposa pensa sobre isso, deixando Paulo à mercê dela. A mãe fica seis meses sem conversar com o filho. Ele entende que ela agiu assim para puni-lo, pois ele havia escolhido algo para si diferente do escolhido por ela. Com o caminhar do tratamento, ele começa a não mais atender à mãe e escolhe sair com os amigos em vez de ficar com os pais, vendo filme e comendo pipoca. A mãe reage dizendo que um dia vai morrer e ele vai sentir sua falta e se arrepender. Isso o deixa mal, sai de casa um tanto culpado, mas consegue fazer as coisas que deseja. E Paulo produz um sonho, relatado por ele da seguinte maneira:

> *Eu estava fazendo um trabalho de faculdade e meu cachorro, que eu adoro, não parava de falar... ele falava e não latia. Pedi pra ele parar de falar, para fazer silêncio, porque eu precisava estudar, fazer minhas coisas. Ele não me ouvia, não me atendia. Saí da cadeira em que eu estava, peguei ele pelo pescoço, apertei até que perdesse a voz. Não cheguei a matar. Minha sensação era de um alívio grande, mas, depois, comecei a me sentir culpado por ter feito o que fiz.*

Paulo acorda em sudorese e angustiado.

Em sessão, analisando o conteúdo do sonho, Paulo associa o cachorro que não o atende à mãe que nunca o escuta. Produz esse sonho em um momento de sua vida em que vem conseguindo se posicionar melhor diante da mãe, começando a existir como alguém distinto dela. Está morando sozinho em outra cidade, onde faz faculdade, saindo à noite com amigos. Terminou um namoro de muitos anos, sentindo-se muito mais livre e seguro. Diante de todas as mudanças na sua vida, sua mãe se mostra resistente e contrária. Segundo ele, a mãe só suporta que ele esteja distante por acreditar que ele voltará a morar com ela quando a faculdade terminar.

Ocorre nesse sonho a realização de desejos: calando o cachorro, ele cala a mãe. A raiva que sentia (ou sente) da mãe, sufocada durante a vigília, pôde aparecer no sonho deslocada para a figura do seu cachorro. Por um lado, sentiu-se angustiado por ter sido agressivo; por outro, aliviado por conseguir "dar voz" ao que era dele. Trata-se, então, de um sonho de angústia, sem deixar de ser realização de desejo, no qual os conteúdos que, num primeiro momento, seriam impossíveis de ser acessados pela consciência são trazidos para o espaço analítico, sendo, a partir daí, com acesso à consciência, ampliada a capacidade ligadora do Eu.

Os sonhos têm a peculiaridade de transformar seu conteúdo de representações em imagens sensoriais. Para que isso aconteça, precisa haver um movimento regressivo na produção de um sonho:

> *Pensamos que essa regressão, sempre que ocorre, é um efeito da resistência que se opõe ao avanço de um pensamento em direção à consciência pela via normal, e da atração simultânea que sobre ele exercem lembranças de grande vividez sensorial. (FREUD, 1900/1969, p. 598)*

Um desejo, uma preocupação, pela via do Pc, se enlaçam com um desejo infantil inconsciente e recalcado, buscando, por meio do sonho, tornar-se consciente.

Um sonho nessa época de construções freudianas sempre é realização de desejo, mesmo que acompanhado do sentimento de angústia. Freud dividiu o sonho em dois grupos: os que aparecem abertamente como realização de desejo, em que o que está no inconsciente coincide com os desejos do consciente, e aqueles em que essa realização de desejo é irreconhecível, dissimulada com todos os meios. Nestes, ocorre a obra da censura, que é imposta pela resistência. São sonhos que sofrem deformação, pois o desejo progrediente do inconsciente não pode ser percebido durante o dia. Nos sonhos em que há desprazer e angústia, ocorre discórdia entre Ic e Cs. Os sonhos desprazerosos podem ser também "sonhos de punição", mas sem deixar de ser uma realização de desejo, como um desejo inconsciente que não é oriundo do recalcado, mas do Eu inconsciente. Os sonhos de punição indicam a participação maior do Eu, porção do Eu inconsciente que é pré-consciente.

Esses conteúdos surgem mais facilmente com pressuposto contrário, quando os pensamentos dos resíduos diurnos são de satisfação, mas expressam satisfações proibidas, exigindo que o sistema Pc atue equilibrando o que está no Ic com os conteúdos Cs, para que possa aparecer de forma mais aceitável.

Observa-se, na formação do sonho, que ele é construído de material e acontecimentos recentes, que podem parecer impressões indiferentes (resíduos diurnos) que ingressam em seu conteúdo como substitutos dos elementos mais antigos, porque são, ao mesmo tempo, os que menos têm a temer da censura imposta pela resistência. Essa negociação entre os sistemas oferece ao inconsciente algo imprescindível: *o ponto necessário de união para a transferência*.

Só compreenderemos a negociação se tivermos presente o papel do desejo inconsciente e recorrermos à psicologia das neuroses. Esta nos diz que a representação inconsciente é incapaz, em si, de ingressar no pré-consciente e que só consegue atuar nele unindo-se a uma representação inofensiva, já pertencente ao pré-consciente, para a qual transfere sua intensidade e que serve para encobri-la. É a transferência que explica tantas ocorrências notáveis na vida psíquica dos neuróticos (FREUD, 1900/1969, p. 614).

Da mesma forma, os sonhos em formação, enquanto realização de desejos, buscam substituir as representações penosas por representações contrárias e recalcar os afetos desprazerosos correspondentes. Em uma sorte de comunicação preliminar, traremos proposições de Jean Laplanche a respeito do sonho, que serão complementadas ao longo do texto, por exemplo: "esse fragmento tão surpreendente de nossa vida, cria para ele algo que, desde sempre, surgiu como eloquente e, ao mesmo tempo, é alheio a nossa vontade em geral" (LAPLANCHE, 2015, p. 66). Laplanche aporta duas questões: a comunicação do sonho, especialmente no tratamento analítico, e o sonho como comunicação em sua especificidade inter-humana.

Os Três ensaios *e a sexualidade humana, inter-humana*

Em 1905, Freud publica *Três ensaios sobre a teoria da sexualidade*, um dos principais textos da teoria psicanalítica, o qual contou com edições revisadas e modificadas num período de vinte anos. Nesse momento, Freud faz o diálogo entre os fenômenos observados em sua clínica – as psiconeuroses – e os aspectos da sexualidade humana, da biologia, da fisiologia, da química, compreendendo associações causais com as experiências sexuais infantis. O desenvolvimento psicossexual é abordado, então, a partir de uma ideia ampliada de sexualidade, presente desde o início da infância, e chegando à vida adulta, quando é possível analisar os desvios, os sintomas, a vida anímica da patologia ao constitutivo.

Freud faz uma análise da teoria da sexualidade humana a partir dos comportamentos perversos, dos desvios da sexualidade com fim reprodutivo, para então compreender o desenvolvimento constitutivo. Nessa análise, refere o trabalho da puberdade como intimamente ligado ao desenvolvimento sexual infantil, sendo um equívoco supor que a vida sexual só inicia na puberdade. Com isso, Freud inaugura um conhecimento à humanidade, desvendando a sexualidade infantil e o desenvolvimento do aparelho psíquico, do aparelho sexual.

Um estudo aprofundado das manifestações sexuais da infância provavelmente nos revelaria os traços essenciais da pulsão sexual, desvendaria sua evolução e nos permitiria ver como se compõe a partir de diversas fontes (FREUD, 1905/1969, p. 163).

Para falar de sexualidade ampliada, Freud utiliza o conceito "pulsão sexual" para diferenciar de *instinto*, um representante psíquico de fontes internas de estimulação, sem qualidade, "uma medida da exigência de trabalho à vida anímica" (p. 159). Trata-se de um trabalho da vida toda, de um trabalho psíquico inaugurado por outro, que excita e satisfaz o sexual na vida anímica por meio das zonas erógenas, estimuladas a partir dos cuidados rotineiros ao bebê (amamentação, trocas) e pelos afetos trocados (carinhos, beijos).

A mãe provavelmente ficaria horrorizada se lhe fosse esclarecido que, com todas as suas expressões de ternura, ela está despertando a pulsão sexual de seu filho e preparando a intensidade posterior desta (p. 211).

O sexual instaurado pelo outro sedutor na vida anímica impõe trabalho ao bebê, que satisfaz, sente prazer e/ou alívio do desprazer (tensão), por meio de manifestações como as chamadas *autoeróticas*. Nesse sentido, Freud descreve a pulsão como dirigida ao próprio corpo, e não ligada a outra pessoa – como o ato de chuchar, a masturbação... Essas manifestações da sexualidade infantil denunciam o polimorfismo da pulsão sexual, que, assim, é entendida tendo em vista as três condições descritas por Freud: "nasce apoiando-se numa das funções somáticas vitais, ainda não conhece nenhum objeto sexual, sendo autoerótica, e seu alvo sexual acha-se sob o domínio de uma zona erógena" (p. 172).

Considerando as condições somáticas da criança, o sexual infantil é parcial, não pode ser genital. Dessa forma, essa sexualidade ampliada é definida por Freud em sua disposição perversa polimorfa, sendo excitada e satisfeita por qualquer órgão físico. Como tal, a excitação em excesso pode provocar sensações desprazerosas, que, para serem suprimidas, "despertam forças anímicas contrárias (moções reativas)" (p. 168), os chamados *diques*: o asco, a vergonha e a moral. Falamos aqui de trabalho psíquico entre o sexual e a civilização.

Até agora, destacamos como características da vida sexual infantil o fato de ela ser essencialmente autoerótica (seu objeto encontra-se no próprio corpo) e de suas pulsões parciais serem inteiramente desvinculadas e independentes entre si em seus esforços pela obtenção do prazer. O desfecho do desenvolvimento constitui a chamada vida sexual normal do adulto, na qual a obtenção de prazer fica a serviço da função reprodutora, e as pulsões parciais, sob o primado de uma única zona erógena, formam uma organização sólida para a consecução do alvo sexual num objeto sexual alheio (p. 186).

Esse primeiro momento do desenvolvimento psicossexual é entendido como organizações pré-genitais da vida sexual, tendo em vista que as zonas genitais ainda não assumiram seu papel preponderante. As satisfações sexuais parciais devem passar, então, pelo importante processo psíquico de recalcamento, quando as satisfações são negociadas e adequadas às exigências sociais. Para tal, é necessário que haja um apaziguamento das pulsões sexuais, momento que Freud denomina *latência*.

Ao final da latência, chega-se, então, às transformações da puberdade, momento em que as pulsões sexuais retomam sua intensidade, o trabalho da adolescência. Nesse momento, Freud refere uma corrente de ternura da vida sexual que, após o recalcamento, lida com escolha de objeto da adolescência, que é diferente, mas ainda influenciada pela escolha de objeto da infância.

A escolha de objeto da época da puberdade tem de renunciar aos objetos infantis e recomeçar como uma corrente sensual. A não confluência dessas duas correntes tem como consequência, muitas vezes, a impossibilidade de se alcançar um dos ideais da vida sexual – a conjugação de todos os desejos num único objeto (p. 189).

Até a puberdade, "a pulsão sexual era predominantemente autoerótica; agora encontra o objeto sexual" (p. 196). Essa frase resume o trabalho psíquico da adolescência. A vida sexual genital deve fazer convergir as duas correntes dirigidas ao objeto sexual e à meta sexual: a de *ternura* e a *sensual*. Assim, Freud articula a influência da vida sexual infantil para a vida sexual adulta, consolidada a partir da puberdade. Analisando o desenvolvimento psicossexual, Freud percebe a passagem da libido do Eu, presente inicialmente, para a libido do objeto: "o encontro do objeto é, na verdade, um reencontro" (p. 210). A libido do objeto infantil encontra-se ligada às figuras parentais, caracterizando o proibido incesto, e como tal deve ser deslocada para os demais objetos na puberdade.

Se *Três ensaios* constitui um documento testamentário da psicanálise sobre o polimorfismo da sexualidade humana, garantindo o passo para a desnaturalização dela e asseverando a plasticidade da libido a partir das inscrições que a mãe – aquela primeira e terrível sedutora – promoveu em seu rebento, também nesse texto desfilam a biologia, o etapismo, uma certa psicologia desenvolvimentista. Porém Laplanche, fazendo trabalhar Freud, resgata as intensidades da comunicação inter-humana, da prioridade do outro, e fornece um protagonismo à sedução: generaliza essa situação antropológica fundamental – novos fundamentos para a psicanálise.

Avatares da sedução em Laplanche

Em 1895, Freud propôs que cenas reais de sedução estariam presentes na gênese da histeria, tendo, assim, um fator determinante na etiologia das psiconeuroses. Nesse momento da sua obra, Freud fala em sedução por parte de um adulto em relação à criança. Ele elabora sua teoria a partir da escuta clínica das pacientes histéricas, e suas conclusões na época indicavam uma sedução no sentido de um abuso consumado por meio de propostas e/ou manobras sexuais. Essas cenas ou vivências eram traumatizantes para o sujeito e oportunizaram que Freud esquematizasse a teoria do trauma em dois tempos na tentativa de explicar o recalcamento.

Laplanche, baseado em Freud, diz que, na teoria do trauma,

> *nada se inscreve no inconsciente humano, a não ser na relação de ao menos dois acontecimentos, separados no tempo por um momento de mutação que permite ao sujeito reagir de outra forma do que na primeira experiência, ou, melhor, reagir à lembrança da primeira experiência de outra forma do que reagiu à própria experiência. (1992, p. 120)*

O primeiro tempo, o da sedução propriamente dita, foi caracterizado por Freud como o tempo do acontecimento sexual externo, "factual", um tempo de experiência sexual prematura. Freud também o chamou de *tempo do terror*. Segundo Laplanche, um tempo "no qual uma criança mais ou menos pequena é confrontada passivamente com uma irrupção da sexualidade adulta. A criança em questão, nessa sedução que definimos como infantil, está sempre num estado de imaturidade, de incapacidade, de insuficiência em relação ao que lhe acontece" (1992, p. 114). De acordo com Freud, nesse primeiro tempo, o sujeito despreparado é confrontado com uma ação sexual cujo significado ainda não pode ser entendido. O acontecimento ficaria em suspenso no aparelho psíquico, "guardado" como uma lembrança sem estatuto tópico. Essa lembrança por si só não é patológica, nem traumática, só se tornando traumática pela revivescência, quando uma segunda cena aciona por associação a primeira. Na oportunidade de uma segunda cena, o sujeito, diante de novas e mais elaboradas possibilidades psíquicas, funcionará como fonte de energia autotraumatizante; afinal, o que desencadeia o trauma não seria a cena propriamente dita, mas a lembrança. Nesse segundo tempo, o sujeito teria condições de ressignificar a sedução vivida na infância, e o destino desse tempo autotraumático seria o recalcamento.

Para Freud, o adulto em questão na cena da sedução é um adulto perverso. "Enquanto sustentou sua teoria (de 1895 a 1897) não desistiu do caráter perverso daquele que chama, de forma sistemática, o 'pai da histérica'" (LAPLANCHE, 1992, p. 116). Laplanche resgatou a teoria da sedução de Freud e considerou esta um dos pontos fracos do desenvolvimento freudiano, já que Freud ficou restrito à realidade factual e se limitou a pensar nas questões patológicas. Na Carta 69 a Fliess, Freud diz não acreditar mais nas suas histéricas, por não encontrar a realidade factual da sedução infantil. A teoria da sedução é "recalcada" por Freud e, quando repensada e ampliada por Laplanche, torna-se eixo das suas considerações, fundamentando o desenvolvimento da *teoria da sedução generalizada.*

Laplanche denomina a teoria de Freud como teoria da sedução restrita e considera que o pai perverso da teoria freudiana teria cedido lugar à mãe sedutora, que seduziria ao se encarregar dos cuidados precoces do filho (aquela mãe que ficaria horrorizada se soubesse que, ao cuidar, também seduz, citada por Freud em 1905). Embasado nesse elemento, Laplanche parte do que nomeou de situação originária para introduzir suas ideias. Essa situação se baseia no momento inicial de passividade da criança pequena diante do mundo do adulto ativo e sexualizado.

> *Mas este mundo adulto não é um mundo objetivo que a criança teria que descobrir e aprender, como aprende a andar ou manipular as coisas. Caracteriza-se ele por mensagens no sentido mais amplo do termo (linguísticas ou simplesmente linguageiras: pré*

> *ou paralinguísticas), que interrogam a criança antes que ela as compreenda e às quais deve dar sentido e resposta, o que é uma só e mesma coisa. (1992, p. 133)*

Essas mensagens emitidas pelo adulto são traumáticas para a criança, na medida em que vinculam um sentido por ele ignorado, e Laplanche introduz o termo "sedução originária" para explicar essa situação inicial, fundamental e universal em que o adulto propõe à criança essas mensagens impregnadas de significações sexuais inconscientes.

A sedução originária é constitutiva e, segundo o autor, está baseada numa forma de comunicação inconsciente por meio de mensagens enigmáticas que o adulto envia, a partir do seu inconsciente recalcado, para a criança, que não tem condições de traduzir por ter um psiquismo ainda muito incipiente. O que define o enigma no conteúdo da mensagem é *o material inconsciente enviado pelo adulto na cena da sedução*. Esse adulto tem suas representações recalcadas reativadas quando se encarrega dos cuidados com a criança e veicula no conteúdo das mensagens significantes-dessignificados, representação-coisa, que ficarão como objeto fonte da pulsão no psiquismo infantil. Para Laplanche, essas mensagens endereçadas à criança serão implantadas ou intrometidas pelo adulto no psiquismo infantil. De acordo com o autor, a implantação seria um processo normal e cotidiano de transmissão das mensagens, um processo neurótico e possível de ser assimilado e posteriormente traduzido. A intromissão seria sua variante violenta, com capacidade traumática e imetabolizável, gerando marcas excessivas, que ficam desligadas no aparelho psíquico e com menos possibilidades de tradução. Para Laplanche, essas mensagens podem gerar um fracasso radical na tradução e culminar no que o autor chamou de "inconsciente encravado", sendo a principal defesa desse aparelho não a tradução e o recalcamento, mas a recusa (*Verleugnung*). Nesse sentido, estaríamos diante de estruturas mais comprometidas, organizações não neuróticas.

As mensagens enigmáticas geram na criança uma tentativa de tradução e simbolização. Para isso é preciso que ela já tenha alguma capacidade simbólica de transformar e decodificar os enigmas que recebeu e que seguirá recebendo no futuro. Isso torna o ser humano autoteorizante e hermeneuta diante do trabalho psíquico de tradução e transcrição das mensagens. O enigma é infindável e propõe exigências de traduções ao longo da vida. Esse processo tradutivo tem como destino duas possibilidades: uma parte das mensagens não é passível de tradução e acaba gerando restos; essas sobras que não passam pelo processo refinado de simbolização vão constituir o inconsciente e a pulsão. Esse material sobrante e impossível de ser traduzido sofrerá a ação do recalcamento, e é nesse sentido que Laplanche resgata o papel ordenador do recalcamento originário, que cliva o aparelho psíquico e, portanto, resguarda um estatuto tópico ao material inconsciente, mantendo-o separado do restante do aparelho. Segundo Laplanche,

> *o inconsciente é aquilo que escapou a esse dar sentido que designo como tradução. Ele não é do domínio do sentido, mas constituído de significantes privados de seus contextos originais, logo, largamente privados de sentido e muito pouco coordenados entre si. (2015, p. 196)*

Assim, o autor postula a ideia de que as pulsões de vida e de morte estão na origem do inconsciente recalcado. Por outro lado, a parte traduzível das mensagens constituirá o Eu e o pré-consciente, considerando que aquilo que pode ser traduzido passa a ter condições de ser incorporado pelo Eu.

A tradução das mensagens e o recalcamento originário não se fazem em um só tempo, mas se dão, como no esquema do traumatismo, em dois tempos: no primeiro tempo,

> *a mensagem é simplesmente inscrita, ou implantada, sem ser compreendida. Como se fosse mantida sob a camada fina da consciência ou "sob a pele". Num segundo tempo, a mensagem é revivificada do interior. Ela age como um corpo estranho interno que é preciso a todo preço integrar, controlar. (p. 195)*

As primeiras traduções que a criança dá às mensagens adultas estão acompanhadas de defeitos (defasagem da criança em relação ao adulto, sujeito de inconsciente), primeiros recalcamentos ou recalcamentos originários. Nesse processo, a criança fará uma substituição significante ou metábole nas mais diversas modalidades que o termo possa abranger.

Essa metábole pode resultar em duas modalidades: *metáfora* ou *metonímia*. Na metáfora, esse corpo estranho interno que precisa ser integrado dará origem ao pré-consciente. Já na metonímia, haverá uma ligação de contiguidade. Tais modalidades não se encontram em estado puro; encontram-se mescladas entre si. Portanto, metáfora e metonímia se entrelaçam, formando um tecido simbolizante. Laplanche propõe: "É essa malha simbolizante que pouco a pouco permite arrancar de sua obscuridade algo do recalcado original" (1992, p. 141).

Pela invasão do conteúdo sexual do adulto, algumas mensagens sofrem um "atraso" na tradução, são decodificadas *a posteriori* em função do conteúdo traumático que contêm e da incapacidade de serem compreendidas no momento que ingressaram no aparelho psíquico infantil. Freud chamou de *trauma em dois tempos*, enquanto Laplanche renomeou de *après-coup*, dando a ideia de um segundo golpe. O *après-coup* seria um acontecimento traumático tardio em busca de um sentido, de uma tradução. O modelo do *après-coup* é a possibilidade de traduzir o enigma do outro, é dar sentido tardiamente, como no processo de análise – no qual o paciente nos procura com enigmas e, a partir da escuta analítica, vamos propondo interrogações e hipóteses, na tentativa de reconstruir um sentido que até então permanecia enigmático, desconhecido para o paciente, sendo que o sentido será dado pelo paciente *a posteriori*.

Lembro de compartilhar alguns fragmentos de um caso pela questão das invasivas e intromissões. Aos 17 anos, Luan procurou análise como tentativa de entender o que vinha se passando e na esperança de que um dia pudesse voltar a dormir normalmente. Há meses, ele não conseguia conciliar o sono de forma tranquila e, quando dormia, era atacado por pesadelos terríveis. A única saída que teve para lidar com o ataque do pulsional foi elaborar estratégias reais e comportamentais que o mantivessem em vigília (manter luzes acesas, programar despertador para impedir que dormisse por muitas horas e tivesse pesadelo etc.). Diante da fragilidade do Eu, o conteúdo pulsional progredia sem que Luan tivesse condições de defesa.

Nos pesadelos, apareciam os traumatismos, os excessos, o conteúdo que não podia ser traduzido e, que sem ajuda, não tinha como ser integrado na malha de tradução egoica. O conteúdo dos pesadelos consistia em fugas, perseguições e mortes violentas. À noite, tinha medo dos pesadelos e, durante o dia, ficava capturado pelo medo de altura, de lugares fechados e de falar em público. Luan sentia-se em risco, um sentimento de perseguição interno, mas projetado no outro como forma de não enlouquecer, uma tentativa de tornar externo aquilo que o atacava de dentro para se proteger. Na análise, o vínculo foi ambivalente e por vezes atacado;

às vezes eu o ajudava, e, em outras, minha presença representava o outro que ameaçava, que poderia se intrometer, e ele precisava se afastar. Em diversas sessões silenciava, mas sempre comparecia.

No seu histórico infantil, o pequeno Luan escutava o choro dos bonecos e super-heróis que enfeitavam as prateleiras do seu quarto, denunciando momentos iniciais de possível cisão com a realidade. Sua história pregressa com pai e mãe? Assustadora, aterrorizante! Daquelas histórias em que o adulto diante da sua alteridade não assegura, não traduz, não acalma, intromete! A mãe traduzia os dias ensolarados como chuvosos na tentativa de manter o filho "na barra da sua saia", batia para "educá-lo", entrava subitamente no quarto e banheiro para verificar o que Luan estava fazendo. A figura da mãe o amedrontava e lhe causava pânico.

Nos pesadelos, muitas vezes, aparecia esquartejando a figura materna e paterna, o parricídio consumado sem deformação alguma, e Luan acordava se esvaindo em angústia. A intromissão aparecia na clínica sem possibilidade de tradução pela violência com que ingressou no psiquismo de Luan. Na puberdade, surgiram questões relativas ao gênero, e seus relacionamentos sempre foram homoafetivos, mas nunca puderam ser assumidos diante da família, sempre apresentados como amigos aos seus pais. Esses relacionamentos também não eram "assumidos" por Luan como relação de amor e de desejo. O trabalho de análise se deu com a proposta de ofertar sentido e ligação para todo esse conteúdo de caráter desligado.

Em tempos de narcisização...

Nos aportes de Silvia Bleichmar, buscaremos resgatar e salientar a trajetória percorrida no início da vida pelo sujeito psíquico – destinos da pulsão, destinos do sujeito.

Bleichmar ocupou-se em construir uma teoria que desse conta das origens, que tratasse da constituição da tópica psíquica e dos movimentos de fundação do inconsciente. A autora afirma que o inconsciente não está presente desde o início da vida e que seria um produto do recalcamento originário e da relação sexualizante com o outro humano, tema que foi pouco desenvolvido por Freud e seus sucessores.

Seguindo essa vertente teórica, entendemos que a criança quando nasce está desprovida de psiquismo, possui somente capacidades adaptativas e necessidades conservativas. É a partir dos primeiros contatos com o adulto que se instauram algumas marcas que futuramente farão parte do seu psiquismo. Inicialmente, o bebê não tem condições de entender e decifrar o que é percebido e sentido por ele. Nesses primeiros tempos, as sensações ainda são corporais e invadem o bebê em forma de quantidades a partir dos cuidados exercidos pelo outro no corpo. Essas quantidades são traumáticas para a criança e, relembrando o que abordamos anteriormente no modelo do Projeto proposto por Freud, jamais poderão ser reduzidas a zero.

Bleichmar adverte:

> *Esta energia somática que se torna psíquica é efeito da intervenção materna que ao se encarregar dos cuidados com a cria promove um encontro com o objeto sexual inicial. É este objeto, em princípio, que inunda de uma energia não-qualificada propiciando, no real*

> *vivente, um traumatismo, no sentido extenso do termo, já que rompe algo da ordem somática pelas linhas do sexual. (1994, p. 23)*

Depois que ingressam no aparelho psíquico, essas quantidades de energia deixam de ser apenas quantidades e passam a ter outro estatuto, tornando-se energia sexual, pulsão, e precisando encontrar modos de circulação e ligação para que não tenham como único destino a descarga motora. Esse *plus* traumático exigirá um processamento psíquico, visando encontrar vias de descarga ou de ligação dessas quantidades excedentes.

Esse encontro com o outro produz no psiquismo infantil registros, marcas, gerando as primeiras inscrições ou, como referimos acima em Freud, os signos de percepção que, em um complexo processo, darão origem ao inconsciente, inaugurado pela ação do recalcamento originário.

De acordo com as teorizações de Bleichmar, o recalcamento originário funcionará como "um verdadeiro reordenamento, de estabelecimento de legalidades específicas das quais a história adquire sentido" (1993, p. 199). A autora esclarece que o recalcamento atua sobre aquilo que é parcial, autoerótico. O recalcamento originário age sobre aquelas primeiras inscrições, fixando-as no inconsciente e dando origem às representações-coisa. Essas inscrições sexualizantes vão sendo implantadas no psiquismo da criança e inscritas pelo adulto nos momentos em que este se encarrega dos cuidados com o corpo do bebê. Essas inscrições de alta voltagem sexual são emitidas desde o inconsciente recalcado do adulto e, por isso, sem que ele saiba que está enviando, ingressam na criança desprovidas de sentido, dando origem ao pulsional desligado, uma energia sexual ainda sem ligação psíquica. Aqui, Bleichmar sustenta-se na teoria da sedução generalizada de Jean Laplanche e a amplia, dizendo que também caberia a esse adulto que sexualiza ofertar possibilidades de ligação dessa energia sexual que ingressa no pequeno ser de forma tão anárquica. Ao mesmo tempo que o adulto oferta elementos que constituem o inconsciente e que são promovidos por meio de inscrições sexualizantes, o Eu da criança também será constituído por meio dessa relação, do Eu e do narcisismo desse adulto. A essa dupla função, Bleichmar atribui o nome de *duplo comutador*, propondo assim que, por um lado, a mãe invade, a partir do seu próprio inconsciente, quantidades desligadas de energia que excitam a criança, e, por outro, a partir do seu Eu e narcisismo, oferta condições para que essas quantidades desligadas encontrem modos de circulação e fixação no inconsciente.

Para exemplificar esse "duplo" da função materna, Bleichmar nos convoca a pensar no momento da amamentação, em que, a partir do seu inconsciente, a mãe sexualiza o rebento, excita-o, no mesmo momento que ela,

> *provida de um Ego, capaz de investir narcisisticamente o bebê e não apenas de propiciar a introdução de quantidades sexuais pontuais não ligadas, acariciará as mãozinhas, sustentará a cabeça com delicadeza, acomodará as pernas da cria, gerando a partir disto vias colaterais de ligação. A representação totalizante que o bebê adquire no interior dos sistemas do narcisismo egoico materno será o que permitirá que a pulsão, intrusiva, atacante, encontre de início formas de ligação por vias colaterais. (1994, p. 27)*

Essa possibilidade é ofertada por uma mãe que, a partir de seu narcisismo transvasante, consegue investir amorosamente seu bebê e percebê-lo como um sujeito separado de si, proporcionando que essa criança, ao ser identificada, posteriormente se identifique com uma imagem unificada e totalizante de si. É a partir do olhar da mãe que a criança vai descobrindo quem é, que valor tem, como é. Nesses primeiros tempos, estamos no terreno constitutivo das identificações primárias.

Essas funções maternas de excitação e ligação têm desdobramentos, e, segundo Bleichmar, o que entra como excitação por meio dos cuidados autoconservativos estaria ligado à fundação do psiquismo da criança, dando origem à pulsão e à sexualidade. Apoiada em Laplanche, a autora chama de *sedução originária* esses momentos em que o adulto emite inscrições sexualizantes a partir do seu inconsciente e que são implantadas – na melhor das hipóteses – ou intrometidas, em sua versão mais violenta, no psiquismo infantil. Essa relação adulto/bebê é uma relação assimétrica – um adulto ativo e sexualizado diante de uma criança inicialmente passiva –, e é justamente essa assimetria que define a sedução.

Outro desdobramento relacionado ao duplo comutador estaria vinculado à função ligadora da mãe, que, ao investir amorosamente seu bebê, auxilia na constituição do Eu e do narcisismo, permitindo, assim, que se instaure o recalcamento originário e que, dessa forma, ocorra uma clivagem na tópica, o que possibilita o surgimento dos sistemas psíquicos diferenciados: inconsciente, pré-consciente, consciente.

Antes da clivagem da tópica e da complexa instauração do recalcamento originário, a criança não consegue abdicar da satisfação pulsional, das demandas imperiosas em tempos de autoerotismo, quando o infante encontra plena satisfação no próprio corpo – o objeto não é contingente. A criança recusa a satisfação pulsional anal-oral por medo de perder o amor dos pais. Bleichmar ilustra essa passagem com o exemplo do controle esfincteriano: como sabemos, os esfíncteres são controlados antes do recalque do prazer de contato com as fezes; por isso, a criança pode estar no banheiro com outras crianças sem sentir nojo pelas fezes delas. Há um espaço entre o controle de esfíncteres e o nojo, e esse prazo está dado por um momento que é de renúncia, e não de recalque. A criança proíbe a si mesma um prazer ligado às fezes por amor à mãe, por amor ao outro (2005, p. 119).

Em um segundo momento do recalcamento originário, essas renúncias terminam de se consolidar e são efetivadas pela criança por amor a ela mesma, e não mais aos pais. O recalcamento instaurado e operando com êxito fixa nos fundos do psiquismo aquilo que perturba e deixa o aparelho livre para seguir se complexizando com seus investimentos libidinais, abrindo caminho para que as instâncias secundárias e os ideais se constituam, possibilitando a vivência do complexo de Édipo. Remetemos aos aportes de Bleichmar sobre o conceito de identificação enquanto a "operação fundamental que origina as condições para instituir a subjetividade, propiciando os requisitos da constituição psíquica" (2015, p. 69).

As vivências edípicas são experienciadas pelos sujeitos de forma singular, mas geralmente sentidas por meio de desejo, amor e ódio por ambos os pais, e esses sentimentos não podem ser acessados pela consciência, pois causariam desprazer ao Eu e precisariam ser secundariamente recalcados. Nesse momento, estamos diante de recalcamento secundário, que funciona como um selo para aquelas primeiras renúncias recalcadas originariamente.

As identificações secundárias têm um papel importante nesse cenário constitutivo; afinal, é nesse contexto que o sujeito, podendo se identificar com pai e mãe, internalizará seus atributos e abrirá mão do objeto de desejo incestuoso/parricida. Em Freud, na medida em que se identifica com o pai, o menino tentará ser como ele, forte e inteligente, e buscará encontrar uma futura namorada com atributos que lembrem a mãe, mas essa pode ser "abandonada" por amor aos pais e a si mesmo. Nesse sentido de recalque do desejo incestuoso/parricida, também abre passo para pensar nas questões do Supereu, que consolidam sua instauração como herdeiro do complexo de Édipo, mas seus germes se dão nos inícios da constituição da tópica psíquica. Podemos rastrear suas origens, junto à constituição da ética, desde as primeiríssimas renúncias propostas pelo adulto para a criança, dos primeiros e pequenos "nãos", até o grande e soberano interdito do: "Você não pode ter a/o mamãe/papai!".

Bleichmar foi estendendo suas ideias também para o trabalho com adultos, principalmente em situações em que o recalque falha ou se apresentam fragilidades do Eu pela falta de ligações e simbolizações no psiquismo. Ela introduziu, para a psicanálise, a possibilidade de repensar a clínica em pacientes não neuróticos, embora sempre tenha considerado os quatro eixos básicos da psicanálise. Sua proposta é de que possamos avaliar, metapsicologicamente, nossos pacientes, determinar diante de que estrutura psíquica nos encontramos e se estamos diante de sujeitos psiquicamente constituídos ou não e, assim, traçar as formas de intervenção.

Bem, assim deveria ser, pois estamos partindo de um modelo de constituição psíquica, mas e quando aparecem falhas? A autora propôs cercar a origem e o destino das primeiras inscrições, o que definirá os destinos da constituição do sujeito.

Sendo a adolescência um momento de revivescência do infantil, época de muitas transformações hormonais, físicas e psíquicas, fase de intensos conflitos internos e externos, percebemos jovens com bastante sofrimento e angústia, fazendo a travessia para os tempos da vivência adulta desamparados. E se pensarmos em quanto tempo do *après-coup* do sexual/infantil, do parcial? Se nos interrogarmos como se formaram os primeiros tempos, os primeiros anos desses sujeitos, os tempos de constituição desses adolescentes?

A propósito dos caminhos percorridos pela libido no psiquismo, Moreno Garcia propõe:

> *Portanto, referimo-nos à qualidade de plasticidade da libido em oposição à tenacidade com que a libido se adere a objetos, esta adesividade impedindo o processo de abandono e de substituições daqueles objetos primários por substitutos em um trabalho de luto a serviço da vida, vida afora. As condições de um Eu que orquestre, mas sobretudo que garanta a fluidez da libido, viabiliza a complexidade dos processos identificatórios: perdas/separações dos objetos = ganho no Eu, ganho de Eu. (2020, p. 101)*

Nossa ideia de trabalhar a constituição é para cercar as possíveis falhas que contribuem para o incremento das patologias mais graves, como as passagens ao ato, as escarificações, as ideações suicidas nos adolescentes e jovens que nos procuram para atendimento. E também para percorrer as condições do sujeito para os lutos necessários, as separações, as perdas garantidoras de possibilidades, a partir de renúncias, de substituições dos objetos de amor e de desejo em tempos do alvorecer adolescente.

Em Arthur: não sei

Arthur é um adolescente de 12 anos que, pouco antes de seu último aniversário, anunciou aos pais sua identidade de gênero não binária, o que se tornou o motivo da busca de atendimento. Para Arthur, a busca de um espaço privado para explorar-se; para seus pais, um suporte visando à compreensão da situação.

Em atendimento, Arthur demonstra-se silencioso, com verbalizações breves, quase monossilábicas e usando frequentemente a expressão "não sei" em seu discurso. Assim, é possível pensar sua identificação – além da identidade de gênero – a partir da negativa, a partir do "não", do que não se é, como início de processos identificatórios para quem se é, um vir a ser. Em análise, esse vir a ser pode ser progressivamente identificado, metabolizado e transformado, fortalecendo as identificações do Eu. Após alguns meses de análise, Arthur manifesta identificar-se como um menino trans, passando então para uma identificação na afirmativa de quem se é.

No texto "Do sexual infantil à bissexualidade psíquica", Moreno Garcia e Paim Filho propõem:

> *Podemos, sim, sustentar a realidade de dois sexos, anatômicos, mas não o da bissexualidade, pelo menos não a bissexualidade psíquica, estruturada em estágios de caráter evolutivos e, portanto, restritivos, que desde o infantilismo da sexualidade fazem de sexo qualquer recôndito do corpo. Diante desse hipotético saber, é impossível trabalhar com esse binarismo reducionista do sexual. Ignorando sua extensão, estaríamos diante de uma banalização do binarismo (bi-sexual) versus polimorfismo deste sexual. (2017, p. 126)*

A busca de atendimento atrelada a uma identidade de gênero trans vai se dissipando e, para Arthur, outras questões precisam ser manifestadas e compreendidas. É necessário tolerar os longos silêncios de Arthur, junto a ele, para que manifestações de angústia sejam compartilhadas – como sensação de falta de ar, palpitação cardíaca, manias de organização, autolesões com cortes. Tais sintomas, ao serem compartilhados pela primeira vez com outra pessoa (no caso, a analista), puderam ser entendidos e nomeados pelo paciente como manifestações de angústia. Até então, Arthur vivia solitariamente essas sensações, buscando abafar o afeto na tentativa de ignorá-las, como se não existissem. Na contratransferência, sente que minha presença pode ser ignorada, como se não houvesse expectativa de algo novo a ser vivenciado, como se Arthur vivesse narcisicamente sua vida anímica, de forma autoerótica, rejeitando o que vem de fora, do outro.

A relação com seus pais parece marcada por ambivalências inconscientes: ao mesmo tempo que ama/admira, odeia/despreza. Apresenta certo esforço para manter o pai na posição amada e a mãe no alvo de sua raiva, apesar de ambos os afetos serem vividos na clandestinidade psíquica. Esse esforço faz pensar nos enigmas de como os primeiros tempos foram vivenciados por Arthur. Será que as mensagens maternas foram demasiado intrusivas? Essa hipótese vem sendo explorada em análise, junto com episódios familiares atuais relatados em sessão – como "ela (a mãe) não escuta". Ao buscar reprimir aquilo que vivencia psiquicamente, a angústia emerge, e, na falta de possibilidade tradutiva, Arthur vem se cortando. Relata alívio nesses momentos. Parece que, quando se corta, corta a mãe e apazigua a raiva que sente. Como ato parricida, ao mesmo tempo que esconde as marcas dos cortes, deseja que sejam vistos. Deseja ser desejado, ao mesmo tempo que nega que deseja.

Tal hipótese levantada refere a um momento psíquico de fusionamento, em que o Eu se encontra ainda atrelado ao objeto, sem possibilidade de reconhecimento do Eu não Eu. Seu desejo é de plena satisfação, puro prazer, sem a necessidade de comunicação dos seus desejos. Além disso, o desejo não pode ser direcionado ao outro, ao objeto de desejo, e retorna para si mesmo. O trabalho da adolescência, assim como o da análise, é necessário para Arthur perceber a si próprio, buscando simbolizantes por um Eu, perceber o outro e, então, viver a alteridade.

No texto "Dissidências sexuais e gênero em psicanálise", Moreno Garcia afirma:

> *Então, quando um psiquismo consegue se estabilizar em órbita de um modo de constituição de identidade ou com uma forma de exercício de vida amorosa e cartografia do desejo, temos, então, o caráter da alteridade enquanto definidor, constitutivo deste complexo identitário, somando-se a isto as possibilidades metabólicas e transformadoras deste psiquismo frente às intensidades que ingressaram ao longo deste histórico-vivencial. (2019, p. 53)*

Fragmentos de Marcela

A fim de buscar parâmetros metapsicológicos para compreender a constituição do Eu e o obscuro na clínica adolescente, além das dificuldades que interferem no processo de complexização psíquica, citaremos vinhetas da paciente a que demos o nome de Marcela.

Marcela é uma jovem colegial que traz como demanda inicial de seu tratamento um estranhamento em relação a quem é, uma sensação de despersonalização. No decorrer do processo, algumas questões revelam-se importantes em seu histórico-vivencial: a violência sofrida pelo abandono dos pais biológicos e a adoção feita por pais bem mais velhos que não conseguiram se ocupar nem dela, nem da irmã gêmea – idêntica a partir do real.

Em seus relatos, desde muito pequena, sentia um estranhamento de tudo e de todos. Agora, na adolescência, o estranhamento fica potencializado, no sentido de não sentir que tem um lugar e nas atitudes promíscuas. Tem relações sexuais na rua com qualquer pessoa, até mesmo com o namorado da irmã. Nitidamente, não há escolha por parceiros, sem questionamentos. Ambas, ela e a irmã, trocam os namorados com o intuito de enganá-los, tendo relações sexuais "para ver como era" (*sic*). Fazem isso na mesma sala ou no mesmo quarto, assistindo-se, tamanha era a indiscriminação entre as duas.

Durante o tratamento, os pais mostram-se bem adoecidos, também em função da idade, confusos e sem saber como agir. Não acreditam no que Marcela diz, querendo "largá-la de mão" (*sic*). São muito resistentes ao processo do tratamento da filha, assim como ela.

Marcela se recusa a falar e a pensar no que lhe é oferecido. Fala muitas gírias que a analista não entende, fazendo parecer que são estrangeiras no tratamento. Nós entramos nas gírias, iniciando, assim, no auxílio a um processo de tradução de si mesma. Essa dificuldade de ter uma língua me faz lançar luz sobre a problemática dos sérios traumatismos sofridos.

Marcela apresenta uma impossibilidade nas tentativas ativas de tradução; o desamparo originário ao qual foi submetida pelo abandono dos pais biológicos e a questão gemelar, os tempos em instituições e a adoção por pais que não a compreendem nos dão indícios de que houve violências no processo de constituição do Eu, intromissões rebeldes à metábole, que justificam o estranhamento diante de si mesma, um não saber de si, o não domínio do próprio corpo e a não língua; uma demonstração de que Marcela não possui um lugar no mundo humano?

Tais intromissões vividas por Marcela não encontram uma localização no inconsciente e ficam à deriva, tal como Marcela, alguém que vaga por aí, como ela mesma diz, nas ruas, nas madrugadas, na noite, no tratamento em momentos que não pode ser entendida, nem se entender.

Marcela não pôde depender dos antigos objetos, ou seja, não foi suficientemente investida narcisisticamente, o que pressupõe que não houve qualidade nas primeiras relações objetais; assim, nos tempos de adolescente, não pode desinvestir desses objetos para constituir-se, permanece passiva sob fracassos de tradução em uma mensagem ignorada por ela mesma, significante enigmático, o eco, o resíduo desse outro.

Portanto, sem que haja possibilidade de transcrever sua história, não se apropria de parte significativa desta, o que não a coloca no horizonte saturante/simbólico e não outorga a ela possibilidade de memória, "construção de um passado" que possa advir do passado.

A intensidade dos acontecimentos na sua vida a pega desprevenida pela incapacidade em que se encontra como sujeito. Transtornos, afluxo de excitações sem possibilidades de uma evacuação que não seja através da descarga primitiva, nem vias colaterais que possibilitem maior equilíbrio econômico.

A convocação violenta do corpo em Marcela pressupõe a presença do traumático desestruturante, excesso pulsional transbordante que aparece dessa relação excessiva e violenta, principalmente com a alteridade interna. Esse encontro desestruturante e malsucedido com o "outro", o estranho, como ela se nomeia, suscita respostas defensivas precárias, como as passagens ao ato nas quais seu corpo é constantemente requerido ao mecanismo da compulsão à repetição.

Essa compulsão, efeito de algo sem representação no psiquismo, atua, encena algo que não pode ser respondido por Marcela, algo intraduzível que se encontra além da passividade originária, um intento fracassado que busca transformar a situação de dominação a qual foi imposta com atitudes extremas como resposta. Marcela tem relações sexuais com qualquer um e se coloca em situações de intenso perigo, ataca seu próprio corpo, abandona-se, desprotege-se; ela convoca-me a fazer o mesmo, a ficar desamparada e desprotegida, mostrando novamente que não sabe fazer diferente daquilo que viveu e sentiu.

Quanto aos pais, na impossibilidade de olhar para a menina, a adoção parecia cumprir a função de "fizemos algo de bom, ela deve nos agradecer" (*sic*). Mãe adoentada com fibromialgia, ocupada 24 horas por dia com suas dores, e pai envelhecido, tentando desdobrar-se entre mãe e filhas, exausto. Essa é a situação que se passa desde a adoção.

Na transferência, a convocação é por não a ouvir, não oferecer algo que a coloque a existir enquanto sujeito, não aceita frequência e chega atrasada, fazendo com que eu assista de camarote a seu agir compulsivo, atuações consigo mesma.

Aos poucos, vou acessando sua língua, trazendo-a para uma língua traduzida sobre si mesma. Não entendo que houve uma confusão de línguas, mas que, na vida de Marcela, foi algo da ordem do intraduzível, tanto para ela quanto para os pais biológicos e os adotivos, e, portanto, uma inadequação pela incapacidade tanto da criança quanto do adulto de pegar o que se passava nesse romance infantil.

De minha parte, sustento que, por meio daquilo que minha presença convoca, a sedução originária – fundamento da relação com o outro –, reatualizo a contradição do enigma – interrogação potencial –, retomando um produto marginal, que é a sexualidade. Para isso, é necessário oferecer contenções diante do que emerge, pois a potencialidade daquilo a que Marcela foi convocada traz um erótico irrefreável.

As contribuições de Marta Rezende Cardoso contemplam aspectos fundamentais da adolescência em torno da temática da violência e do disruptivo na totalidade da sua dimensão psíquica. Caberá ao Eu de Marcela transformá-la, para que não sucumba à destrutividade, tratando de colocá-la a serviço da vida. A vida psíquica deve transformar a energia bruta em fonte de vida e de morte (CARDOSO; MARTY, 2008).

O violento/disruptivo suscita um aprisionamento do psiquismo a um modo mais primitivo, sem intermediação, comportado pelo objeto interno e suas repercussões em relação ao objeto externo, sem acesso à alteridade e, consequentemente, à autonomia. É um estado de alienação, submissão relativa ao objeto interno ou "objeto único" (CARDOSO, 2006, p. 188).

A adolescência é o tempo em que a violência se apresenta e ocupa espaço, palco de um processo que traz um redespertar pulsional, uma conflitualização violenta entre pulsões e defesas, investimentos narcísicos e objetais. As cenas primitivas da infância se encontram potencializadas pela genitalidade pubertária, tempo em que podem irromper graves transtornos, como os de Marcela.

Nessa etapa, há transformações impostas pela puberdade hormonal fisiológica que trazem à tona a questão da sexualidade, de continuidade e de existência: como mudar e permanecer o mesmo, sem tornar-se um estranho a si? Esse novo corpo estranho que atrai olhares indica que mudou e reatualiza uma situação passiva. Ter que se apropriar desse novo corpo se torna vivência inédita imposta ao sujeito, em um importante momento de subjetivação.

Portanto, a adolescência não se estabelece apenas como uma fase de transição da infância para a idade adulta, mas em conflitos que pressupõem o risco de perder a sua continuidade e o sentido da vida. Trata-se de uma organização que dá um novo fundamento à sexualidade infantil – por *après-coup* – e ao que está por vir na vida adulta

Sustentamos, a partir de Bleichmar, a diferenciação entre constituição do psiquismo, como conjunto de variáveis que implicam certa universalidade para além de determinadas mudanças na produção de sujeitos históricos, e produção de subjetividade, como um processo da ordem histórica, social e política, as formas com as quais um sujeito se constitui como sujeito social. E agregamos também: com a bissexualidade psíquica acrescida da plasticidade na constituição do mosaico identificatório que retira do calvário da patologização as sexualidades contemporâneas.

Em seu potencial traumático, a adolescência é considerada por Bleichmar como uma situação limítrofe, por conta de seus limites internos e externos: investimento em novos objetos imposto pelo trabalho do luto e abertura às inaugurações. Quando esses limites são ultrapassados por uma excitação desorganizadora traumática, a saída pode ser a perda da capacidade de diferenciar dentro e fora, como nos apresenta Marcela, sem possibilidade de diferenciação.

A organização familiar é considerada uma importante fonte de desorientação subjetiva. A fragilidade de investimento afetivo geralmente se apresenta numa tendência à infantilização e, portanto, ao traumático e à irrupção do excesso pulsional. No caso dos pais de Marcela, sua ameaça ("vamos largá-la de mão") ressignifica o abandono que ela viveu nos primeiros tempos de vida.

O ato, a passividade, o delírio e o genital empreendem uma busca grandiosa por parte da psicanálise – tanto nas adolescências com dominância neurótica como naquelas com dominância não neurótica – pela verdade do sujeito expressa em sua subjetividade, em sua representação histórica e metapsicológica, considerando os processos de modificações identificatórias.

Freud dá vários saltos em relação aos estudos a respeito da bissexualidade psíquica, entendendo-a como um fator decisivo para chegar a uma compreensão das manifestações sexuais femininas e masculinas, mas também entende que ela está cercada por muitos pontos obscuros, principalmente no que se tratava do salto que há entre o corpo biológico, com toda sua bissexualidade, e o corpo pulsional – um percurso que parte do narcisismo, perpassado pelo Eu ideal ao Ideal do Eu, e culmina no Eu por meio de uma malha identificatória.

Paim Filho amplia a visão de uma disposição feminina originária, condição dada ao humano, inerente ao desamparo e à impossibilidade da cria humana de realizar a ação específica por si só, passividade originária. Dada essa condição, há necessidade por parte da cria de contenção e satisfação pulsional, aspectos que vão acontecendo mediante os destinos pulsionais narcísicos. Dessa forma se dá o processo defensivo e estrutural que possibilita a complexização do psiquismo.

Segundo Moreno Garcia e Paim Filho, o papel da identificação é primordial no processo de instaurar-se o narcisismo primário: receber uma demanda do outro, ser identificado (passivo) e, somente num segundo momento, receber o investimento no outro (ativo) – identificar-se. Portanto, narcisismo primário (Eu ideal/bissexualidade narcísica) e narcisismo secundário (Ideal do Eu/bissexualidade edípica) constituem o Eu. As falhas nesse processo identificatório resultam na obscuridade do aparato anímico e causam grandes prejuízos na etapa adolescente em que o *après-coup* se apresenta com maior nitidez nas traduções do originário.

Considerações finais

A adolescência em tempos obscuros e sombrios não poderia ser pensada em toda sua complexidade sem os aportes profundos da psicanálise. Por isso, nosso percorrido foi propondo um enlace desde os inícios de Freud até a escrita contemporânea de Laplanche, Bleichmar, Marta Rezende Cardoso, Moreno Garcia e Paim Filho, entre outros autores. Assim, podemos (res)significar nossa clínica com adolescentes e embasar nosso modelo de entendimento metapsicológico e clínico.

Adolescentes como Paulo, Luana, Marcela e Arthur, que nos procuram para atendimento com manifestações cada vez mais graves, convocam-nos a pensar: em termos de constituição, o que viveram em tempos primevos de autoerotismo, narcisismo, identificações primárias e secundárias, Édipo complexo? Esse adolescente hoje vive trancado/protegido no seu quarto, interagindo apenas por meio de jogos online; outros, sem a possibilidade de expressar suas dores, manifestam-nas por meio de cortes/escarificações na pele; outros transbordam em angústia e sentem-se inseguros, perdidos, miméticos e capturados em uma relação dual, nem mesmo sabendo quem são ou o que querem, denunciando deficiências na constituição e consolidação do Eu representação; ou ainda adolescentes impossibilitados de dormir pelos excessos vividos, impostos.

Como foram inauguradas suas relações de amor e de desejo, o processo das inscrições depositadas daquelas relações de objeto? Como viveram as perdas, as separações, as renúncias e até mesmo as aquisições/transformações? Como no caso de Paulo, que se trata de uma mãe sem condições de ver sua cria distinta dela e que, sem a possibilidade de ajudar a ligar e traduzir o material inscrito pela modalidade das intromissões, impossibilita Paulo de fazer suas próprias traduções e ligações, levando-o a ter dificuldade para dormir, insegurança e medo de ficar sozinho.

Assim, propusemos, por meio do estudo desses tempos adolescentes em suas obscuridades, promover um estudo reentrante, que nos ajude a convocar/instaurar os enigmas, a levantar os fantasmas, que investigue as falhas das transcrições, das traduções e da constituição como um todo. Lançamos luz sobre o período do adolescer, fase em que os conteúdos já vividos são potencializados, as marcas já inscritas podem tomar um caráter deletério ou destinar-se à vida. Que caminhos é possível tomar diante do que vem se apresentando na clínica adolescente contemporânea?

Entendemos que falar de adolescência é falar do sujeito desde seu início, é falar de tempos de resgate no *aprés-coup*. É historicizar, receber o indivíduo na transição para o mundo adulto e ajudá-lo com a despedida do infantil, entender toda a implicação e todo trabalho psíquico que isso demanda. A adolescência é transformação, modificação, tempo de perda e de luto daquilo que é conhecido, que desde cedo acompanha o sujeito, e, ao mesmo tempo, é época de aquisição, de integrar o "estrangeiro", o desconhecido ao Eu. É complexidade, contradição, ambivalência, mas também um possível tempo de metábole.

Receber um adolescente para tratamento sob a égide da psicanálise é inquietante, é trabalhar a individualidade de cada caso, mas sempre tendo como norte a via da transferência e contratransferência, quando nossa alma adolescente também é reativada. A transferência possibilita o encontro do passado e do presente, ofertando o caminho da ligação, da tradução, do compulsionar em direção a integrar ao Eu aquilo/aquele que um dia não foi, mas que pode encontrar meios de ser, de existir. A contratransferência mobiliza os conteúdos pulsionais daquele analista que já foi adolescente um dia e que sabe bem como esse momento pode ser maravilhoso e, ao mesmo tempo, dramático, violento e intenso.

Foi por aí que nossa jornada pelo mundo obscuro adolescente ingressou para fazer trabalhar os enigmas, buscando respostas. Contudo, nos deparamos com outros ainda maiores que parecem não ser respondidos, enigmas transformados em questionamentos, e, mais uma vez inspiradas em Freud, encerramos nossa produção não pretendendo defender convicções e certezas, mas sim produzir pensamento.

A partir deste estudo e considerando a força das repetições mortíferas que não são elaboradas, partimos para uma expedição rumo ao originário, passando pelas identificações primárias e secundárias, atribuindo a essa grande consideração as origens do sujeito psíquico, de forma que este possa ser olhado na adolescência, fase em que tais conteúdos potencializados tomam um caráter ainda mais deletério e apresentam-se em nossa clínica contemporânea.

Não podemos negar a importância de a psicanálise se ocupar da clínica adolescente, que ficou de certa forma abandonada, enclausurada por estudos que precisam ser aprimorados para entendermos o que se passa no adolescente contemporâneo, que nos traz uma demanda devastadora tanto de si quanto do ambiente em que vive, do qual também é prisioneiro e a clínica deve ocupar-se. Mas a clínica psicanalítica pautada por esse tempo adolescente do *après-coup* é muito distinta de uma clínica desenvolvimentista, das etapas cronológicas a partir das manifestações comportamentais, fruto das irrupções hormonais.

Ruptura e transformação. O que se perde? O que se transforma? Busca de si mesmo? Busca de identidade? Busca por separar-se das figuras parentais? O violento do corpo, a passividade, a falência dos recursos do Eu, as anorexias, as bulimias, as patologias adictivas, os enigmas... Uma jornada pelo mundo obscuro adolescente que nos faz ingressar para não sair; adentrar no enigma nos abre outros enigmas maiores, que não se propõem a ser respondidos, mas a abrir vias cada vez maiores para entender a clínica adolescente.

Nesse analista do adolescente, a adolescência convocando o analista – processo de tradução, de resgate no *après-coup* da transferência, da análise da contratransferência. Teremos, na investigação metapsicológica dos tempos da adolescência interpelados pela clínica, a presença do analista auxiliar de tradução, recapturando o passado atualizado na sofrência adolescente no presente e com vistas e escuta para que, com o trabalho analítico, o passado passe.

6. Melancolia e luto: o trabalho de vir a ser...

Ignácio A. Paim Filho e Raquel Moreno Garcia

> *Através dos cuidados do corpo, ela se torna a primeira sedutora da criança. Nessas duas relações [com o seio e com a mãe] enraíza-se o singular e incomparável significado da mãe, fixado de modo inalterável para toda a vida, como o primeiro e mais forte objeto amoroso e como protótipo de todos os relacionamentos amorosos posteriores – para ambos os sexos.*
>
> FREUD, 1940[1938]/2014, pp. 128-129

Diante dessa complexa proposição, enunciada em nosso título, muitas vezes silenciosa e invisível, vamos nos valer de uma produção cultural, o filme *Girl*, para exercitar um pensar clínico que tem a pretensão de fazer trabalhar nossas ideias metapsicológicas, agora no terreno da clínica. Destacamos "um pensar clínico", e não uma intervenção clínica, visando dar voz e alguma visibilidade ao enigmático trabalho do vir a ser.

Antes de começar a desenvolver nosso exercício clínico, julgamos que se faz necessário rabiscar alguns elementos que compõem a trama dessa jovem bailarina belga trans. A história de Lara começa a ser narrada quando ela chega com o pai e o irmão a uma nova cidade. Essa mudança é decorrente do desejo da protagonista de se tornar bailarina, aos 16 anos, em uma renomada escola de *ballet*, considerada uma referência no continente europeu. Sua admissão fica condicionada ao seu desenvolvimento, devido às suas particularidades: idade e corpo masculino em transformação para feminino. Portanto, ela deve enfrentar um alto nível de exigências. Lara topa o desafio entre o interno e o externo e segue em busca de efetivar seu projeto, independentemente dos sofrimentos infligidos ao próprio corpo – seus pés mutilados.

Em paralelo, vai se descortinando o seu processo "trans", entre o Victor que fora e a Lara que deseja ser. De um lado, os atendimentos médicos, que planejam e executam o tratamento – num primeiro momento, o hormonal, e, num segundo, a cirurgia de redesignação do sexo; de outro, sua inserção no universo feminino e masculino. Nesses territórios desconhecidos, depara-se com a curiosidade das meninas com seu corpo e, ao mesmo tempo, se vê compelida a aproximar-se dos meninos. Muitas inquietações e sentimentos silenciados. O que fazer?

Diante dessas várias demandas, Lara vai revelando suas angústias e como essas são mediadas pelo contexto familiar: o pai, o irmão Milo e...

Psicanálise aplicada: o pensamento clínico rompendo fronteiras da sala de análise

"Lara? Lara, Lara!" – assim, entre sussurros de interrogação e de exclamação, inicia-se a produção cinematográfica, possivelmente sublimatória, do diretor Lukas Dhont, inspirada na trajetória da bailarina Nora Monsecour. Do mesmo modo, iniciamos nossas considerações sobre essa estranha narrativa; seu nome repetidamente pronunciado evoca-nos algumas associações interrogativas: uma identificação? Um lugar a conquistar? Um anúncio do desejo de não silenciar? Um acordar para a vida? Essas considerações são construções ficcionais que não têm a pretensão de falar sobre a verdade histórica de Nora, mas tecer divagações sobre a personagem Lara,[1] nome de origem grega que estranhamente significa "muda", com suas verdades míticas: aquela que foi castigada pelo deus pai Zeus, tendo a língua amputada, por ter revelado para a deusa mãe Hera as traições deste. É a essas vozes – sussurradas, murmuradas, caladas – que ressoam na película que pretendemos emprestar a nossa voz, apesar de certo temor de nossas línguas serem cortadas.

Em uma sorte de aplicação do pensamento clínico a essa dramaturgia, pensamos o psiquismo sempre apreendido em seu *après-coup*. Lara, a princípio, se apresenta com uma expressão um tanto inexpressiva, num constante "tudo bem". Um sorriso-máscara? Acreditamos que sim, como se fosse possível um tempo adolescente sem conflito, sem violências pulsionais e hormonais; porém a cada cena, aos poucos, sua expressão ganha um tanto de dor, angústia, urgências – sofrimento. A vida se faz pulsante, os conflitos revelam a essência do humano. Sua adolescência, mais além/aquém do seu universo trans, vai revelando as agruras universais desse tempo, com suas singularidades. Tempo em que o corpo novamente se torna palco das vicissitudes pulsionais.

O misterioso interrogante – "quem sou Eu?" – adquire novos contornos e, com ele, a urgência da resposta que o ser adolescente

1 A proposição de fazer especulações sobre o nome de nossa personagem tem como estímulo a proposição freudiana, que transcende a questão do gênero: "O nome de um homem é um componente principal de sua personalidade, talvez mesmo da sua alma" (FREUD, 1913/1969, p. 138).

comporta de forma magistral. Temos em Lara uma apresentação dessa urgência, compatível com o mundo conceitual juvenil, por exemplo, na dificuldade de tolerar o tempo necessário para que os hormônios femininos produzam as modificações do seu corpo biológico. Essa urgência, como veremos adiante, irromperá agora de forma tanática: na mutilação dos órgãos genitais. Apresentação de uma falência do "trabalho do feminino"[2] (PAIM FILHO; QUADROS, 2008, p. 45) que nos constitui? Esse trabalho implica o inevitável e traumático ingresso do outro, com seus desdobramentos no conter, gestar e dar guarida e, nesse processo, tecer o pensamento, como meio de viabilizar ações simbólicas: jogo fecundo na bissexualidade, entre a passividade e a atividade – bissexualidade psíquica constituída pelo ingresso das representações das figuras parentais, cumprindo suas funções maternas e paternas em seu processo de hominização.

Nesse sentido, acompanhamos as ideias de Moreno Garcia, que assinala: "As identificações se inscrevem em dois eixos de diferenciação, a saber, concernentes ao eu e ao objeto – ao masculino e o feminino, por um lado e, via figuras de pai e de mãe, quem cumpra a função, por outro" (2020a, p. 98). Por esse caminho, destacamos as ideias de Chabert (2015), que propõe que, nas origens da psique, a dupla valência do masculino e do feminino está comprometida com a construção da realidade anímica: as representações inconscientes são constitutivas das identificações, com sua

---

2 Essa expressão remete ao trabalho de ligação das demandas pulsionais, ação contínua e descontínua que se faz entre a passividade para deixar-se penetrar pelo outro e uma atividade no sentido de produzir elementos de transformação dessas demandas, em prol do vir a ser... Nesse sentido, os autores assinalam: "Sermos receptores, sermos penetrados, sermos depositários do desejo do outro, sermos aquele que acolhe. Esses atributos emanam da essência do feminino. Com isso albergamos, em nossas origens psíquicas, no acontecer do encontro pulsional com nossa disposição feminina originária, o germe da vida e da morte" (PAIM FILHO; QUADROS, 2008, p. 103).

dinâmica enlaçada com e entre pai e mãe, estruturadas ao longo de uma vida, conduzindo-se por vias distintas. Diante dessa compreensão, preconiza: "A bissexualidade, esta imensa construção freudiana, é sempre tão vivaz, pendendo somente um pouco mais para um ou para outro; ela não significa a confusão dos sexos, ela significa a existência dos dois, masculino e feminino e suas configurações singulares e plurais" (p. 91, tradução nossa).

A partir da metapsicologia da constituição do psiquismo em suas manifestações múltiplas das sexualidades humanas, compreendemos a soberania da bissexualidade psíquica em todo ser, marcas registradas a partir dos intercâmbios vitais em seus desdobramentos, entre a paixão e a ternura, deixando resíduos insuperáveis, quiçá transformáveis, em cada um, alcançando intensidades incestuosas com seus tórridos amores e ódios.

No palco, a família de Lara, essa filha/mulher, acompanhada de seu pai e seu irmão, que, por muitas vezes, ocupa o lugar de seu filho, uma tríade, expressão de uma trama edípica. Ao mesmo tempo, manifesta-se uma ausência marcante, que pensamos revelar uma presença abandonante: faz-se ensurdecedor o silêncio, o mutismo, sobre a inexistência da mãe – uma falta nunca pronunciada. Tendo essa trama como pano de fundo, propomo-nos a fazer abstrações investigativas sobre o romance familiar de nossa jovem, que carrega o desejo ardente de ser bailarina. Como jogaria a conflitiva edípica, qual seria seu peso atribuído em tal configuração, em um processo identificatório nessa sexualidade transexual? É o contexto propício para refletir sobre as vicissitudes da inter-relação do trabalho do feminino, do luto e da melancolia.

Portanto, o cenário familiar/infamiliar retratado se organiza em torno de Lara, seu pai, seu irmão e uma secreta ausência – a primeira sedutora. Nesse tablado, tendo Lara como protagonista, acompanhamos a sua busca por constituir-se como uma mulher.

O pai, visando propiciar a Lara vias para esse vir a ser, instrumentaliza meios para atingir esse objetivo, desde a busca de tratamento hormonal e psicoterápico para esse fim até a escola de *ballet*, conjuntamente se empenhando para dar suporte emocional a essa complexa empreitada. Observamos, por um lado, que esse pai, em meio a conflitivas de suas revivências edípicas, oferece-se como objeto de amor, terreno facilitador para o acontecer da dança entre a corrente invertida e direta do complexo de Édipo,[3] que vai abrindo caminho para a corrente da ternura: acolhendo as angústias desse menino em sua busca de constituir-se como menina; por outro, de maneira mais sutil, fornece combustível para o desejo incestuoso dessa filha: Milo ocupando o lugar de irmão/filho nos ritmos desse desejo incestuoso?

Seguindo por essas tortuosas trilhas, o que pensar sobre a outra ponta do triângulo dessa família edípica, a eterna ausente: a mãe? Investindo-nos de uma ousada capacidade de trabalhar e fantasiar (FREUD, 1910/1998, p. 49), aventamos que o silêncio absoluto que impera sobre as circunstâncias dessa dramática lacuna revela uma perda que está impedida de ser vivida – um segredo? Talvez, se explorarmos as possíveis coincidências entre as histórias das ninfas Laras, possamos construir uma narrativa, também mítica, para essa omissão na história. Pensamos em uma traição – enquanto

3 Abordando o texto inaugural de Freud, *Três ensaios sobre a teoria da sexualidade*, os autores refletem sobre o termo "inversão", adotado ao afirmar que o hermafroditismo anatômico enquanto norma resulta na conhecida predisposição originariamente bissexual. Diante dessa proposição, interrogamo-nos: "Contudo, somos desafiados a refletir como tal disposição jogaria com a anatomia e que perturbações afetariam a pulsão sexual no desenvolvimento dos invertidos. Nesse processo, que remeteria à ordem do verso e reverso, teríamos um caminho linear anatomicamente definido? Mas psiquicamente indefinido? E então, a anatomia é o destino?" (MORENO GARCIA; PAIM FILHO, 2017, p. 112). Remetemos o leitor ao capítulo "As diferenças anatômicas entre os sexos têm alguma coisa a ver com as identidades sexuais?" do presente livro.

marca de uma injúria narcísica –, da qual Lara é porta-voz, provavelmente no próprio corpo: traição aos desejos maternos de ter um filho homem? Traição pelo seu encantamento de se descobrir a "menininha" do papai? Traição aos ideais narcísicos dessa mãe/mulher de ser a única? Traição de ficar incumbida de realizar os desejos não realizados da figura paterna, em detrimento dos maternos? Essas perguntas provavelmente seguirão sem respostas, mas podem indicar uma constatação: houve um crime, um matricídio, como consequência de um filicídio: "Filho meu, se és filha, não és mais meu"? Um matricídio que está obliterado para percorrer as trilhas tortuosas do simbólico. Portanto, esse ato, imortalizado no persistente mutismo, mantém-se vigente, pelo reverso, na máxima que diz: "O pai morto tornou-se mais forte do que fora vivo" (FREUD, 1913/1969, p. 171).[4]

Entretanto, no presente caso, temos encenada a tragédia da fragilidade materna, que inviabiliza que esse assassinato se faça pela via metafórica: "matar sim, devorar não" (PAIM FILHO *et al.*, 2005, p. 32). O não dito vai cobrando, na alma e no corpo, o seu lugar. Nesse sentido, a figura paterna, ao perpetuar o mutismo, deixa esses filhos desamparados, entregues a toda uma sorte tanática de se verem culpados por crimes que não cometeram: as não palavras igualam o *fantasiar* com o *realizar*. Elas se enraízam *no singular e incomparável significado da mãe, fixado de modo inalterável para toda a vida.*

---

4 Essa máxima tem, como elementos que lhe fornecem sustentação, a importância do assassinato do pai e seu consequente devoramento. Esses dois tempos são condições imprescindíveis para pôr em execução o processo das identificações. Entretanto, o assassinato sem o ritual da incorporação determina o não acontecer do nascimento do pai/mãe como função simbólica. Sendo assim, esses rebentos terão de literalmente ocupar o lugar do pai: "Eu sou a lei". Diante desse saber, podemos inferir que, no transcurso elaborativo desses atos, vai se dar a efetivação do poder paterno/materno estruturante: forte enquanto representante da lei, à qual todos estamos subordinados.

Dando guarida à nossa capacidade de fantasiar, com esse roteiro em mente, postulamos mais uma possível analogia, entre o cortar da língua como punição e a necessidade imperiosa de realizar ideais, também como condenação – por exemplo, desde ficar submetida às exigências da escola até cortar os genitais. Reza a lenda que todo crime clama por castigo. Entretanto, especulamos a ideia de que essa punição se transveste do desejo do reencontro com o objeto abandonante, no caminho de: "Você pode me amar, agora, Eu sou igual a você". Nesse contexto, predomina a bissexualidade narcísica em detrimento da bissexualidade edípica (MORENO GARCIA; PAIM FILHO, 2017).

A propósito do processo de constituição do psiquismo culminando no complexo terreno das identificações, Moreno Garcia adverte:

> *Então, para ser, se faz necessário antes ser "identificado por", o que também seria uma sorte de passivização nesse complexo identitário. Em Freud, a longa trajetória que vai do autoerotismo – o sexual demoníaco, para o narcisismo – amor a si alcançando o amor ao objeto, está totalmente condicionado ao ser amado e, em sua abreviatura: ao ser. (2019, p. 51)*

A partir das manifestações de Lara, nos interrogamos se, em sua história, fora vivido o fusionamento constitutivo, tempos de um Eu ideal que pudesse garantir as separações que apontam para o Ideal do Eu com seus projetos identificatórios. Portanto, deparamo-nos com uma Lara submetida ao maltrato – o seu, decorrente da ação intensa do masoquismo moral do Supereu, que se faz sádico diante de suas demandas não efetivadas pelo Eu. Recordemos a presença da severa professora de *ballet*, como também a cena entre as colegas, onde é passivizada, dessubjetivada pelo *voyeurismo* orquestrado pela colega em comemoração ao seu aniversário. Lara convocada (por dentro e por fora) expõe seu pênis, motivo de curiosidade e chacota. Se, por um lado, Lara ali experimenta o gozo do masoquismo narcotizante (PAIM FILHO; MACHADO, 2017), ficando paralisada diante da demanda do outro e submetendo-se, por outro, também se resguarda, se retira em prol de um masoquismo protetor. Porém vai em um crescente desesperar, sendo consumida pelas exigências; o corpo, a alma não suportam, fraquejam e caem – o disruptivo para pôr em ato a mutilação dos genitais entra na cena e encena o trágico. E a sombra do objeto recai sobre este frágil Eu, um fantasma que não alcança estatuto de objeto.

Seguindo esse tom, a jovem protagonista sucumbe a uma necessidade imperiosa de efetivar rapidamente a terapia hormonal, bem como o ato de extirpar o pênis, devido a sua transexualidade em estado de urgência. Lara não tem tempo – o seu. A dor silenciosa da violência contra o corpo espelha a dor muda na expressão daquele rosto adolescente, aplacado pela tirania da perfeição – adolescência tão pobre de efervescência do desejo padece do ideal. Lara *versus* Victor. Que duelo é esse? Tal expressão nos leva a associar com seu homônimo em espanhol – *duelo* –, que se traduz por *luto*. Trans de *trans*cendência, *trans*cender o sexo biológico para alcançar o sexo psíquico? Esse procedimento de urgência ceifaria as diferenças que pudessem acarretar alguma ordem de angústia promovida por uma falta precoce, um luto não vivido? Perda em tempos de incipiência que regurgitava na perseguição do ideal?

De um lado, aprisionamento – a impossibilidade de sofrer a perda e "matar o morto", a reverência ao ideal, à tirania do ideal –, ter que ser; do outro, as possibilidades de ressignificação, construção de ideais de autonomia – quero ser –, permeados pela capacidade de renúncia, tempo de viver as dores e amores que a vivência da triangulação edípica propicia.

Contudo, em Lara, as intensidades, as tiranias dos ideais fazem sangue e avilte ao corpo – a melhor e mais exigente escola de dança – o terrível do narcisismo, como se não bastasse primário, absoluto, monádico, refém de um objeto único, inesquecível e insuperável e, portanto, um objeto que não fora perdido, renunciado. Nesse território, predomina o trabalho da melancolia, do luto impossível, diante de uma proposta tão soberana quanto danosa. Nesse sentido, temos uma Lara que promove pequenas e secretas mutilações nos pés de bailarina, cola esparadrapos no corpo para ocultar a presença de um pênis, até mesmo o mutila, um dos representantes da diferença anatômica entre os sexos – ápice da castração em ato. Assombrada, Lara arranca de si o representante perigoso e ameaçador do estranho e demoníaco que a habita. Fracasso do trabalho do feminino em Freud? Extirpando o pênis, mutilando-se, como garantia de encontrar a si mesma? Esse mundo psíquico somente é apreendido em suas manifestações, que se abrem para pensarmos as múltiplas faces das identificações, com suas intensidades: primárias, secundárias, bissexuais (bissexualidade narcísica/bissexualidade edípica), histéricas e...

Morte na vida, vida na morte? Presença intensa e densa de um masoquismo narcotizante que, para vir a ser protetor, necessitará de investimentos libidinais que, queremos crer, podem advir da figura paterna e dos registros da representação da mãe: tempo de "não jogar fora a criança com água do banho" (FREUD, 1910/1998, p. 202). Essa função requer criar condições para que possa adentrar o trabalho de luto pela ausência materna, condição necessária para o avançar das identificações alienantes para as identificações próprias. A criança preservada de ontem, com sua pujante sexualidade infantil, se reinventa no hoje. Portanto, o trabalho de vir a ser Lara vai se desenhando no trânsito do deletério da melancolia ao árduo trabalho do luto, com sua função propulsora de autonomia. É o estado necessário para avançar, por exemplo, do desgarrado da pulsão de destruição, que fica posta na mutilação, ao reencontro com as transformações nos corpos, orquestrados num projeto identificatório, que conta, doravante, com uma temporalidade própria, assentada na força propulsora do desejo, delineado pelo ideal de… Lara de mãos dadas com o pai/mãe, que se recupera e se resgata, pondo em marcha o processo de ressignificação. Sobrevive agora, provavelmente, reconciliada com as diferenças anatômicas nesse corpo biológico e pulsional. O estranho que a habita nesse velho/novo palco anímico aciona uma nova coreografia, tendo como componentes arranjos e rearranjos inéditos do seu hermafroditismo psíquico, uma saída para a vida…

Lara mulher altiva, caminhando ao som de um salto alto, quiçá empoderada de um si mesma.

7. Desejos secretos e indiscretos: a jovem homossexual – a história que segue...

Ignácio A. Paim Filho e Raquel Moreno Garcia

> *Assim resta-lhes apenas um caminho: ajuda médica. E esta será conduzida por alguém que a sociedade vienense teme tanto como o diabo a cruz: o professor Freud, cujo método da psicanálise, pouco apreciado nesses círculos, parece aos pais de Sidi ser a última oportunidade de trazer a filha de volta à razão e ao caminho da normalidade.*
>
> RIEDER; VOIGT, 2000/2008, p. 42

Em Viena, no final da segunda década do século XX, o Império Austríaco (1804-1867) e o Austro-Húngaro (1867-1918) encerraram sua trajetória, após sua derrota na Grande Guerra. Os anos 1920, também conhecidos como "os anos loucos", trazem consigo o fervor da jovem República da Áustria Alemã. É nesse cenário, marcado por profundas transformações no continente europeu, que uma jovem de 18 anos, acompanhada de seu pai, chega à Berggasse 19 – a jovem homossexual. O disruptivo do seu mundo psíquico causava turbulências no contexto familiar e social. Provável ponto de convergência com a jovem psicanálise? Provavelmente – afinal, a sociedade vienense a teme como o diabo teme a cruz.

É sobre a história dessa jovem que pretendemos exercitar uma escuta teórico-clínica. Para isso, vamos nos valer da narrativa de Freud e de uma biografia editada por Ines Rieder e Diana Voigt, nomeada *Desejos secretos* (2000/2008), cuja protagonista recebe o codinome de Sidonie (Margarethe Csonka-Trautenegg). Será com esse pseudônimo que iremos trabalhar. Portanto, no interjogo dessas duas narrativas, vamos construir a nossa própria narrativa sobre as origens e os destinos dos seus secretos e indiscretos desejos.

Freud e a jovem homossexual

> *Uma bela e inteligente jovem de dezoito anos, pertencente a uma família de boa posição, despertara desprazer e preocupação em seus pais pela devotada adoração com que perseguia certa "dama da sociedade" cerca de dez anos mais velha que ela mesma.*
>
> FREUD, 1920/1976, p. 185

Temos aqui uma comunicação preliminar do que mais tarde convocará as atenções de Freud sobre a sexualidade feminina e a feminilidade. Freud abordou tempos de transição/transformação da sexualidade adolescente – Sidonie em seus 18 anos, com suas manifestações da feminilidade adulta em seus avatares. O mesmo véu que encobria a homossexualidade feminina nesses tempos daquela cultura encobria também a pesquisa psicanalítica.

Freud atenta ao interesse único que sequestra a paciente, sua fascinação pela tão bem-amada, a admiração devotada, e constrói suas hipóteses no breve trabalho daquela análise. Uma análise por encomenda, quando o pai, acometido de forte amargura, determinado a combater a homossexualidade da filha, busca a psicanálise para reconduzi-la à normalidade, ou "um casamento rápido deveria despertar os instintos naturais da moça e abafar suas tendências inaturais" (FREUD, 1920/1976, p. 187).

A mãe era uma mulher jovem, decididamente áspera com a filha e de excessiva indulgência para com os três filhos, resultando daí uma relação pautada pela ambivalência. Nessa sorte de romance familiar, jogavam elementos intrigantes, instigantes para o pensamento psicanalítico de ontem e de hoje.

Entretanto, Freud adverte que não havia conflito interno sofrido pela paciente e refere que "a jovem não está de modo algum doente" (p. 189), não havendo, portanto, demanda de conflito neurótico para a análise; a tarefa seria, então, transformar determinada organização genital da sexualidade em outra – tarefa insólita: transformar uma homossexualidade em heterossexualidade ou vice-versa, procedimento nunca necessário. Ele discorre sobre a multiplicidade de formas de homossexualidade e denuncia as pressões externas sofridas pelo homossexual, como as desvantagens sociais e os perigos ligados à sua escolha de objeto. E, de forma visionária, aponta para a difícil perspectiva quanto a uma "cura gay", terapia da inversão solicitada pela família, retomando as perspectivas sobre as possíveis escolhas de objeto diante de uma organização bissexual.

Nesse percurso, Freud refere que a relação da paciente com a dama, objeto de seu amor, restringia-se a um sentimento idílico, com sua castidade genital intacta, insistindo na pureza de seu amor, assim como em sua repulsão física. Uma ordem de amor para aquém das diferenças? Em suas investigações, Freud escutava da paciente que se sentia incapaz de se enamorar de outra forma e que somente pelo amor aos pais auxiliaria a empreender aquele esforço terapêutico certamente incerto.

Nessa incursão a respeito da homo, hetero e bissexualidade via esse caso clínico, ele nos esclarece: "em ambos os sexos, o grau de hermafroditismo físico é, em grande parte, independente do hermafroditismo psíquico" (p. 192). E, fazendo uma abordagem própria de um homem de seu tempo, comenta a relação da paciente com seu objeto amoroso como inteiramente masculina: "apresentava a humildade e a sublime supervalorização do objeto sexual tão característico do amante masculino, a renúncia a toda satisfação narcísica e a preferência de ser o amante e não o amado" (p. 193). Contudo oferta elementos importantes para a reflexão a respeito dos atributos masculinos físicos e intelectuais referentes ao pai. Assim, observa a escolha de um objeto amoroso feminino com uma atitude masculina em relação a ele.

Nessa história sexual, como nomeia Freud, tudo ocorrera sem grandes intercorrências, porém a paciente chega à puberdade com sentimentos mistos de lascívia e assustada aversão ao conhecimento sobre a sexualidade obtido na escola. Nesse período, ela apresentara uma terna afeição por um menino de 3 anos, fato que o faz inferir um possível desejo pela maternidade, contudo logo a seguir desvia seu interesse para mulheres maduras, fato que lhe valeu severa punição por parte do pai.

Segue-se, então, um interesse homossexual por mulheres mais velhas e, quando completa 16 anos, sua mãe tem uma nova gravidez e nasce seu terceiro irmão. A análise e os sonhos levaram Freud a compreender que a amada dama representava uma substituta da mãe, bem como fora suas atenções com as mães de seu convívio.

Aqui ocorre um resgate da bissexualidade universal dos seres humanos, na qual se encontra a satisfação da tendência homossexual com a da tendência heterossexual, na medida em que a paciente manifesta sua profunda admiração pela dama esbelta, de postura ereta, guardando lembranças do irmão mais velho.

Acrescenta, neste ponto, que a relação da paciente com a mãe era permeada por rivalidades advindas por parte da mãe, que se mantinha vigilante ao relacionamento da filha com o pai. A paciente constrói uma equação, na qual, em plena revivescência edípica, sofre um grande desalento, quando sua rival inconscientemente odiada é quem protagoniza a maternidade: "Furiosamente ressentida e amargurada, afastou-se completamente do pai e dos homens" (p. 196). Buscou, então, outro objetivo para sua libido e abjura de sua feminilidade: "Em todos nós, no decorrer da vida, a libido oscila normalmente entre objetos masculinos e femininos" (p. 196). Sobre a paciente, Freud elabora suas sínteses e sustenta que, de trás de tamanho desalento, a jovem retira seus investimentos na maternidade, no amor dos homens, "se transformou em homem e tomou a mãe, em lugar do pai, como objeto de seu amor" (p. 197). Nessa direção, busca na dama a mãe substituta a quem se liga apaixonadamente.

Por essa via, toma a homossexualidade como vingança ao pai pela traição e descobre, condensado na figura de sua dama, aquele objeto que atenderia às suas inclinações homossexuais, assim como também a parte de sua libido heterossexual, dirigida ao irmão.

Na análise da tentativa de suicídio, aparece o rastro dos desejos incestuosos/parricidas frustrados dirigidos ao pai e a mãe. Freud afirma que, com sua paciente, o fator emocional de vingança contra o pai, atitude que a faz aferrar-se à homossexualidade, se apresenta na transferência, tornando fúteis todos os esforços do analista; ali, o azedume contra os homens se apresenta, sua hostilidade latente e excessivamente forte põe em risco o tratamento e atinge em cheio Freud, que bate em retirada, encaminhando a paciente para uma analista. Estaria Dora retornando, assombrando Freud?

Porém a transferência positiva surge como revivescência do apaixonado amor da jovem paciente pelo pai, e os sonhos, segundo interpretação de Freud, previam a cura da inversão por meio do tratamento, confessavam anseios pelo amor de um homem e filhos. Em vigília, falava de um casamento para fugir da tirania do pai, o que lhe asseguraria estabelecer relações ao mesmo tempo com um homem e uma mulher.

Freud aponta para as forças e os caminhos que conduziram a libido da paciente da conflitiva edípica à homossexualidade, chegando às repercussões do nascimento do irmão como fator preponderante. Sobre as condições da psicanálise na etiologia dos processos mentais, Freud propõe que "de um conhecimento das premissas não poderíamos ter previsto a natureza do resultado" (p. 207). E, com isso, acena para fatores especiais de natureza interna que jogaram força na escolha do objeto amoroso da paciente, para além da frustração vivida em tempos de Édipo. Afirma que invariavelmente existe um tempo, após o período da puberdade, para que se efetive a decisão com referência ao sexo do objeto amoroso.

Nesse processo, o analista intrépido recolhe elementos da vida libidinal da paciente que indicam, desde anos muito precoces, sua libido que fluíra em duas correntes: a superficial, de caráter homossexual com referência ao vínculo com sua mãe, e a mais profunda – a atitude originária do complexo edípico, inconsciente, a corrente heterossexual da libido que fora desviada para a homossexualidade manifesta.

Freud surpreende novamente com uma consideração de vanguarda quando afirma que as questões referentes à escolha de objeto não coincidem necessariamente com o caráter sexual mental do sujeito, com suas características sexuais. Assim se refere ao mistério da homossexualidade, uma referência comprometida com a produção de subjetividade de sua época, dizendo que ela comportaria três conjuntos de características a serem consideradas: caracteres sexuais físicos (hermafroditismo físico), caracteres sexuais mentais (atitude masculina ou feminina) e tipo de escolha de objeto. Essas características variam e são independentes entre si, sendo encontradas em sujeitos diferentes permutações múltiplas.

De forma brilhante, assevera contra a suposição equivocada e tendenciosa da existência de um terceiro sexo com a homossexualidade. Em nossos dias, observamos uma tentativa de uniformizar o que se designa por homossexualidade. Nesse sentido, permanece refutada uma melhor compreensão interna, denunciada em uma literatura leviana, que reduz a homossexualidade à inter-relação entre a escolha de objeto e os caracteres sexuais físicos. Dessa forma, não são considerados fatores fundamentais, tais como a fixação do sujeito à mãe, a existência da homossexualidade inconsciente ou latente e a bissexualidade psíquica, mediadas pelos jogos identificatórios, que habitam o ser humano.

A psicanálise revela os mecanismos psíquicos que culminaram na escolha de objeto e cria condições para rastrear seus caminhos em relação à vida pulsional. Freud finaliza propondo que, embora a psicanálise possua uma base comum à biologia, pressupondo a bissexualidade original enquanto disposição nos seres humanos, não é possível elucidar a natureza intrínseca do que se constitui masculinidade e feminilidade.

Essa elaboração freudiana tem como palco de realização as vicissitudes da relação transferencial: "Quanto tempo isso lhe custa! Cinco vezes por semana, no melhor horário do dia, no meio da tarde, ela deve ir à casa do professor Freud, se deitar ali e responder perguntas absurdas" (RIEDER; VOIGT, 2000/2008, p. 44). E logo em seguida prossegue: "Mas em geral o acha desinteressante. Um homem velho que faz perguntas desagradáveis e afirma coisas incríveis, e ela, por isso, nunca sabe se acha mais enfadonho ou mais repugnante todo o processo" (p. 45).

Sidonie: desejos secretos e indiscretos

> *Sempre fui apaixonada pela beleza. Uma bela mulher é sempre um prazer para mim, e será assim até o fim da minha vida.*
>
> RIEDER; VOIGT, 2000/2008, p. 416

Sidonie, mulher, judia, homossexual, sem filhos, nasceu em Viena em 1902 e morreu em Viena em 1999. Essa "jovem" centenária traz consigo as marcas do século XX. Em sua vida, vamos encontrar, por exemplo, ressonâncias das duas grandes guerras, o que vai implicar sua jornada de se transformar em uma cidadã do mundo.

No decorrer da sua história, vamos nos deparar com seu casamento, produto de um arranjo para que se adaptasse às demandas familiares e sociais, condizentes com o perfil da aristocracia vienense: "O único ponto positivo desse casamento era dividir a vida com um ser do sexo masculino e com isso satisfazer a norma e as convenções" (RIEDER; VOIGT, 2000/2008, p. 208). Nos anos 1930, começa um romance intenso e duradouro, com aproximações e afastamentos, com Wjera: "Não há um só dia que eu não pense nela" (p. 420).

Com o advento da perseguição aos judeus, por ocasião da invasão de Viena pelas tropas de Hitler, Sidonie se viu obrigada a fugir, ganhando morada em Cuba. Em 12 de agosto de 1940, iniciou o seu exílio: "A dor de deixar Viena é intensa e, no entanto, se mistura a uma alegria temerária pela liberdade sem fronteiras que a aguarda" (p. 261). A partir desse novo contexto, nossa protagonista começa o novo ciclo, que implica, entre outras coisas, trabalhar para a sua manutenção – uma mudança radical em sua vida –, ter de começar a prover o próprio sustento aos 45 anos. Até essa data, se manteve administrando a herança paterna. Esse período em Cuba vai lhe propiciar maior grau de maturidade, vai trabalhar num misto de governanta e professora nas casas dos latifundiários da cana-de-açúcar. O amor também se faz presente em Cuba: Marie-Louise.

Sua biografia é repleta de histórias em que o amor pelas mulheres e pelos animais, em especial pelos cachorros e por seu macaco Chico, é uma constante. Vai viajar e trabalhar em vários países, muitas vezes na função de cuidadora, seja de idosos ou crianças: Estados Unidos, Europa, Brasil e Tailândia.

Mas vamos destacar o questionamento de Sidonie sobre a sua sexualidade, o lugar que o encontro com o corpo do outro lhe suscita: "Como um simples toque de mão, um movimento do corpo, um olhar a tinham podido excitar mais que regiões do corpo em que todos costumam concentrar o desejo!" (p. 415). Esse questionamento importante nos faz pensar que uma parte do seu psiquismo permanece aprisionado a um *quantum* da disposição perversa polimorfa, um recuo diante das múltiplas facetas do corpo erógeno, certo horror à diferença anatômica entre os sexos. Nesse sentido segue dizendo: "Como havia achado terrível o lugar escuro e a 'coisa' ameaçadora entre as pernas dos homens; como considerava angustiante, mesmo que um pouco melhor, esse lugar úmido nas mulheres; quanta repugnância lhe provocava uma língua dentro da boca!" (p. 415).

Essa observação em relação ao corpo da mulher nos convoca a refletir e especular sobre o destino da pulsão sexual e a constituição do seu desejo. Acreditamos que uma via sublimatória vai se estabelecer de forma proeminente, uma dessexualização da via direta, o que faz com que o desejo se realize em partes do corpo que se distanciam necessariamente dos órgãos genitais. Esse cenário nos leva a ponderar sobre o investimento parental, provável cisão em que o seu corpo ficou segmentado e, nesse processo, impedida de saber, conhecer e desfrutar os prazeres que seu corpo como um todo e, por consequência, o do outro poderiam usufruir. Talvez mais uma herança materna, um aprisionamento às identificações primárias, com seus prováveis traços histéricos: uma mãe que amava o amor que os homens tinham por ela.

Nesse roteiro sinistro, nossa personagem retorna para a "casa materna", na Espanha, assumindo os cuidados da mãe moribunda, durante dois anos. Esse desfecho da morte materna leva consigo a expectativa de um encerramento do ciclo tanático dessa relação:

> *Quando a terra vermelho-clara do sul da Espanha tombou sobre o caixão simples de madeira, Sidonie não sentiu nada. Estava exausta pelos longos meses de cuidados contínuos para sofrer com o luto. Ao contrário, sentia uma espécie de alívio. A dor de ter sido a filha não amada talvez pudesse ir com a mãe para o túmulo. (p. 381)*

O que Sidonie realmente amargou foi a morte de seu querido macaco Chico. Encontrou-se diante da triste decisão de sacrificá-lo após um acidente; se o fizesse, despacharia para o além a criatura mais amada que lhe restava neste mundo. E o mundo desmoronou, apoderando-se dela uma intensa fúria: que maldito Deus era esse que deixara Chico morrer? (p. 382).

A história que segue

> *Se tivesse um canto só para mim, talvez tentasse escrever um livro. [...]. Penso sobretudo em escrever minhas memórias, que teria três partes: meu primeiro amor, meu segundo grande amor e meu último amor.*
>
> RIEDER; VOIGT, 2000/2008, p. 369

Essa narrativa clínica vem para ilustrar o lugar das identificações como propulsor da constituição do psiquismo – tempo primeiro –, do vir a ser. A complexidade do processo edípico se faz proeminente, revelando a conflitiva edípica e fazendo aberturas para a faceta narcísica, em direção à sexualidade ampliada da psicanálise.

Sidonie, a jovem homossexual, em sua história autobiográfica, permite-nos especular, em nossas incursões metapsicológicas, sobre as vicissitudes de suas identificações, o seu "tornar-se mulher", em seu processo interminável, revelando os detalhes constitutivos e as particularidades que estão envolvidas na estruturação de sua psique e suas escolhas de objeto. Essa história vem ratificar que a escolha de objeto é consequência, não causa, da resolução das múltiplas combinações da malha identificatória que nos constitui como sujeito.

Vemos nessa história centenária, que começou a ser rascunhada por Freud, um verdadeiro celeiro de ideias, para que ousemos seguir refletindo sobre os desafios da clínica do nosso tempo, que tem nos convocado, de forma intensa, a lançar um olhar e uma escuta atravessados por uma aguçada sensibilidade para as novas configurações da sexualidade e denunciar o compromisso da psicanálise com a ruptura do *closet* epistemológico.

Parte III

Desdobramentos das identificações na cultura

8. As diferenças anatômicas entre os sexos têm alguma coisa a ver com as identidades sexuais?[1]

Augusto M. Paim e Ignácio A. Paim Filho

> *"Titia fale comigo! Estou com medo porque está muito escuro". E a tia respondeu: "De que adianta isso? Você não pode me ver" – "Não faz mal", respondeu o menino, "quando alguém fala fica mais claro".*
>
> FREUD, 1905/1969, p. 211

A interrogação impressa no título de nosso texto se fez presente em nossos pensamentos a partir da escuta de alguns fenômenos da ordem social que tendem a desconsiderar o lugar da anatomia na constituição da psicossexualidade, em especial a identidade sexual.[2] Entre esses, destacamos a proliferação de ideias que

---

1 Trabalho original publicado no livro *Édipo: enigma da atualidade*, CEPdePA, 2018. Revisto e ampliado para esta publicação.

2 Essa expressão não é encontrada no pensamento freudiano; devemos sua introdução nos referenciais teóricos da psicanálise a Robert Stoller (1968). A partir dessa proposição, Stoller desenvolveu suas ideias sobre a identidade de gênero, que visa discriminar a masculinidade e a feminilidade a partir de aspectos psicológicos, diferenciando da dimensão biológica do sexo anatômico.

advogam, em nome da liberdade de escolha dos filhos, que os pais não identifiquem se seus rebentos apresentam pênis ou vagina, ou ainda que essa diferença entre os sexos seja um detalhe, não tendo relevância na constituição do sujeito. Parece-nos que vivemos em um tempo que apregoa a supremacia de pensamentos ideológicos,[3] assentada em uma ausência quase absoluta do sexo, calcada em um discurso do Eu consciente. Dessa forma, não reconhecendo as diferenças anatômicas entre os sexos – ocultando essa realidade – desde as origens, propicia um clima que incita à indiferenciação. Essa circunstância convida a refletir e inquirir: qual o problema em reconhecer essas diferenças? *Diferença* é igual ao estabelecimento de *juízos de valores*? Cremos que não; o problema é considerar o reconhecimento das diferenças como um exercício de dominância heteronormativa, que visa fomentar as desigualdades. Observemos como fundamentar nossa percepção, sem a pretensão de sermos autossuficientes.

Seguindo nesse tom, muitas vezes escutamos, inclusive dentro do universo psicanalítico, uma crítica contundente à célebre expressão freudiana proferida duas vezes: "anatomia é o destino"

No presente texto, usaremos a identidade sexual no sentido de ser produto do processo identificatório, que se constitui no intercâmbio do ser e do ter o objeto. Esse fato determina que, em toda a identificação, no decurso de sua assimilação, esteja implicado um trabalho de luto. Acreditamos que esse momentoso trabalho não se processa nas "escolhas" de objeto bissexual.

3 Essa questão da ideologia merece um breve esclarecimento. Nós a compreendemos nos moldes propostos por Chaui (2004, p. 8): "ideologia é um ideário histórico, social e político que oculta a realidade, e esse ocultamento é uma forma de assegurar e manter a exploração econômica, a desigualdade social e a dominância política". Nesse sentido, agregamos a preocupação de Freud com as visões de mundo (*Weltanschauungen*) – com o seu caráter totalitário – típicas do sistema do pensamento animista e religioso. Sendo assim, assinala: "A psicanálise [...] é incapaz de abranger tudo, é muito incompleta e não pretende ser autossuficiente e construir sistemas" (1933c/1969, p. 220).

(FREUD, 1912/1969, p. 172; 1924/1969, p. 222). O que pensar sobre ela, quando vivemos numa conjuntura que visa renegar as diferenças, em prol de uma igualdade sem as singularidades da masculinidade e da feminilidade? Eis aí posta uma nova controvérsia entre as demandas da cultura e o pensar freudiano. Seguirá a psicanálise, identificada com seu criador, no seu lugar de "perturbar o sono do mundo" (FREUD, 1914/1969, p. 32)? O desafio está lançado, vejamos como poderemos compreender essa tão citada e ao mesmo tempo polêmica proposição freudiana, em sua íntima relação com o complexo de Édipo. Condição propícia para exercitar um pensar sobre a relação entre sexo, gênero e desejo. Afinal, como diz nosso jovem filósofo: "quando alguém fala fica mais claro".

Anatomia – corpo biológico e o corpo pulsional: o universal e o singular

> *O sexo constitui um fato biológico que, embora de extraordinária importância na vida mental, é difícil de apreender psicologicamente.*
>
> FREUD, 1930/1969, p. 126

> *Levada a seu limite lógico, a distinção sexo/gênero sugere uma descontinuidade radical entre os corpos sexuados e gêneros culturalmente construídos.*
>
> BUTLER, 2016, p. 26

O corpo, com sua anatomia, ocupa um lugar enigmático no pensamento freudiano. Esse enigma carrega em si o estranhamento, que remete ao conhecido e ao desconhecido. Contexto gerador de fascínio e horror: que corpo é esse que me pertence e ao mesmo tempo não me pertence? Ficamos, muitas vezes, tentados a dizer que o corpo biológico é dado, enquanto o corpo pulsional, com sua representância, é construído. É isso mesmo? Ou essa afirmação merece ser relativizada? Cremos que sim.

Partimos da concepção de que nos constituímos no encontro da pulsão com o objeto e a primeira tem sua fonte no corpo.[4] Assim sendo, o que vem antes: a pulsão ou o corpo? Numa visão desenvolvimentista, diríamos que corpo vem antes; contudo, esse antes somente terá existência em um segundo momento, quando já houver uma vida psíquica – um Eu – que confira a esse corpo uma existência histórica. Aqui, temos exemplificado um conceito fundamental para a compreensão da temporalidade no pensamento freudiano: o *a posteriori* (*nachträglich*), com sua dinâmica de viabilizar a criação de múltiplos sentidos. Nessa eterna jornada de vir a ser, que constitui a morte e a vida de cada sujeito, o corpo é fonte, como também destino dos investimentos de Eros e da destrutividade. Em decorrência desse processo, que sempre implica um outro – semelhante – com seu mundo pulsional, vai se estabelecer o corpo erógeno, palco da sexualidade ampliada.

Diante dessa proposição, devemos ressignificar as concepções sobre o corpo, com sua universal e singular anatomia. Tanto o corpo biológico quanto o pulsional necessitam ganhar inscrição psíquica para que possam adquirir sentido para o sujeito, bem como para o meio social no qual se encontram inseridos. O corpo biológico também é uma construção edificada, a partir da qual foi possível apreender desse estrangeiro com quem compartilhamos

4 Tal prerrogativa está em consonância com o proposto no trabalho de Paim Filho, *Pulsão de morte: o assombrosamente belo* (2018). Neste, o autor desenvolve suas ideias a respeito da inter-relação da origem da pulsão de morte e da pulsão sexual, atribuindo à primeira sua origem no corpo e à segunda no objeto. Esse pensar vai adquirir relevância diante da postulação de Freud (1930/1969) que faz da pulsão de morte a pulsão das pulsões.

a alma. É por meio da criação freudiana do corpo pulsional que o biológico pôde ganhar uma existência que lhe permite adquirir seus mais diferentes sentidos, com graus variados de apropriação pelo sujeito: sempre seguirá um quantum não apreensível, o corpo como objeto absoluto da falta.

Apropriação – eis aí um segundo desafio. Como nos apropriamos do corpo? Sendo mais específicos, ainda é importante nos apropriarmos da anatomia dos genitais? Antecipamos que sim. Para responder a esses interrogantes, se faz relevante seguir o caminho traçado pela organização sexual infantil. À luz dos *Três ensaios sobre a teoria da sexualidade* (1905), teremos, antes da possível síntese genital, o polimorfismo perverso da pulsão autoerótica, que tem como palco um corpo excitável, erogenizado pelas inscrições promovidas pelas seduções cometidas pela primeira e grande sedutora, em Freud: a mãe.

Como já começamos a delinear anteriormente, o corpo, com sua anatomia universal, vai ser conhecido pelo sujeito na medida em que este é investido pelos objetos primários. Como resultante desse investimento, esse corpo paulatinamente vai se fazendo apresentar e representar psiquicamente. É nesse processo que a anatomia "dada" pela biologia – que, em sua totalidade, nunca será conhecida pelo sujeito – passa do universal para o singular, subordinado à forma como vai ocorrer a inscrição psíquica de um corpo, de início fragmentado, até uma representação integrada. Buscando teorizar essa almejada integração, que muitas vezes se dá de forma precária, e, ao mesmo tempo, realizar a junção do corpo biológico e pulsional, Freud (1915a/1969) vai propor os seguintes estágios: oral, anal, fálico, latência e genital, vinculados às zonas erógenas.

Contudo, é importante frisar que a singularidade, com sua subjetividade, do processo de apropriação determina a criação de outra anatomia: a *anatomia psíquica*. Freud fala dela desde os primórdios de sua obra: "a histeria se comporta como se a anatomia não existisse, ou como se não tivesse conhecimento dela" (1893/1969, p. 212). Nesse texto, se utiliza do sintoma da histeria – a conversão – para refletir como o corpo psíquico, com sua particular anatomia, conversa com a anatomia do corpo biológico. O corpo representacional (simbólico) da histeria não está subordinado à lógica desse estrangeiro chamado *corpo somático*. Essa questão, como se observa, retorna trinta anos depois, quando diz da dificuldade de apropriação do sexo biológico: "embora de extraordinária importância na vida mental, é difícil de apreender psicologicamente" (FREUD, 1930/1969, p. 126).

Momento de sermos mais pontuais e nos posicionarmos, apesar da advertência da tia do nosso incipiente pensador – "Você não pode me ver" –, sobre a relevância da anatomia dos sexos, como um dos elementos que cumprem um papel importante na constituição e resolução do complexo de Édipo. Atentem: falamos de *um* elemento, e não *do* elemento. Ratificamos a tese freudiana de que a anatomia biológica é destino, dado pela genética; anatomia psíquica é construção – tem algo de acidental, o não saber do inconsciente – que determina outros destinos, elaborados em parceria com as figuras parentais.

Seguindo essa rota, concordamos com Butler (1990) quanto à importância de refletir sobre a relação entre sexo, gênero e desejo. Porém discordamos, a partir da leitura que fizemos de seu discurso, da proposição de desenlace radical entre esses constructos. Compreendemos que estes se relacionam, o que nos faz, de forma extremamente restrita, propor o seguinte roteiro: sexo/anatomia é dado; o que é erigido é sua *representação psíquica* – sempre comprometida com um discurso inconsciente; o gênero é construído entre a anatomia psíquica do sexo e o investimento parental, com seu universo desejante; e o desejo[5] que é o produto do encontro e desencontro entre a anatomia psíquica do sexo, o gênero e as múltiplas facetas dos investimentos de Eros e a destrutividade. Desejo que se apresentará na prática sexual de cada sujeito, como "escolha" de objeto homo, hetero e bissexual.[6]

Portanto, visando circunscrever essa temática, vamos nos ocupar da relação entre as diferenças anatômicas entre os sexos e suas repercussões no suceder psíquico, tomando como mediadores o complexo de Édipo e o complexo de castração na sua interação com a bissexualidade. Esses complexos se estruturam em torno da tessitura do processo identificatório.

Anatomia psíquica – Complexo de Édipo e complexo de castração: enlaces e desenlaces

> *A Psicanálise revalorizou dois tipos de experiência, dos quais nenhuma criança é poupada e através dos quais ela deve estar preparada [...]: a retirada do seio materno*

5 Esclarecemos que esse desejo se refere à busca do objeto do desejo diretamente sexual, em suas variantes. Evidentemente, como está posto neste trabalho, o desejo está envolvido em todo o processo de constituição da psique, em seu intercâmbio entre o desejo dos objetos primários e a construção do próprio desejo: do Eu ideal ao Ideal do Eu, com seus desdobramentos no Eu realidade definitiva. Assinalamos que a "escolha" de objeto do desejo, por si só, não determina a estrutura psíquica: é um dos seus fatores constituintes.

6 Quanto às práticas sexuais psicopatológicas, que remetem ao território da perversão, como pedofilia e zoofilia, nós as compreendemos como a resultante de intensidades traumáticas que perpetuam a vigência do universo narcísico. Nesse cenário, temos a renegação (*Verleugnung*) das diferenças entre as gerações, ou ainda, entre as espécies. Sendo assim, encontramos nesses sujeitos o predomínio de uma bissexualidade narcísica – a não diferenciação – em detrimento da bissexualidade edípica.

> *e a separação diariamente exigida do conteúdo do intestino. Mas nada é percebido sobre essas experiências se efetivarem devido à ameaça de castração. Só depois [...].*
>
> FREUD, 1924/1969, p. 261

Há nas artes, em especial na literatura, inúmeros exemplos que validam a proposição revolucionária de Freud a respeito do complexo de Édipo. Entretanto, o que se encontra nas origens desse fundamento? Como se deu a história do sujeito até deparar-se com o dilema da conflitiva edípica em cena? Apenas será possível fazer tal retrospecto se buscarmos aquele conceito que se mostra como grande protagonista de nossos primeiros anos de vida: o narcisismo. Este é ampliado por Paim Filho (2014) como aquele que narra as origens do desejo edípico, que se encontra assentado na trama das identificações primárias – o ser identificado: "Ela desempenha um papel na história primitiva do complexo de Édipo" (FREUD, 1921/1969, p. 133). Essa proposição se fundamenta, em especial, no conceito de narcisismo primário. O autor concebe que Freud, com sua introdução ao narcisismo, traz para o primeiro plano a força do desejo parental que antecede os desejos incestuosos e parricidas de sua prole.

Do mito grego de Narciso até o grande texto intitulado "À guisa de introdução ao narcisismo" (FREUD, 1914/2004), Freud percorre uma intensa jornada na tentativa de responder as questões levantadas no parágrafo anterior. São questionamentos que o desacomodam, podemos pensar, desde a última década do século XIX, quando mantinha uma intensa interlocução com Fliess, assim como foi com Jung, no início do século XX. Essas interlocuções terão seus desdobramentos no mito científico de 1913, denominado *Totem e tabu*. Neste, ele narra a criação e os destinos dos desejos edípicos dos filhos exilados, que se perpetuam na história de todos nós: a ontogênese repete a filogênese, com a singularidade tecida no processo identificatório. O autor desenvolve sua clássica teoria de como os filhos revoltados de um pai autoritário e dominador retornam à tribo de onde foram expulsos para matá-lo e devorá-lo; tudo isso para, em seguida, embebidos em remorso, transformarem sua imagem em um totem a ser sacramentado. Decorrente desse ato profano, criaram duas leis capitais a serem respeitadas por todos: as mulheres do pai são intocáveis – proibição do incesto – e a não destruição do totem – proibição do parricídio. História densa que tem por objetivo apresentar o momento histórico que funda – por meio do traumático – a problemática edípica, com suas repercussões na estruturação da cultura e da psique. A cena edípica se reatualiza – por meio da neurose da vida cotidiana – na fantasia. Ela é herança de uma imposição gerada nas origens da civilização e que, como tal, carregamos invariavelmente como uma cruz bem-vinda ou um totem bem-vindo.

Dito isso, temos agora o interlúdio necessário para retomar o narcisismo. Freud propõe que podemos identificá-lo após o autoerotismo, subdividido em dois tempos: narcisismo primário e secundário. É ao reconhecer que existe um Eu e um não Eu que o bebê alcança o primeiro deles, passando a sentir-se no centro de todas as coisas – o que é bom dele provém, bem como tudo aquilo que é mau ao mundo externo pertence. Aqui temos a personificação do que é ser Narciso, apaixonado pela própria imagem, num estado de Eu ideal – *sua majestade, o bebê* (FREUD, 1914b/2004, p. 110): imagem especular das figuras paternas. Para que a passagem ao narcisismo secundário ocorra, é preciso que se criem interstícios na hegemonia narcísica desse Eu ideal. Esses remetem ao prenúncio do corte, ou seja, da ferida – marca da castração – que, em condições ideais, tem como anunciante as figuras parentais. É em nome desses interstícios que o sujeito constitui seu Ideal do Eu, fator determinante para que ocorra o recalque dos desejos incestuosos e parricidas na resolução da conflitiva edípica. Ao denunciar à criança a impossibilidade da realização plena de seus desejos narcísicos, está simultaneamente revivendo em si esse limite organizador da economia psíquica. Desse modo, fica claro que há entre Narciso e Édipo um jogo de forças quase tão intenso quanto o que ocorre entre Eros e Tânatos. Quando se faz de maneira fértil, esse jogo estabelece pela primeira vez no psiquismo a marca da diferença, exigindo do sujeito que reconheça ser ele e seus pais separados entre si. A partir dessa aquisição, a intensidade do pulsional segue agindo em prol da satisfação, agora transformada em desejos edípicos propriamente ditos.

É imprescindível enfatizar que o narcisismo não é somente uma fase do desenvolvimento, mas uma instância que nos acompanhará por toda a vida, sendo perceptível sobretudo em nosso Ideal de Eu do Supereu, instância que tem por função mediar as trocas que acontecem entre pais e filhos – permeadas pelo desejo de ambos –, o que torna realizável a renúncia a esses desejos, por meio da promessa de que será possível concretizá-los em outro tempo e com determinadas transfigurações. O Eu com suas possibilidades de ligação e inibição tem a incumbência de protagonizar esse complexo processo de transcrever/transformar aquilo que, inscrito pelo semelhante no Eu realidade originária, possa então se constituir em Eu realidade definitiva.

Outro exemplo dessa intensidade se mostra por meio do recalque, essencial para que se possa tirar da consciência a memória de que um dia já se teve pai e mãe como objetos de amor incestuoso e destrutivo. Essas reminiscências evidenciam que, antes mesmo de se implicar com seu próprio narcisismo, o indivíduo já está permeado pelo narcisismo parental. Que, além de investi-lo com os mais diferentes afetos, também estão continuamente comunicando suas expectativas, fantasias e idealizações que há muito vêm se construindo no inconsciente parental. Desse modo, condenam, quando não transformado pelo reconhecimento da alteridade, sua cria ao abatedouro – filicídio alienante (PAIM FILHO *et al.*, 2017) – da impossível missão de realizar seus sonhos frustrados. Seria a identidade sexual igualmente balizada por essa missão?

Para que possamos seguir refletindo sobre a complexidade do complexo de Édipo, é indispensável olhar agora para a tão citada e, muitas vezes, censurada *conflitiva edípica*. Como dissemos, o universo narcísico, tempo primeiro de nosso complexo, antecede a conflitiva edípica. Esta se faz presente à medida que a castração vai anunciando a não existência da completude. Tal pressuposto é a base para a teoria freudiana, que faz da castração, enquanto símbolo da falta, a estruturadora do mundo anímico, bem como a grande causadora da cilada mortífera, quando a restringimos às diferenças anatômicas entre os sexos.

Entre 1923 e 1925, Freud escreveu três textos capazes de sintetizar os possíveis caminhos que a psique da criança percorre para chegar a constituir sua identidade sexual: *A organização genital infantil* (1923; uma interpolação na teoria da sexualidade), *A dissolução do complexo de Édipo* (1924) e *Algumas consequências psíquicas da diferença anatômica entre os sexos* (1925). Todos esses textos estão permeados pela concepção de uma sexualidade que vai compondo-se desde o nascimento, a partir do investimento parental, e vêm para complementar a teoria da sexualidade proposta por Freud em 1905. Para isso, faz uma distinção entre a construção do psiquismo de homens e mulheres, que sinteticamente tentaremos replicar agora.

O ponto de partida é a angústia de castração decorrente do encontro com as diferenças anatômicas entre os sexos e sua ressonância *a posteriori* nas perdas primárias: "A Psicanálise revalorizou dois tipos de experiência, dos quais nenhuma criança é poupada [...]: a retirada do seio materno e a separação diariamente exigida do conteúdo do intestino" (FREUD, 1924/1969, p. 261).

Para o menino, o caminho apresenta-se de forma mais direta: é o enlaçamento amoroso pela mãe – incesto – e o consequente desprezo e desejo de morte do pai – parricídio – que o inaugura na conflitiva edípica. Todavia, há também algo que o acompanha durante a formação desse triângulo amoroso, que é a excitação genital, própria da fase fálica e que começa a aproximar do menino a ameaça de castração, imposta pelas figuras originárias como a possibilidade de perder o pênis. No começo, o menino desmente tal possibilidade, não acredita nela; contudo, é ao deparar-se com o órgão genital feminino, desprovido de pênis – ou semelhante –, que finalmente se convence da veracidade de tal ameaça. Assim, acompanhado pela presença constante imposta pelo pai como verdadeiro companheiro da mãe, vê-se impedido de concretizar seus desejos e, temeroso de perder tanto o pênis quanto suas figuras originárias de amor, sucumbe à castração e recalca seus desejos edípicos, para poder aprender com esse pai a ser um homem digno da mãe e, quem sabe, anos mais tarde, reinvestir essa libido em uma mulher que lhe interesse: interação identificatória entre o ser e o ter.

Em contrapartida, para a menina, o desenvolvimento de tal novela familiar acontece de forma diferente, dita por Freud (1923c/1969) como misteriosa e ainda por ser mais bem compreendida. Segundo ele, é ao deparar-se com a existência de outro órgão genital, maior e aparente, além de pertencente a uma zona já conhecida por ela como fonte de prazer – clitóris/fase fálica –, que a menina se decepciona com aquela que até então significava tudo: a mãe, já que ela lhe negou esse instrumento. Dessa forma, ela se afasta da mãe em busca do pai, aquele que, em sua fantasia, poderá dar-lhe o pênis ou, pelo menos, um substituto, como um bebê. Em outras palavras, está instaurada a cena edípica com sua conflitiva, o ódio à mãe e o desejo incestuoso pelo pai. Este apenas terá fim quando o pai não lhe der o que procura, bem como a mãe fizer o interdito da relação que a criança deseja, colocando-se no seu lugar de direito como companheira do pai, tal qual ele realiza com seu filho. Consequentemente, a menina precisará recalcar todos os seus planos incestuosos e identificar-se com a mãe, meio pelo qual ela poderá ter um representante do pai somente para si no futuro.

Esse desenvolvimento edípico exposto, tanto do homem como da mulher, é considerado o direto; contudo, essa denominação se faz necessária, pois há na criança uma preponderância desse caminho, não uma exclusividade. Ocorre também ao menino se interessar pelo pai como objeto do desejo, assim como para a menina se interessar pela mãe – a essa manifestação se batizou de *forma invertida do Édipo*, tendo em vista que a ameaça de perda de ambos os objetos originários também é agente constante durante o desenvolvimento psicossexual, o que gera oscilações e alternâncias na escolha deste. Há de se afirmar que venha ocorrer uma preferência por determinada configuração da conflitiva, porém não se pode ter certeza de qual delas será escolhida pelo sujeito até que a demonstre, seja sua forma direta – extensamente discorrida aqui –, seja sua forma invertida, desejando o objeto do mesmo sexo; esse desenrolar decorre da existência de uma disposição à bissexualidade, companheira do ser humano durante toda a vida (FREUD, 1923b/2007, 1927/1969, 1931) e que exerce influência em diversos de seus interesses, sendo que a escolha objetal não é imune a tal. Pensamos, convergindo com as ideias de Paim Filho e Moreno Garcia (2016), que o narcisismo se constitui sob a plenitude de uma bissexualidade narcísica, momento em que vigora no bebê a fantasia de dois em um, enquanto no Édipo propriamente dito teremos a bissexualidade edípica, constatação da presença de um terceiro.

Antes de prosseguirmos, é importante fazer um pequeno hiato para tecer alguns comentários sobre a bissexualidade. Sabemos que ela está relacionada de forma determinante aos caminhos a serem trilhados pelo complexo de Édipo e pelo de castração. Como nos foi legado por Freud, a bissexualidade se apresenta como uma disposição,[7] pois tem em si uma potencialidade para ditar não apenas os rumos da escolha objetal do sujeito, como também vir a justificar a intensa presença de sentimentos ambivalentes com as figuras parentais. Freud (1923/2004) especula se a ambivalência entre amor e ódio que as crianças sentem com relação aos pais não tem sua fonte muito mais atrelada a essa disposição do que à cena edípica em si, em que a rivalidade se faz acontecer. Ou, ainda, se não é justamente por essa bissexualidade edificada no encontro com as figuras parentais que meninos e meninas têm seus afetos edípicos (incesto e parricídio) tão intensificados. Cremos que ambas as proposições não são excludentes, mas complementares. Tomando essa prerrogativa como causa, entendemos que, por meio dela, encontraremos o caminho para responder o que leva o sujeito a fazer sua escolha de objeto hetero ou homossexual. O fato de a bissexualidade ser inerente a todos abre espaço para refletir sobre a presença de disposições masculinas e femininas desde o nascimento. Seguindo esse roteiro, a bissexualidade no psiquismo se apresenta da seguinte forma: atividade *versus* passividade, masculino fálico *versus* masculino castrado e masculino *versus* feminino. Essa ideia é central quando temos em mente que a resultante das identificações primárias e secundárias é fundamental na constituição da identidade sexual do indivíduo. Essa dinâmica identificatória apresentará características do feminino e do masculino, que estarão implicadas na masculinidade e na feminilidade, e suas consequências nas cartografias do desejo sexuado. Nesse sentido, ressaltamos que

7 Compreendemos essa proposição freudiana desde o vértice de uma potencialidade, que, para vir a ocorrer, depende do experienciado por cada sujeito. Nesse sentido, em 1914, no prefácio da terceira edição dos *Três ensaios* (1905/1969), Freud assinala: "dá-se prioridade aos fatores acidentais, deixam-se em segundo plano os fatores deposicionais e o desenvolvimento ontogenético é considerado antes do filogenético"; na sequência, ressalta: "o acidental desempenha na análise o papel preponderante" (p. 124).

a percepção e inscrição do sexo biológico é relevante, mas não determinante. Por outro lado, o reconhecimento das diferenças enquanto incompletude, que o complexo de castração comporta, é imprescindível como mediador das relações do sujeito com o desejo. Essa aquisição lhe fornece instrumentos para sustentar a transitoriedade da resposta a alguns interrogantes fundamentais para o ser humano: "Quem sou eu? Qual o objeto do meu desejo?".

Pois bem, tendo exposto essa concepção, um último conceito se apresenta e requer alguns apontamentos: *o complexo de castração*. No menino, é facilmente observável onde se localiza, sendo esse seu principal temor e fonte de motivação para sua saída do Édipo, colocando seu prazer fálico em lugar do amor pela mãe. Já na menina – e aqui se justifica o mistério que envolve sua trajetória –, é justamente o contrário: é ao deparar-se não com a ameaça, mas com a castração já posta que a criança adentrará o Édipo em busca de algum tipo de compensação para tal realidade. Essas concepções que as crianças criam apenas são possíveis pois há – nessa já citada fase fálica – um momento de clímax do desenvolvimento infantil. O que diferencia esse momento pré-púbere fálico da maturidade propriamente dita nos é dito por Freud no complemento feito aos *Três ensaios*, denominado *Organização genital infantil* (1923c/1969). Nele, há dois pontos que marcam essa grande diferença: primeiro, as crianças ainda não têm suas pulsões parciais regidas pela primazia do genital; segundo, mal se apresenta a primazia genital, ambos os sexos se interessam apenas pela existência ou não do pênis, não sendo capazes de reconhecer a possibilidade de outro órgão – sendo assim, estão dominados pela *primazia do falo*. Este tem potencialidade de se fazer metáfora, pois o pênis, enquanto falo, remete ao princípio de ser uma representação, que evoca o conceito de completude.[8] Nesse contexto, temos a bisse-

8 No texto *Complexo de castração em tempos de novas configurações* (PAIM

xualidade psíquica se apresentando na dualidade: masculino fálico *versus* masculino castrado. Entretanto, sublinhamos que, nesse momento do desenvolvimento da psicossexualidade, a conflitiva edípica entra em cena, capitaliza e põe em marcha as rupturas narcísicas, necessárias para que meninos e meninas possam se haver com a incompletude – avançando de ser para ter o objeto – e, nesse processo, vir a estabelecer os fundamentos de sua identidade.

Com nossa clássica teoria revisitada, abre-se espaço para que possamos debatê-la. Contudo, antes disso, uma última exposição se mostra interessante, pois acreditamos que ela possa estabelecer um dos elos entre 1908 e 2018. Em 1908, Freud escreve o texto *Sobre as teorias sexuais infantis*, no qual há uma série de proposições referentes às fantasias que as crianças criam sobre o funcionamento do corpo antes de conhecer seu real propósito. Seguindo essa suposição, é relevante destacar que, nesse texto breve e ousado, surge pela primeira vez (não por acaso) a menção do complexo de castração, que será examinado de forma inédita, balizado pelas teorias infantis que desvelam os prenúncios da importância estrutural do falsear a percepção da castração – o que viria a ser conhecido em 1923 como a renegação. É dito nesse escrito que todas as hipóteses ali descritas são baseadas em relatos de pacientes, construções e interpretações em processos de análise e (talvez ainda mais importante) observação das próprias crianças verbalizando suas suposições.

FILHO, 2018), o autor trabalha a temática do falocentrismo, visando explorar a tese freudiana, que faz desse complexo algo que transcende a conflitiva edípica: ampliando a visão restritiva centrada na castração, somente em torno do reconhecimento das diferenças anatômicas entre os sexos. Encontramos, nos textos de Freud *Inibição, sintoma e ansiedade* (1926) e *Organização genital infantil* (1923), indicadores preciosos para conceber a castração além da anatomia dos sexos.

Com isso, fica evidente que, assim como tais teorias infantis, a invenção freudiana do complexo de Édipo foi forjada em sintonia com o trabalho clínico, articulado com a ordem cultural (FREUD, 1913/1969). Esses fatos e relatos permitem que tais hipóteses sejam ponderadas de maneira viva e interativa. Não se trata de uma reflexão absolutamente filosófica sobre esses acontecimentos inerentes ao ser humano, mas de experiências que proporcionaram ao seu idealizador cenários que instigaram o espírito aventureiro, na construção de uma hipotética antropologia psicanalítica, circulando entre a ordem psíquica e a ordem social – fiel a seu compromisso de não criar uma *Weltanschauung*: "Sou, por temperamento, nada além de um conquistador – um aventureiro, se você quiser que eu traduza – com toda a curiosidade, ousadia, tenacidade que são características de um homem dessa espécie" (MASSON, 1986, p. 399 [carta de 01 de fevereiro de 1900]). Decorrente desse contexto, essas teorias infantis forjadas no início do século XX seguem vigentes? Inferimos que nossas crianças – com curiosidade, ousadia e tenacidade – seguem, apesar da conduta por muitas vezes alienante dos adultos, interrogando-se e teorizando: "De onde vêm os bebês? Como eles nascem? É pequeno, mas vai crescer; por que papai faz xixi de pé e mamãe sentada? Etc.".

Anatomia dos sexos – neutralidade parental: família edípica

> *Deve-se concluir que aquilo que constitui a masculinidade ou a feminilidade é uma característica desconhecida que foge da anatomia.*
>
> FREUD, 1933/1969, p. 141

A *família edípica*, criação freudiana, é arquitetada em função do romance que se estabelece, desde a concepção, entre pais e filhos. Esse romance possui múltiplas tramas que se fundamentam nas vicissitudes dos registros mnêmicos, em seu curso entre o autoerotismo, o narcisismo e o amor objetal.

No desenvolvimento do tema, partimos da proposição que faz do desejo parental – banhado pelo narcisismo primário, com sua bissexualidade narcísica – o tempo primeiro do complexo de Édipo. Nesse sentido, o desejo incestuoso, antes de ser do bebê, é patrimônio daquela que exerce a função materna, enquanto vetor das demandas da dupla parental: "usualmente a mãe – contempla a criança com os sentimentos derivados de sua própria vida sexual: ela a acaricia, beija e embala, e é perfeitamente claro que o trata como o substituto de um objeto sexual plenamente legítimo" (FREUD, 1905/1969, p. 210). Ser colocado no lugar "de um objeto sexual" é uma afirmação contundente, que instigou algumas questões: para ser colocado nesse lugar pleno e legítimo, a anatomia dos sexos, por exemplo, teria relevância? Ser menina ou menino, a partir das diferenças anatômicas, tem repercussões no inconsciente parental? Esses questionamentos provocam reflexões sobre a premência das identificações primárias – que acontecem na interação das comunicações entre o inconsciente da dupla mãe/bebê –, aquelas que ocorrem no escopo do ser identificado: "Sou o que dizes que sou". Sendo assim, a dupla parental, com suas intensidades e qualidades pulsionais, com seus mandatos endogâmicos e exogâmicos produzindo repercussões na designação de gênero de suas crias.

Seguindo esse trajeto entre a anatomia dos sexos – com sua universalidade – e a anatomia psíquica – com sua singularidade –, compreendemos que a identidade sexual começa a ser tramada e tem sua estruturação antes da descoberta, pelo sujeito, das diferenças anatômicas. Portanto, essa afirmação conduz a duas constatações um tanto quanto paradoxais: de um lado, as diferenças anatômicas têm uma participação pouco significativa na construção da identidade sexual; por outro, têm uma relevância indiscutível. Como explicar tal paradoxo? Para equacioná-lo, reportamos e ratificamos a ideia de que não existem, a partir do território do desejo inconsciente recalcado, pais neutros. A neutralidade é algo que não faz parte da arquitetura psíquica do humano. Somos, em maior ou menor grau, seres desejantes, conforme a ótica de Freud, em 1900: o desejo recalcado como a mola propulsora do psiquismo. Diante dessa concepção, cada filho aciona nos pais um reviver, consciente/inconsciente, a história dos enlaces e desenlaces de sua sexualidade infantil construída em parceria com seus ancestrais.

Ao confrontar-se com um bebê a partir da separação do corpo da mãe – tempo primordial do complexo de castração –, cada casal parental depara-se com um corpo que clama por ser investido. É um investimento imprescindível para conter o desamparo e começar a inaugurar uma vida psíquica. Nesse processo, entre tantas comunicações, o corpo do bebê precisa adquirir um sentido. Ele carrega consigo a presença de uma diferença constitutiva – o destino que a anatomia determina: um sexo, para o qual o olhar parental com toda sua subjetividade inconsciente começa a esboçar um sentido. Este irá, com certeza, transcender o destino da anatomia biológica, em nome do destino engendrado pela anatomia psíquica, balizada pelo determinismo do inconsciente. Esse pensar foi explorado por Freud em 1931, quando pondera que a composição da masculinidade e a feminilidade vão além da anatomia. Portanto, a pulsão escopofílica dos pais a partir do encontro com o sexo do seu bebê – menino ou menina – vai ativar um circuito em que são acionados os elementos que estruturaram sua identidade sexual. Temos aqui o acontecer de um trânsito, a partir da bissexualidade, decorrente do mosaico identificatório: *entre libido homossexual e heterossexual, ou melhor, narcísica e edípica.*

Esse panorama terá no reconhecimento da castração – a não plenitude – o fator estabilizador da vida psíquica. Sendo assim, o reconhecimento do sexo anatômico ocupa um lugar, primeiramente, na vida fantasmática paterna, que cumprirá um papel importante nos destinos da identidade sexual de cada sujeito. Entretanto, a partir do olhar do sujeito, as diferenças anatômicas surgem e ganham *status* psíquico somente *a posteriori*. Essa descoberta, que remete à angústia de castração, como já mencionado, é significada quando ocorre a diferenciação entre os sexos e põe em marcha as ressignificações das perdas anteriores. Destacamos que essas diferenças não determinam juízo de valor; ter ou não ter o falo, enquanto símbolo de poder, é a grande questão. Pênis e vagina, com seus diferentes investimentos narcísicos, são fontes propícias para encarnar o jogo fálico da completude *versus* incompletude. Jogo que homens e mulheres vão estabelecer no longo caminho de constituição de sua identidade, um processo calcado na eterna pergunta geradora de respostas sempre parciais: como se constitui a masculinidade e a feminilidade?

Andando por essas paragens, temos condições de ratificar o lugar das diferenças anatômicas entre os sexos e suas ressonâncias na psique, tendo, como ponto de partida, o olhar da dupla parental e, como ponto de chegada, o reconhecimento, pelo olhar do próprio sujeito, do sentido que esse sexo tem para ele. Nesse processo, temos envolvida a família edípica em um romance permeado pela sedução, que ocupa um espaço proeminente para fazer trabalhar a alma, visando à construção de uma identidade sexual – em consequência do processo identificatório –, que possibilite ao sujeito ascender de forma mais livre ao seu desejo.

9. Nos processos identificatórios: as questões de gênero[1]

Raquel Moreno Garcia

Introdução

O termo *gênero* deriva do latim *genus*, que significa *nascimento* ou *origem*. No diálogo sobre as sexualidades diversas com as ciências sociais e a cultura, a psicanálise deve sua contribuição, propondo uma metapsicologia do gênero que se ocupe, a partir do histórico-vivencial do sujeito psíquico, aquele que virá a ser sujeito social, sujeito político. Neste breve escrito, propomos cercar o "DNA psíquico" do gênero no que tange ao processo complexo das identificações, a partir das teorizações freudianas em sua riqueza e limitações, e ao enriquecimento dos estudos de gênero contemporâneo, ofertado no curso de atualização do Foro de Psicoanálisis y Género de Buenos Aires.

Temos como objetivo tecer uma sorte de síntese dos aportes teóricos estudados, com o propósito maior de ofertar à clínica

1 Este capítulo é uma versão revisada e ampliada do trabalho de conclusão para o Programa de Actualización de Posgrado en Psicoanálisis y Género (2019).

psicanalítica melhores condições de abordagens, escuta e perspectivas de transformação do sofrimento psíquico que acomete o sujeito contemporâneo.

Desenvolvimento

Resgatando a história dos estudos psicológicos sobre a problemática do gênero, sobre o hermafroditismo, temos, desde 1950, em Money, a introdução da noção de gênero no corpo conceitual cientifico, creditando na ideia da não existência de uma relação natural entre sexo anatômico e identidade sexual. Posteriormente, Greenson (identificação/desidentificação) e Stoller (*imprinting* – identidade nuclear de gênero) desenvolveram o conceito tomando em conta os efeitos das primeiríssimas relações da criança com a mãe e sua incidência na definição do gênero.

Os estudos de gênero e seus desenvolvimentos se passavam em tempos de mobilização social dos grupos que se empenhavam contra o preconceito e a discriminação das ditas "minorias". Naquele momento, entrava em cena a incipiente teoria feminista, como tentativa de desnaturalizar as relações de poder estabelecidas entre os sexos, e, nessa perspectiva, os *genders studies* com seus expoentes, como Beatriz Preciado, Jessica Benjamin, Dora Haraway, Rosi Braidothi, Marika Torok, Lucy Irigaray, Jane Flax e Judith Butler, entre outras estudiosas. Mas o mundo nunca mais foi o mesmo depois da psicanálise de Freud, que a promove como uma ruptura sobre um fundo de continuidade.

O pensamento freudiano critico quanto à moral sexual vigente em seu tempo desnuda os efeitos danosos produtos de dispositivos, de ordem social, médica ou religiosa, repressivos da sexualidade do indivíduo na época. Por outra via, Freud, homem do seu tempo, sucumbe a pré-juízos em contradições, denunciando dificuldades próprias na abordagem desse soberano território da sexualidade em suas vicissitudes e destinos.

Em certos setores da psicanálise contemporânea, perduram movimentos de clausura e dogmatismo teórico, quiçá defensivos dos próprios psicanalistas em suas trincheiras de contratransferências, e, como advertido por Freud, um analista trabalha balizado/limitado por seus próprios complexos. A psicanálise acumulou ao longo dos anos uma dívida com as sexualidades que compõem os existenciários que não se encontram enquadrados nos dispositivos que organizam as subjetividades, as identificações e os desejos ajustados ao binarismo masculino/feminino. Essa mesma psicanálise se encontra encerrada em uma sorte de *closet* epistemológico, onde seus desenvolvimentos quanto aos estudos de gênero carregam insólitos intentos de discriminação diante da singularidade das sexualidades, não reverenciando a grande descoberta freudiana: psicanálise do sexual infantil, do realismo do inconsciente, do sexual ampliado, como sustenta Laplanche, para além dos limites da diferença entre os sexos, para além do sexuado. Apontamos, então, para um estruturalismo a-historicista, para o qual não existe novidade, ou um relativismo historicista, em que os fenômenos não podem ser compreendidos em suas determinações.

Moreno Garcia propõe:

> *Faz-se necessário esse conceito de sexualidade ampliada, no qual o masculino e o feminino estão como formas de ordenamento anteriores ao reconhecimento da diferença anatômica dos sexos, ou são correlativos às chamadas angustias pré-castratórias e de castração. Isto porque a enunciação do gênero masculino/feminino se inscreve na identidade nuclear do eu, antes*

> *mesmo que a criança estabeleça sua relação com a genitalidade. Estamos aqui diante da elaboração dos complexos processos identificatórios, tempos nos quais as profundas e enigmáticas vivências familiares perpetuadas em "escolhas" futuras de objetos de amor e de desejo, se consolidam e ganham corpo. (2020, p. 98)*

Irene Meler sustenta:

> *O confronto teórico com os modelos conceituais que promovem a redução da compreensão do psiquismo a supostos determinantes biológicos se articula de modo necessário com o questionamento de posições estruturalistas a-históricas que, ao proporem a existência de invariantes universais, caem no mesmo efeito conservador dos arranjos modernos estabelecidos que inicialmente caracterizaram o reducionismo biologicista. (2017, p. 19, tradução nossa)*

Assim, resgatamos as investigações de Facundo Blestcher em seu trabalho sobre as infâncias trans e os destinos da diferença sexual, o qual assevera que, se temos novos existenciários, devemos renovar as teorias:

> *Para um primeiro ordenamento dos novos problemas que se colocam, distinguimos, seguindo as teorizações de Silvia Bleichmar, entre produção de subjetividade e constituição do psiquismo. Enquanto esta última dá conta dos processos constitutivos do funcionamento psíquico, que se mantém além das mutações históricas, a produção de subjetividade diz respeito à construção social do sujeito e à incidência das significações*

> *e ordenamentos discursivos do imaginário social instituído e instituinte. (2017, p. 30, tradução nossa)*

Cercamos, entre os conceitos fundamentais da teoria psicanalítica, o conceito de identificação e deparamo-nos com um paradoxo: ao mesmo tempo que cumpre uma função de sustentáculo da teoria psicanalítica, não protagoniza metapsicologicamente um lugar devido, diante da extensão de sua importância.

Em *Psicologia das massas e análise do eu* (1921), estamos em tempos de a teoria da libido centralizar a escritura de Freud, o que já estava em curso desde os textos de *Totem e tabu* (1913) e *Sobre o narcisismo, uma introdução* (1914), assim como ao abordar o trabalho sobre *Luto e melancolia* (1917). As relações entre o amor objetal e o processo das identificações se constituem no tema nuclear do Capítulo 7 de *Psicologia das massas e análise do eu*.

Como já havia proposto anteriormente em seu texto, a massa é caracterizada por ligações libidinais, e toda relação afetiva aporta um caráter sempre ambivalente, uma dificuldade com as diferenças. Mas, quando um grupo se forma, diz Freud: "a totalidade da intolerância se desvanece, temporariamente ou permanentemente, dentro do grupo" (1921/1987, p. 129). Os membros do grupo igualam-se, e essa limitação do narcisismo aponta para o laço libidinal com os outros. A referência nesse ponto é para a força da pulsão de morte, quando cita, em *Além do princípio do prazer*, a luta entre ódio/agressividade e o amor: do egoísmo ao altruísmo. Então, encontramos na massa a força da pulsão sexual como meta desviada, dessexualizada, qual seja, a identificação.

Na complexidade do processo de identificação, encontramos, em Freud, a forma primeira e mais originária de laço afetivo, a primeira exteriorização de uma ligação afetiva do indivíduo com uma pessoa, desempenhando um papel na sua pré-história, na história primitiva do complexo de Édipo, definindo quiçá a história desse indivíduo.

Na busca de compreensão da tessitura do processo das identificações, Moreno Garcia propõe:

> *Se em Freud dos tempos pré-psicanalíticos não estava desenvolvida a prioridade do outro na constituição de um psiquismo, as bases estavam lançadas, assim como aquilo que dez anos mais tarde afirmara: nenhum psicanalista vai além de seus próprios limites, de seus complexos. Pensamos que é o inconsciente dos pais com seu determinismo, aquele das inscrições que o fundaram, que irá instaurar o determinismo do inconsciente da criança que, por sua força disruptiva imporá um trabalho, trabalho de metábole, de apropriação e transformação do que com maior ou menor nível de traumatismo acometeu esta criança orificial. Pelos orifícios do corpo ingressa o que se constituirá em complexas redes de representações, instâncias secundárias numa linguagem de sínteses no eu inconsciente/no pré-consciente. (2020a, p. 97)*

Abordamos a matéria-prima para a construção dos pilares do processo das identificações, e Silvia Bleichmar enuncia:

> *Tudo nos leva a pensar que o valor que tomou progressivamente o conceito de identificação na Psicanálise se sustenta no fato de não considerar a identificação como um mecanismo entre outros, mas como a operação fundamental que gera as condições para instituir a subjetividade, propiciando os requisitos da constituição psíquica. (2015, p. 69)*

Trata-se, portanto, da estrutura, da base sobre a qual se afirma a identidade enquanto conjunto de enunciados, em que o sujeito reconhece a si mesmo no marco do enlace libidinal ao semelhante.

Aqui, abordamos as questões que remetem à identidade sexual, qual seja, a conformação entre as inscrições erógenas primárias, as representações de gênero, a sexuação articulada pela diferença de sexos e as modalidades dominantes da orientação do desejo, com sua consequente eleição de objeto de amor ou eleição genital de objeto de amor.

Em *Cuerpos que importan* (2018), Judith Butler cita, inspirada em Foucault:

> *Como o sujeito humano se transforma em um objeto de possível conhecimento? Mediante quais formas de racionalidade? Mediante quais necessidades históricas? E a que preço? A minha pergunta é esta: quanto custa que o sujeito seja capaz de dizer a verdade sobre si mesmo? (2018, p. 43, tradução nossa)*

Mais do que questionar, a autora profere uma provocação: se as identidades sexuais adviessem de uma sexualidade fixa, estaríamos numa sorte de essencialismo, no qual, entre prescrição e restrição, as noções de eleição e de jogo livre seriam inimagináveis. O preço a pagar por desnaturalizar a sexualidade e o gênero é o embate com os esquemas normativos da heterossexualidade obrigatória com seus marcadores na naturalização e reificação de normas heterossexistas. Butler adverte:

> *A identificação é o lugar no qual acontecem a proibição e a produção ambivalentes do desejo. Se assumir um sexo é em certo sentido uma "identificação", pareceria*

> *que a identificação é um lugar no qual são negociados insistentemente a proibição e o desvio. Identificar-se com um sexo é manter certa relação com uma ameaça imaginária, imaginária e vigorosa, sendo vigorosa justamente porque é imaginária. (p. 153, tradução nossa)*

Por essa via, a autora compreende as identificações enquanto esforços fantasmáticos de fidelidade, ambiguidade transcorporal produzindo desestabilidades no Eu, sendo também a consolidação de nós mesmos na presença estruturante da alteridade, no que se constituirá o precipitado do Eu. Dessa forma, as identificações não culminam em um processo pleno e acabado; pelo contrário, elas insistem em reconstituições, atendendo à lógica da iterabilidade.

O psiquismo, então, se estrutura pelas perdas/separações/renúncias, que fornecem garantia para que o Eu inconsciente e o Eu pré-consciente se constituam em uma organização. Assim, vai se formar um sofisticado conglomerado de representações de um si mesmo, resultado do investimento libidinal do outro e, com todo um processamento altamente metabólico, agora em amálgama: o núcleo do Eu, o precipitado dos investimentos objetais abandonados. Portanto, na consolidação do processo pelo trabalho do luto, o Eu se torna efetivamente livre, desde o constitutivo luto de seus objetos primeiros, até o necessário luto das perdas na vida, quando esse Eu volta a funcionar com maior independência.

Coincidimos com Irene Meler:

> *No entanto, ainda quando os sujeitos renunciam ao prazer sensual em benefício da autoestima, é possível remeter à sensação de serem amados pelo próprio Super-Eu a suas origens primevas, ou seja, às primeiras renúncias que realiza a criança (que, na verdade, são*

> *postergações da satisfação pulsional) com vistas a ganhar o amor dos objetos assistentes do seu desamparo infantil. No final das contas, o investimento amoroso do self não é mais que o sedimento subjetivo do amor recebido por parte daqueles a quem amamos. (2000, p. 183, tradução nossa)*

Iniciemos nosso breve recorrido sobre o complexo processo que constitui as identificações com sua fundamental imanência no que concerne ao gênero e às identidades de gênero, referendando a Freud – tão vanguardista quanto sexista. E, se abordamos acima o processo de independência do Eu, se faz necessário pontuar que o movimento feminista, integrado também por psicanalistas, decidiu revisar alguns dos paradigmas freudianos francamente obsoletos e insustentáveis. Em seu texto *O feminismo espontâneo da histeria*, Emilce Bleichmar, ao não considerar a feminilidade como sinônimo da sexualidade feminina, acrescenta em suas elaborações o conceito de gênero, denuncia a situação da mulher na sociedade contemporânea, quando a cultura determinara que a diferença de sexos (e não *dos* sexos) implica desigualdades com suas consequências psíquicas. Adverte Bleichmar:

> *A sexualidade é um dos componentes que sofre uma das avaliações mais desiguais segundo o gênero que a exercite. Como atividade narcisista, vinte séculos de cultura denunciam o estado conflitivo da sexualidade para a mulher que se encontra muito longe de ser uma atividade que a valorize, uma atividade narcisizada e narcisizante. (1988, p. 102)*

A autora se refere ao adultocentrismo e ao estruturalismo a-historicista da psicanálise de crianças, que culminaram em uma desatenção sobre o efeito do *après-coup* na construção das estruturas psíquicas.

Bleichmar sustenta que a feminilidade, enquanto sentimento de gênero, constitui-se com transformações ao longo do seu desenvolvimento, mas seu núcleo precocemente se estabelece de modo independente da sexualidade. Os fatores conflitivos psíquicos ou sociais jogam força nas condições da sexualidade feminina e consequente escolha de objeto, pois destes dependem as possibilidades de a mulher harmonizar o narcisismo ligado ao seu gênero e a narcisização de sua sexualidade. A autora centraliza seu trabalho em "articular as investigações recentes sobre o gênero com o papel desempenhado pelo sistema narcisista na construção da crença sobre o gênero" (p. 57). Assim, questiona se o gênero do sujeito parte de seu sistema intrapsíquico – ego e superego – ou das vicissitudes do seu desejo sexual, como tradicionalmente enfocado. Conclui:

> *Se a histeria constitui o sintoma da estrutura profundamente conflitiva da feminilidade em nossa cultura, esta expressão da debilidade de seus métodos, do inconsciente de suas defesas, da surdez que acompanha seu grito, não faz que testemunhar o caráter desvalorizado de sua identidade de gênero. (p. 194)*

Pensamos que essa sexualidade não se reduz ao feminino/masculino, muito menos à forma como a função sexual estabelece os enlaces com a genitalidade, mas a concebemos como atravessada ao longo da vida pelos movimentos desejantes, anárquicos, pulsionais, alcançando o que se constitui enquanto identidade sexual, os modos pelas quais o sujeito se reconhece potencialmente em um ou em outro setor da vida.

Irene Meler esclarece:

> *À guisa de anotações fragmentárias, podemos iniciar com a análise sobre a ansiedade, tão frequente na adolescência, em relação à orientação do desejo sexual. A pergunta dos nossos adolescentes, que poderia ser expressa como: "O que sou? Homossexual ou heterossexual?", seria impensável no mundo antigo, onde ninguém pensava no ser como chave do desejo, embora se reconhecesse que alguns adolescentes iriam continuar para a vida adulta com certa tendência à afeminação, o que no caso dos cidadãos era malvisto (Foucault, 1986). A carência representacional para as flutuações da identidade e do desejo (que, embora tenham sido descritas como correntes psíquicas coexistentes pelo discurso da Psicanálise, não se representam dessa forma no imaginário coletivo) contribui para a psicopatologização e para o desenvolvimento da angústia. As coisas seriam menos difíceis se essa pergunta pelo ser pudesse ser substituída por outras, como: "Como estou?", "com quem?", "quando?" e "por quê?". Também, a direção de muitas análises se beneficiaria se pudesse ser colocada em questão a tendência normalizante à qual, por vezes, é difícil se furtar. (2000, p. 183, tradução nossa)*

Entendemos as questões que dizem respeito às razões da inversão (termo complicado em Freud, que reduz a verso/reverso, a partir de uma proposta hegemônica na heterossexualidade) ou confusão sexual na infância como múltiplas, não se reduzindo ao posicionamento da criança ante a castração, mas estendendo-se a modos de articulações muito complexos entre as formas de organização dos atributos de gênero e os fantasmas que articulam o desejo sexual a partir da presença pregnante do outro, com sua captura na complexidade do *après-coup*, no *après-coup* da adolescência.

Reduzir as vicissitudes da sexualidade infantil a uma única vertente, que é a castração e o Édipo, significa diluir o descobrimento fundamental da psicanálise, qual seja, o processo de constituição da identidade enquanto articulador defensivo para fazer frente ao pulsional provido pelo outro, antes mesmo que a diferença anatômica seja percebida pelo sujeito psíquico (MORENO GARCIA, 2019, p. 57).

Se propusermos essa psicanálise da singularidade da escuta sobre os efeitos da alteridade na constituição do psiquismo, efeito de uma história pulsional, não pautada por orientações pré-formatadas da herança filogenética, operamos a partir de vicissitudes dessa história de um sujeito inserido numa dada cultura produtora de subjetividade.

Laplanche lança a proposição: "o Sexual é o resíduo inconsciente do recalcamento/simbolização do gênero pelo sexo" (2015, p. 155). Será esse sexo que vem a fixar esse gênero, fornecendo-lhe estabilidade? Sexo secundário e organizador, uma sorte de simbolização do gênero, então assegurando estabilidade narcísica ao ser?

Inegável é a realidade material da existência de dois sexos, porém, na convocatória dos nossos tempos, também há a presença de vários gêneros/sexualidades: masculino/feminino, gay/lesbiano, *butch*, intersexuado, assexuado, transexual, transgênero, bem como manifestações artísticas que propõem um questionamento sobre os papéis de gênero: *drag queen*, *drag king*...

Considerações finais

Gênero, *sexo*, *sexual*. Essa tríade que nos impõe reflexões, estudos e pesquisas, seguindo o compromisso da psicanálise para além de campear uma história, fornece alforria na transformação, no tratamento para esse sexual, quando se apresenta refratário a transformações, sendo da ordem da repetição, do desligamento, da pulsão de morte, com implacável empobrecimento do ser psíquico, seja no ser hetero, no ser homo, no ser bi, no ser trans, no ser travesti...

Mas se aludíamos à liberdade – ou a alguma liberdade –, encontramos, em contrapartida, nas manifestações de intolerância, de discriminação, de segregação sexual, assim como na homofobia e na heteronormatividade, o avesso, o desesperar, o convulsionar de indivíduos aprisionados e assombrados por fantasmas aterrorizantes, obrigados a uma sorte de exorcismo do sexual impossível de ser integrado na malha representacional egoica.

O modelo da família está em mutação; emergem novos modos de organização, efeito da ruptura daquela forma canônica: sexualidade e procriação. Surgem famílias monoparentais e homoparentais, atravessadas por modos dominantes de subjetividade de nosso tempo.

A teoria/ideologia do gênero é inseparável de um desafio democrático, do desejo de levar igualdade para onde ela está pouco presente, entre homens e mulheres, entre as diversas orientações sexuais. A pergunta que não pode calar: por que a diferença sexual implica desigualdade social? Um questionamento que abre espaço sobre certa naturalização da heteronormatividade, sobre as lógicas do patriarcado como uma ordem de poder hierárquico, um exercício de domínio pelo qual se estabelecem relações de força e subalternidade entre homens e mulheres, assim como em relação às dissidências sexuais que correm por fora da heteronorma.

Com a psicanálise, o sexo psíquico possui a realidade de um sexo, coincidindo ou não com a anatomia. Portanto, temos as dissidências sexuais que receberam as marcas de uma história singular, em processo de transformação e estabilização em sua cartografia do desejo – de um sujeito psíquico, de um sujeito da cultura, mas para muito além de uma heteronormatividade enquanto trincheira defensiva de alguns setores da psicanálise.

E a psicanálise, que se fundamenta nesse inconsciente nosso de todos os dias e todas as noites, politicamente incorreto e ineducável, porém transformável, é convocada a fazer, em diálogo com os estudos de gênero, sua parte enquanto guardiã das singularidades e com o compromisso ético com o semelhante, com o sofrimento psíquico.

10. As (nem tão novas) cartografias desejantes e a sexualidade infantil[1]

Clarissa Salle de Carvalho, Élvis Bonini, Mariana Biasi, Raquel Moreno Garcia e Tatiane França

Introdução

Compreender melhor a diversidade das sexualidades na estruturação de gênero de cada indivíduo se faz extremamente necessário a todos nós, psicanalistas da contemporaneidade, uma vez que estamos diante de uma abertura cultural, promotora de uma integração social importante e muito necessária nos dias atuais. Assim, acreditamos que essa complexa tarefa deve estar amparada fundamentalmente na base da metapsicologia freudiana e, em especial, na obra capital *Três ensaios sobre a teoria da sexualidade* (1905/1969) – um texto que, não por acaso, o criador da psicanálise retrabalhou constantemente até o final da vida.

1 Trabalho do Núcleo de Estudos, Produção Científica e Clínica das questões sobre gênero/sexo da Constructo, publicado originalmente na *Revista de Psicanálise da Constructo*, n. 6, sob a coordenação de Raquel Moreno Garcia, com a participação de Clarissa Salle de Carvalho, Élvis Bonini, Mariana Lütz Biazi e Tatiane França.

Para poder se lançar ao estudo do pulsional, Freud reverenciou seus antecessores e revisitou teóricos contemporâneos da sexologia. Assim, pautado por essas contribuições, lançou inovações na teorização da sexualidade humana, na medida em que passou a entender o sexual não mais como emergente a partir da puberdade – como era vista até então –, mas como presente desde a primeira infância.

As (nem tão novas) cartografias desejantes

Apesar de proveniente de uma sociedade patriarcal, o autor se debruçou sobre a compreensão de fenômenos sexuais não convencionais para a época, tais como a inversão, a bissexualidade e a perversão. E, ainda que tenha homologado em determinado momento de sua obra a inversão com a patologia, bem como mencionado sua origem no inatismo, Freud postulou que todo ser humano é atravessado por questões homo e heterossexuais.

A "fábula poética da divisão do ser humano em duas metades – homem e mulher – que aspiram a unir-se de novo no amor" (FREUD, 1905/1969, pp. 128-129), tradutora da heteronormatividade da época, parecia explicar o rechaço popular diante da inversão que, por muito tempo, ocupou lugar no campo da degeneração. Com isso, para nós, abre-se uma curiosa questão: qual teria sido a motivação na escolha da palavra "inversão"? E mais: poderíamos, com isso, pensar que a sexualidade humana teria duas faces, como uma moeda? Seriam, então, os invertidos o reverso de uma heterossexualidade tida na época como "normal"? O reverso do verso, já que a sexualidade humana é somente uma: a infantil?

O recurso da explicação da via bissexual se faz presente em Freud a partir da ideia do hermafroditismo anatômico e da presença de caracteres sexuais masculinos e femininos em ambos os sexos – mesmo que alguns estejam plenamente desenvolvidos e outros apenas como resíduos do sexo atrofiado. Foi essa ideia, calcada no biológico, que abriu caminho à teorização da bissexualidade psíquica. Contudo, em tempos de construções teóricas, a falha no paralelo entre o hibridismo somático e psíquico fez com que Freud abandonasse, em parte, essa hipótese e, assim, a ideia da bissexualidade psíquica ficou, por certo tempo, pairando teoricamente, sem achar o seu devido lugar no contexto metapsicológico.

O entendimento da inversão é posto como complexo e compreende uma diversidade de características de relações na cartografia do desejo, muito próprio da sexualidade humana, resultando, por isso, em combinações tão singulares. A libido homossexual estaria, então, sempre presente no aparelho psíquico, no inconsciente, já que pode ter destinos diferentes da erotização no lado do pré-consciente/consciente (PCS-CS). Assim, Freud afirma que:

> *A psicanálise considera, antes, que a independência da escolha objetal em relação à escolha do sexo do objeto, a liberdade de dispor igualmente de objetos masculinos e femininos, tal como observada na infância, nas condições primitivas nas épocas pré-históricas é a base originária da qual, mediante a restrição num sentido ou no outro, desenvolvem-se tanto o tipo normal como o invertido. No sentido psicanalítico, portanto, o interesse sexual exclusivo do homem pela mulher é também um problema que exige esclarecimento, e não uma evidência indiscutível que se possa atribuir a uma atração de base química. (1905/1969, pp. 137-138)*

Tendo em vista que o sexual não é exclusivo da região genital e que todo o corpo seria revestido por uma capacidade erógena e, portanto, igualmente excitável, todas as atividades excitatórias corporais poderiam estar dentro de um campo de equilíbrio psíquico, uma vez que elas abarcam diferentes expressões do pulsional, ou seja, do infantilismo da sexualidade.

> *Agora, se nos oferece a conclusão de que há sem dúvida algo inato na base das perversões, mas esse algo é inato em todos os seres humanos, embora, enquanto disposição possa variar de intensidade e ser acentuado pelas influências da vida. Trata-se, pois, das raízes inatas da pulsão sexual dadas pela constituição, as quais, numa série de casos (as perversões), convertem-se nas verdadeiras portadoras da atividade sexual (perversa), outras vezes passam por uma supressão (recalcamento) insuficiente, de tal sorte que podem atrair indiretamente para si, na qualidade de sintomas patológicos, parte da energia sexual, e que permitem, nos casos mais favoráveis, situados entre os dois extremos, mediante uma restrição eficaz e outras elaborações, a origem da chamada vida sexual normal. (p. 162)*

Dessa maneira, é proposta uma diferenciação em relação à vigência dos prazeres autoeróticos nos funcionamentos perversos, discriminando-os de suas manifestações na sexualidade organizada. Na perversão, as pulsões parciais não chegam a ser recalcadas e, portanto, cobram fixidez na sua meta e exclusividade de objeto. Porém, toda e qualquer manifestação de sexualidade carrega componentes parciais, mesmo tendo havido a organização de recalcamento dentro do aparelho psíquico por meio de satisfações sublimadas ou derivadas. Remetemos aqui à obra freudiana da vigência quanto à disposição perversa polimorfa de toda sexualidade humana, segundo Moreno Garcia e Paim Filho:

> *Freud trabalhou sempre com a dualidade entre inato (pulsional) e adquirido (histórico-vivencial), o que esclarece que tenha chamado o primeiro de seus três ensaios de Aberrações sexuais. Aberrante no sentido de romper com a ideia de um padrão de normalidade pré-estabelecido. A sexualidade humana, que, em sua essência, é a sexualidade infantil, perverte a ordem vigente quanto à autonomia da sexualidade adulta em relação ao infantil, o que nos fornece subsídios para teorizar sobre o infantil na sexualidade. (2017, p. 113)*

Contudo, Freud considera que o pré-prazer pode englobar certos perigos, caso o encontro sexual se limite a isso. Sua forte ligação com a vida sexual infantil poderia supor o risco de impedir que se chegue ao alvo sexual padrão, o que lhe daria um papel patogênico. É sabido que a sexualidade infantil é constituída por pulsões parciais e, assim, corre-se o risco de ocorrer fixações como consequência de um nível elevado de estimulação, ou seja, inscrições sem possibilidades de retranscrição pela insuficiência do psiquismo em efetuar um processo metabólico sobre o que ingressou naquele Eu corporal. O perigo reside no fato de que, a partir dessa estimulação intensa, podem vir a surgir as perversões.

Sendo assim, questionamos se o parâmetro genital proposto por Freud como alvo sexual definitivo é realmente fruto de uma organização psíquica mais evoluída/terminada do que outras ou se podemos pensar que o genital viria necessariamente impregnado do pré-genital, podendo ou não se constituir enquanto síntese da parcialidade pulsional rumo à resolução orgástica.

> *Somente em raríssimos casos a valorização psíquica com o que é aquinhoado o objeto sexual, enquanto alvo desejado da pulsão sexual, restringe-se a sua genitália; ela se propaga, antes, por todo o seu corpo, e tende a abranger todas as sensações provenientes do objeto sexual. [...] Ora, é esta supervalorização sexual que não suporta bem a restrição do alvo sexual à união dos órgãos genitais propriamente ditos e que contribui para elevar as atividades ligadas a outras partes do corpo à condição de alvos sexuais. (p. 142)*

Poderíamos, então, pensar que, mesmo havendo um comércio genital numa relação sexual, tal fato não seria necessariamente um indicativo de um psiquismo clivado pela castração? O pulsional autoerótico não recalcado poderia estar logrando circulação num sujeito, mesmo que este tenha uma atividade genital, sem haver possibilidade de investir libidinalmente no objeto de amor? Logo, poderíamos pensar que o sinal maior de que o sujeito está atravessado pela castração é a possibilidade de acesso à ética na relação com o outro, decorrente da sua capacidade de investir no objeto de amor, mais do que a síntese genital propriamente dita?

A pulsão, sempre ativa em sua meta (FREUD, 1915a/1969), pulsa constantemente em busca de satisfação. O aparelho psíquico, então, se tornaria complexo para dar conta dessa força pulsional, presente desde o início da vida, embora mais observável por volta dos 3 ou 4 anos. É nesse período que essa busca por satisfação começa a sofrer inibições que, na sequência, culminam na latência e na amnésia. Essas inibições são fruto das exigências externas da educação e da cultura e formações reativas do próprio aparelho psíquico que se tornam possíveis através da criação dos diques (asco, vergonha e moral). Estes estreitam o percurso da meta original da pulsão para outros objetos e fins, proporcionando o processo sublimatório.

Assim, surge a questão: podemos pensar que, ainda que sejam muito válidos os esforços da cultura para despatologizar as diferentes sexualidades, justamente por causa da amnésia infantil ou de formações reativas, sempre haverá rechaço e até mesmo compreensões patologizantes por parte de determinados indivíduos como forma de não se haverem com o embate pulsional direto, fruto de diques fragilmente constituídos? Que isso é um indicativo de formações patológicas diante dessa diversidade?

Com isso, levantamos a hipótese de que seria em função de um recalque malsucedido dos prazeres autoeróticos primários em uma parcela considerável da população cuja satisfação de prazeres orais e anais no exercício da sexualidade adulta, durante longo período, nossa cultura considerou como perversa.

A organização da libido

A organização da libido, de acordo com Freud (1905/1969), ocorre por meio de fases consecutivas, e cada uma delas teria um primado em relevância com uma zona erógena. Segundo os aportes desenvolvimentistas de Freud, a fase pré-genital, que compreende o período no qual a zona genital ainda não é a protagonista da atividade sexual, é dividida em duas.

A primeira, chamada de *fase oral* ou *canibalesca*, diz respeito ao tempo em que a atividade sexual ainda está interligada à nutrição. Não há, portanto, diferenciação do objeto, e o alvo sexual é a incorporação deste: "modelo do que mais tarde irá desempenhar, sob a forma da identificação, um papel psíquico tão importante"

(p. 187). O chuchar da criança é um exemplo da troca do objeto alheio pelo prazer com o objeto, que é o próprio corpo.

No segundo tempo pré-genital, conhecido como a fase sádico-anal, a divisão em opostos – ativo e passivo – já está constituída; sua atividade ocorre por meio da pulsão de dominação através da musculatura do corpo, e seu alvo passivo incide sobre a mucosa erógena do intestino. A ambivalência é uma característica forte desse momento e "essa forma de organização sexual pode conservar-se por toda a vida e atrair permanentemente para si uma boa parcela da atividade sexual" (p. 187). Poderíamos pensar, a partir do exposto, que durante o encontro afetivo-sexual sempre haveria também influências dessas plasticidades da pré-genitalidade que foram inscritas em cada sujeito?

Foi só em 1923, em uma nota de rodapé, que uma terceira fase foi acrescentada à organização da vida sexual: a fase fálica. Nesse período, de acordo com Freud, já haveria uma escolha de objeto e certo grau de convergência dos desejos sexuais para este. Entretanto, ainda faltaria, nesse momento, a maturidade sexual, que seria alcançada só na adolescência.

> *Na infância, portanto, essa é a maior aproximação possível da forma definitiva assumida pela vida sexual depois da puberdade. A diferença desta última reside apenas em que a concentração das pulsões parciais e sua subordinação ao primado da genitália não são conseguidas na infância, ou só o são de maneira muito incompleta. Assim, o estabelecimento desse primado a serviço da reprodução é a última fase por que passa a organização sexual. (p. 188)*

A partir da proposição freudiana, mais um questionamento se faz relevante: a síntese genital se tornaria necessariamente o único parâmetro de síntese que regularia o psiquismo em funcionamento com alto nível de complexização? Ou, então, o reconhecimento da diferença anatômica diz respeito à possibilidade de um aparelho psíquico estar apto a reconhecer as diferenças (interno e externo, Eu e não Eu etc.)?

A chegada da puberdade reorganiza a sexualidade infantil, trazendo modificações que direcionam a sexualidade para sua configuração adulta e proporcionando, com isso, o encaminhamento da pulsão, até então predominantemente autoerótica, a um objeto sexual. Muda-se, assim, o alvo sexual, que (oriundo da disposição perversa polimorfa pulsional, como acima citado) sai do polimorfismo para se organizar no primado genital, ao qual as zonas erógenas passam a ficar subordinadas. Porém, só isso não bastava para chegar ao que Freud, na época, considerou a normalidade da vida sexual. Precisava, ainda, haver a convergência de duas correntes: a de *ternura* e a *erótica*. Com a maturidade fisiológica, o aparelho reprodutor fica à espera do momento de ser utilizado, ocasião em que é possível o encontro da pulsão sexual com a função reprodutora. Esse aparelho vai ser acionado por estímulos advindos de três caminhos: do mundo externo, do interior do organismo e da vida anímica. A partir dessas três vias, é produzido o estado de excitação sexual, que gera tensão e alterações fisiológicas (p. 188).

Ao abordar a questão da tensão relacionada ao estado de excitação sexual, Freud depara-se com um problema: como poderia esse estado de tensão, até então entendido como desprazer, estar relacionado à obtenção de prazer? Paradoxalmente apresenta-se, então, a ideia de um desprazer prazeroso, o que gera um impasse que se torna um ponto importante e, por algum tempo, um dos mais sensíveis na teorização freudiana, sobre o qual o autor volta a falar em 1924, em seu texto *O problema econômico do masoquismo*.

A nova organização trazida pela puberdade aponta o papel fundamental das zonas erógenas e coloca em evidência a ideia de um corpo totalmente libidinizado e, portanto, facilmente excitável, mesmo quando se pensa nas zonas mais afastadas do alvo sexual. O olhar, por exemplo, que com grande frequência pode ser estimulado, tem extrema importância no momento da atração, uma vez que esta antecede a excitação sexual propriamente dita. Do olhar às mãos que se tocam, o efeito é semelhante: uma sensação de prazer que pode (ou não) se intensificar e, então, aumentar a tensão que pode se tornar desprazer, na medida em que não lhe é possibilitado o acesso a um prazer maior. Freud, então, interroga-se sobre como um prazer vivenciado pode estimular a exigência de um prazer ainda maior e, a fim de responder essa questão, debruça-se sobre o mecanismo do pré-prazer. É justamente a partir da excitação das zonas erógenas que surge o pré-prazer, que remete ao que já foi produzido, embora em menor escala, pela instauração do sexual no *infans*. Na vida adulta, é o que se conhece por *preliminares*, uma vez que conduzem ao prazer final, que só é possível depois da puberdade, quando o clímax pode ser atingido. "A fórmula para a nova função das zonas erógenas tem, assim, o seguinte teor: elas são empregadas para possibilitar, por meio do pré-prazer delas extraído, como na infância, a produção do prazer maior da satisfação" (FREUD, 1905/1969, p. 199).

Embora a vida sexual adulta pareça ser muito diferente da vida sexual infantil, existem entre elas mais semelhanças do que se imaginava anteriormente. De acordo com Freud, as zonas erógenas, a partir da segunda metade da infância, já se comportam de forma semelhante à conduta madura, como sede de sensações e excitação. As manifestações infantis da sexualidade são determinantes para a configuração da vida sexual normal, bem como para os desvios.

> *A sexualidade infantil é como o inconsciente, ela ignora o tempo. É onde ela nasce, mas, para frisar mais uma vez, a sexualidade infantil não se confunde com a sexualidade da criança. Ela não é uma sexualidade preliminar, mesmo que as "preliminares" lhe devam tudo. (ANDRÉ, 2019, p. 29)*

Distanciando-se da concepção fisiológica, Freud (1905/1969) volta sua atenção para as manifestações psíquicas da vida sexual e introduz a noção de libido como uma energia subjacente aos processos anímicos em geral. É considerada a expressão de uma força, que é quantitativa e qualitativamente variável, relacionada aos processos e transformações da excitação sexual. Dessa forma, entra em cena o conceito de representação (*Vorstellung*), ligado a um *quantum* de energia, cujo substituto psíquico chama-se *libido do ego*. O caráter sexual da libido não está limitado à genitalidade: ao ser investida nos objetos sexuais, a libido do ego converte-se em libido de objeto. "Vemo-la, então, concentrar-se nos objetos, fixar-se neles, ou abandoná-los, passar de uns para outros e, partindo dessas posições, nortear no indivíduo a atividade sexual que leva à satisfação" (p. 206).

É também a partir da puberdade que a distinção entre os caracteres masculinos e femininos ganha evidência. Para Freud, o desenvolvimento da vergonha e do asco (primeiros diques) surge prematuramente nas meninas, nas quais o recalcamento sexual parece ser maior do que nos meninos, embora a atividade autoerótica das zonas erógenas seja idêntica em ambos os sexos. Essa semelhança, durante a infância, parece suprir a distinção que se torna necessária com o passar do tempo. "Com respeito às manifestações autoeróticas e masturbatórias da sexualidade, poder-se-ia formular a tese de que a sexualidade das meninas tem um caráter inteiramente masculino" (p. 207). Dessa maneira, segundo o autor, a libido é de natureza masculina, uma vez que a pulsão é sempre ativa, mesmo que seu fim seja passivo.

Inicialmente, a zona de excitação dominante nas meninas é o clitóris, enquanto nos meninos é a glande. O avanço da libido na puberdade faz com que a menina passe por uma grande onda de recalcamento da sexualidade do clitóris, enquanto o menino parece ter um momento mais proveitoso e de menos inibição. Na vida adulta, a mulher altera a zona erógena dominante, que passa do clitóris para a vagina, enquanto o homem conserva a mesma zona ao longo da vida. É nesse momento que a mulher parece recalcar a sexualidade masculina infantil, e isso se relaciona aos principais determinantes para o possível desenvolvimento de neuroses. As consequências dessa mudança estão relacionadas à natureza da feminilidade (p. 207).

Contudo, Jacques André (1996), em suas teorizações, propõe um questionamento sobre tais proposições freudianas relacionadas à negação da erogeneidade vaginal na infância da menina. Assinala que Freud teria recalcado a vagina em sua teoria sexual infantil, justamente por essa ser símbolo representante da passividade que a todos habita. André traz inclusive as correspondências entre Freud e Abraão, nas quais o segundo também questionou Freud e apresentou uma importante contribuição, assinalando existir a representação da vagina na menina desde muito pequena, conhecimento que posteriormente seria esquecido pelo recalque.

Superado o período da latência, ocorre um redirecionamento da libido, o que permite o encontro com o objeto, até o qual o caminho já fora preparado desde a mais tenra infância.

> *Em geral, a pulsão sexual torna-se autoerótica, e só depois de superado o período de latência é que se reestabelece a relação originária. Não é sem boas razões que,*

> *para a criança, a amamentação no seio materno torna-se um modelo para todos os relacionamentos amorosos. O encontro do objeto é, na verdade, um reencontro. (FREUD, 1905/1969, p. 210)*

Da relação com a mãe, surge o primeiro e mais importante de todos os vínculos sexuais da vida de um sujeito, que prepara o terreno para a posterior escolha de objeto, o que é também uma tentativa de restabelecer a plenitude outrora vivida. Essa relação é uma fonte inesgotável de excitação e satisfação sexuais oriundas dos cuidados exercidos sobre o corpo da criança, uma vez que o adulto cuidador é atravessado pela sua própria sexualidade recalcada. "A mãe provavelmente se horrorizaria se lhe fosse esclarecido que, com todas as suas expressões de ternura, ela está despertando a pulsão sexual de seu filho e preparando a intensidade posterior desta" (p. 211).

A ternura dos pais, que tem como efeito barrar/transformar o que é do erotismo anárquico, cumpre sua função ao colocar a barreira do incesto, possibilitando que, no futuro, a criança possa escolher um objeto sexual. Essa barreira se encontra entre as maiores aquisições históricas da humanidade, tornando-se uma exigência cultural da sociedade, como Freud iria abordar futuramente em seu texto *Totem e tabu* (1913/1969).

É na esfera da representação psíquica que se consuma inicialmente a escolha de objeto. Nesse sentido, entra em cena o papel das *fantasias*, representações impossíveis de serem concretizadas. São justamente as fantasias do período da puberdade que se relacionam com o que é do infantilismo da sexualidade, que aponta os caminhos nos quais a libido encontrava satisfação antes da ação do recalque e, assim, a gênese da formação de possíveis sintomas. Essas fantasias retornam na puberdade e são potencializadas pela premência somática. É necessário abandoná-las para que se possa ter novas aquisições psíquicas, como o desligamento da autoridade dos pais, fato que geraria uma forte oposição entre gerações, o que, segundo Freud, tem importante papel para a evolução da cultura. Apesar de ser importante diferenciar o amor sexual do não sexual, cabe salientar que os dois se originam na mesma fonte e que o amor não sexual do adolescente pelos pais remete a uma fixação infantil da libido (FREUD, 1905/1969).

Diálogo com Jacques André

É certo que Sigmund Freud foi um homem à frente de seu tempo. Com suas teorizações, chocou a sociedade científica e revolucionou o modo de pensar o ser psíquico. Suas contribuições são de inestimável valor, e a fecundidade de sua obra é incalculável, uma vez que ela ficou aberta a constantes revisões e possibilidades de retrabalho e, assim, continua nos apresentando novidades.

O conceito de *masoquismo primário* (FREUD, 1924/1969) e consequentemente de uma *posição passiva*, além de revisto pelo próprio Freud no decorrer de sua obra, influenciou outros autores, entre os quais está Jacques André, que parece ter tomado essa temática da passividade no masoquismo erógeno como base para repensar a questão da sedução e, então, propor que o abandono/recalcamento da teoria da sedução e a recusa da feminilidade estariam ligados.

O autor francês propõe a ideia de que o início da vida psíquica se daria a partir do encontro com o outro. Essa concepção apresenta a ideia de uma criança passiva que, diante dos adultos cuidadores, é penetrada pela via da sedução. Essa ideia de um adulto efractante – um sujeito, portanto, possuidor de uma sexualidade clivada e desconhecida – e da criança como um ser orificial, ou seja, criança-cavidade, que seria, então, efracionada por esse inconsciente adulto, propõe a noção das origens femininas da sexualidade. Feminilidade – orificial, penetrável – das (e nas) origens, que faz ser o recalcado para ambos os sexos, independentemente do gênero (ANDRÉ, 1996).

Essa penetração da criança passiva é constitutiva da feminilidade do *infans* e abre a possibilidade de repensar a questão da feminilidade humana original. Esse pensamento é o que conduz à possibilidade da erogeneidade da vagina nas meninas pré-púberes e, além disso, possibilita a feminilidade originária de todos. Portanto, a concepção de ser penetrada pela via da sedução (efractada pelas paixões inconscientes dos adultos cuidadores) relaciona-se com a constituição e consolidação de organizações egoiconarcisistas.

> *Acentuando a oposição entre os termos, podemos afirmar que o outro sexo, para qualquer um, homem ou mulher, é sempre o sexo feminino, na medida em que ele está pré-inscrito no psicossoma da criança pela efração sedutora originária do outro (adulto), e em que, ao ser penetrado, ele repete o gesto e mantém o enigma dessa efração. (p. 115)*

A fim de usufruir da consultoria científica de Jacques André ao nosso núcleo de estudos, propusemos a ele algumas questões suscitadas pela releitura do texto *Três ensaios sobre a teoria da sexualidade* ao longo da redação deste artigo. Seguem as nossas interrogações e suas contribuições:

NEPAGS: Pensando nas origens do processo das identificações primárias, na síntese do conflito edípico, nas identificações secundárias e no jogo das identificações, como poderíamos pensar a eleição de objeto sexual, seja ela homo, hétero ou bissexual?

J. A.: Se seguirmos a lógica edípica, ela vai da escolha do objeto até a identificação com este. Entre a escolha e a identificação, o investimento amoroso/sexual é abandonado diante da impossibilidade e do interdito. O paradoxo dessa lógica está no fato de que, se o investimento é hétero (Édipo positivo, do filho à mãe ou da filha ao pai), a identificação resultante é homo (o filho identificado com a mãe e a filha com o pai). É no caso dos amores edípicos "negativos" (filho/pai, filha/mãe) que a identificação leva a uma posição hétero. Penso que é necessário nuançar essa perspectiva. O abandono da escolha do objeto é sempre parcial, não desaparece na identificação. No caso mais edípico que eu conheci de uma paciente bissexual, a permanência da escolha do objeto era claramente perceptível: um relacionamento com um homem que teria idade para ser seu pai; relacionamentos com mulheres, nas quais sempre se encontravam traços da mãe – chegando a casar-se com uma delas.

NEPAGS: Pensando na bissexualidade psíquica: que relação poderíamos estabelecer com a complexidade das angústias de castração e com a recusa da castração?

J. A.: Bissexualidade e castração... Acredito ser impossível adotar um discurso que possa ser generalizado; as bissexualidades são plurais e não se deixam unificar no registro único da recusa da castração. Como entender a castração? Como Freud, pela angústia encontrada nos sintomas sexuais do homem (brochada, ejaculação precoce etc.) e pelo complexo da mulher (angústia narcísica de ser incapaz, de não estar à altura etc.)? Ou como Lacan, quando a castração se torna sinônimo de uma falta ontológica e o homem, um des-ser (uma falta de ser)? As bissexualidades são bem diferentes umas das outras, sejam apenas psíquicas, sejam vividas sexualmente. No inconsciente, não existem diferenças de sexo (não há negação); todos os sexos estão lá, aqueles do polimorfismo infantil. A bissexualidade prolonga esse estado psíquico, vencendo eventualmente a castração. Isso me remete a uma paciente muito fálica em suas conquistas masculinas, mas sua fantasia (quase de ser violentada na relação sexual) permanece no terreno da passividade feminina. Em vez da recusa da castração, é como se esta não conseguisse imprimir sua marca.

NEPAGS: A resolução edípica, com suas renúncias, em tempos de identificações secundárias, participaria da consolidação do gênero no sujeito?

J. A.: A saída do complexo vem certamente fixar as coisas, tanto para definir a escolha quanto para recalcar a outra posição sexual. Nesse caso, a identificação e o recalque fazem parte da mesma lógica.

NEPAGS: Entendendo que o estabelecimento de uma relação genital entre sujeitos não é necessariamente um indicativo de castração, poderíamos pensar que a ética com o outro – capacidade de investimento libidinal – seria um indicador das renúncias castratórias em uma relação sexual?

J. A.: Tenho dificuldade de entender essa pergunta... Se mantivermos a acepção corrente de genital, a palavra diz respeito unicamente à relação psicossexual homem/mulher, uma vez que a relação genital supõe uma relação pênis/vagina. Não podemos mais sustentar, como Freud, um "primado do genital", pois muitas formas de sexualidade humana não são vividas desse modo. Mas nossa época sensibiliza-nos para o paradoxo da complexidade e da violência intrínseca em relação a esses dois sexos. A genitalidade, apesar de sua conformidade com a "natureza", não é o caminho psicossexual mais fácil, nem o menos violento.

NEPAGS: Como pensar os critérios para a patologização ou a despatologização das diversidades sexuais?

J. A.: Nenhuma vida sexual está livre da patologia, que pode ser identificada essencialmente pelo sintoma. A psicanálise não pode simplesmente alinhar-se ao discurso social e à sua recusa das formas patológicas. A homossexualidade não é patológica em si mesma, como Freud já afirmava claramente. Mas o que pensar, por exemplo, da face deletéria e compulsiva tão presente nas homossexualidades masculinas (Pasolini, Versace, Saint-Laurent...)? É o triunfo das pulsões parciais e da destrutividade, que realmente não é um sinal de saúde psíquica. A pornografia não é patológica em si mesma, mas, mesmo assim, dissimula o fato de que as mulheres são sistematicamente maltratadas ("todas elas são putas!"), inclusive na realidade da indústria pornográfica, tão destrutiva das mulheres. E existem os sintomas, principalmente a adição. A transexualidade é um caso à parte. Aqui, a oferta médica de cirurgia mascara a conflitualidade psíquica e priva o sujeito de uma possível elaboração.

A título de conclusão

Freud não aborda as questões de gênero na sua obra – ou, ao menos, não as refere com tamanha clareza –, porém suas teorizações apontam o caminho que deve ser seguido. Dessa maneira, tomando proposições pós-freudianas como base, pensamos ser de extrema importância que se explicite a diferença entre *sexo anatômico* e *gênero*, uma vez que um não é necessariamente definido pelo outro. Ao contrário do sexo anatômico, dado desde o princípio, o gênero parece ter suas origens calcadas em um complexo processo que percorre desde as inscrições advindas da abertura das zonas erógenas, promovidas pelo semelhante, até o advento das identificações primárias, em uma trama metabólica no interior do incipiente psiquismo infantil, o qual, não se pode deixar de mencionar, está inserido em uma cultura. A partir dessas inscrições, passíveis de retranscrições, vai sendo criada a massa representacional do eu, bem como organizadas as representações de objeto. Assim, abrem-se possibilidades de investimentos – em objetos e em si mesmo como objeto de amor –, o que vai conduzindo esse aparelho ao complexo jogo das identificações que, durante o seu desenrolar, cria a identidade de cada sujeito, que pode se olhar e se reconhecer como menino/menina, independentemente de seu sexo biológico.

Nessa retomada de Freud, a partir da qual, no intuito de abordar as questões de gênero e sexo da atualidade, propomos um diálogo com Jacques André, percebemos a importância de trabalhar no sentido de uma despatologização das diversas e quaisquer que sejam as construções da sexualidade, bem como na desidealização do biológico que, por muito tempo, imperou sobre o psíquico. Para isso, voltamos a sublinhar as ideias de alteridade e de determinismo psíquico na formação do gênero de cada indivíduo, uma vez que, no nosso entendimento, é a partir disso que se dá esse processo constitutivo da subjetividade. Sendo assim, também é nesse mesmo caminho que vai se definindo a trilha a ser percorrida e observada durante a avaliação metapsicológica das diferentes identidades sexuais que chegam a nossa clínica. Em outras palavras, cabe a nós – para balizar a necessidade de uma intervenção ou tratamento analítico, além do nível de sofrimento psíquico apresentado pelo possível paciente – examinar, acima de tudo, o teor de subjetivação ou dessubjetivação (ética) em relação a si e ao outro, bem como, por meio do histórico-vivencial, compreender o caminho da construção da subjetividade de cada indivíduo.

11. O tornar-se mulher: a intrigante história da(s) garota(s) dinamarquesa(s)[1]

Ignácio A. Paim Filho, Bruna Ferreira Fernandes e Juliana Ledur Stuck

> *É próprio da peculiaridade da psicanálise, então, que ela não se oponha a descrever o que é a mulher – uma tarefa quase impossível para ela –, mas investigue como a mulher vem a ser, como se desenvolve a partir da criança inatamente bissexual.*
>
> FREUD, 1933[1932]/2010, p. 269

Em meados do século XX, entre os anos de 1930 e 1933, nas cidades de Dresden e Viena, ambas de idioma alemão, passam-se fatos que estão interligados, tendo como tônica a enigmática questão "como se tornar mulher?", acompanhada de seu par complementar "o que quer uma mulher?" (FREUD, 1925/2011).

Em Dresden, na Alemanha, a personagem central Einar/Lili, a ser detalhadamente apresentada neste capítulo, vai à procura de uma intervenção cirúrgica, chamada de afirmação de gênero,

1 Trabalho original publicado no livro *Sexualidade* (CEPdePA, 2017). Revisto e ampliado para esta publicação.

que lhe possibilite transformar sua anatomia genital masculina em uma anatomia genital feminina – busca por se tornar uma mulher de corpo e alma? Enquanto isso, em Viena, na Áustria, Sigmund Freud publica os trabalhos *Sobre a sexualidade feminina* (1931) e *A feminilidade* (1933). Acreditamos que essas produções tenham como interlocutora a princesa da Grécia e da Dinamarca Mari Léon Bonaparte – paciente e discípula de Freud. Nesses ensaios, ele nos fala da sua pretensão de postular uma hipótese sobre como alguém se torna mulher, tomando por paradigma os destinos da bissexualidade anímica, na sua íntima relação com as vicissitudes do complexo de Édipo mediadas pelo complexo de castração.

Diante dessa dupla proposição – anatomia *versus* psicobissexualidade –, pretendemos fazer, no decorrer deste escrito, uma interlocução entre esses dois conceitos. Para viabilizar essa busca, manteremos um diálogo entre a metapsicologia freudiana (uma ficção científica) e o filme e livro de ficção *A garota dinamarquesa* (dirigido por Tom Hooper e escrito David Ebershoff, respectivamente).

Nosso olhar vai direcionar-se, de forma pontual, para a construção da feminilidade das protagonistas: Lili e Gerda. Ao dizer construção, já estamos nos posicionando no sentido de que a identidade psicossexual é produto de uma história que vai estruturando sentidos, os quais têm o potencial de ser ressignificados e reconstruídos, ou seja, reinventados e, quem sabe, inventados no decorrer da singularidade da própria história. Tomamos por fundamento que anatomia é destino dado, enquanto identidade psicossexual é um vir a ser, resultante da configuração da relação do sujeito com seus objetos primordiais. Essa constituição determina outros destinos mais além da anatomia. Seria disso que nos fala o sonho de Lili, contado pela personagem numa das cenas finais do filme? Ela diz: "Ontem à noite eu tive um sonho. Foi o mais lindo dos sonhos. Sonhei que eu era um bebê nos braços de minha mãe, e ela me olhou e me chamou de Lili". Partindo do pressuposto de que o sonho seja uma realização do desejo que encena as vicissitudes da sexualidade infantil, imaginamos que essa cena revela a sua percepção dos seus desejos e os desejos advindos de sua mãe por conceber Lili, e não Einar.

Tudo começou assim: Einar e Gerda formavam um jovem casal que tinha em comum o mundo das imagens retratadas em telas de pinturas. Ele era um pintor com certo reconhecimento que recriava em seus quadros cenas de sua terra natal, formada por fiordes, típicos da península escandinava. Ela era uma pintora, até então desconhecida, que reproduzia imagens de pessoas, utilizando-se de modelos vivos. Certo dia, Gerda convida Einar a substituir a modelo ausente: uma bailarina. Einar, nesse momento, vê despertado em si algo do feminino que até então se mantinha adormecido: seu corpo e sua alma despertam ao serem tocados pela trama suave do vestido. Estranha cena. O que faz essa jovem esposa convidar seu companheiro para ocupar o lugar da bailarina? Nesse ato, inaugura-se uma nova dança: seria a dança da bissexualidade?

Einar é então nomeado, por Gerda, Lili e vai gradativamente ocupando outro lugar – do amante frágil, pouco atraente, beirando algo da ordem do assexuado, para uma mulher que transborda feminilidade. Notemos o dualismo que o constitui desde suas raízes, já demarcado pelo seu novo nome: Lili remete à flor lírio, deixando o registro de simbologias ambíguas – de um lado, a tentação, a paixão e o erotismo; do outro, a pureza, a brancura, a inocência e a virgindade. Talvez essa ambiguidade seja uma das marcas das contradições que constituem nossa personagem, no seu trânsito entre o Einar que fora um dia e a Lili que pretende vir a ser. Nesse sentido, vemos que essa ambivalência está presente também em seu nome originário – Einar –, que, no idioma irlandês, significa "guerreiro solitário", ou ainda "sozinho". É caracterizado, ao mesmo tempo, como um nome de significados justapostos, já que é formado por dois vértices: um de tendência masculina, ativa e independente, e outro passivo, sensível e dependente.

Entretanto, delimitando nossas observações e objetivando ir além das manifestações mais explícitas do feminino, vamos nos ocupar, de forma pontual, com o que pensamos ser o ponto de intersecção fundamental nesse jogo da bissexualidade: a pintura. Lili vem à luz, nesse contexto, entre o latente em Einar e o latente/manifesto em Gerda. Julgamos que, ao propor a criação da cena primordial – ocupar o lugar da bailarina –, Gerda o faz em seu nome, querendo acessar algo de seu feminino perdido – que se faz presente, por exemplo, na falta de vitalidade em suas telas: reproduz cenas, não as cria; mas também o faz em nome de Einar, de um feminino soterrado pelo masculino que silenciosamente clama por ser escutado: "sua esposa percebeu primeiro" (EBERSHOFF, 2016, p. 11). Portanto, acreditamos que ambos padeçam das vicissitudes do repúdio do feminino[2] (FREUD, 1937/1969, p. 285). Assim, postulamos que Gerda e Einar/Lili buscam o mesmo: integrar o feminino na sua constituição psíquica, indo muito além das questões anatômicas. Cada um(a) traz em si a velha questão sobre como vir a ser mulher.

Tomando essa proposição como guia, voltamos nosso olhar e escuta para as personagens. Tendo como fio condutor as manifestações da bissexualidade psíquica, acreditamos que essa dupla vai constituindo-se pelo vértice que Gerda ocupa no lugar marcado

2 Expressão usada por Freud no texto *Análise terminável e interminável* (1937), visando fundamentar a permanência, em todos nós, de uma eterna recusa de aceitar a inexorável castração. Nesse sentido, remetemos ao trabalho *A guerra e o repúdio do feminino: uma releitura da disposição feminina originária* (PAIM FILHO, 2014), que tece argumentos no sentido de prevalecer a expressão "repúdio do feminino", e não "feminilidade", como propõe Freud, no referido texto. Valendo-nos desse argumento, usaremos, no decorrer deste texto, a expressão "repúdio do feminino".

pelo predomínio de uma atividade, seja na vida doméstica, seja na vida sexual. Quando falamos em atividade, temos por postulado a ideia freudiana de que no masculino está implicada a atividade, enquanto no feminino, a passividade. Esse dualismo se faz presente no desenvolvimento da psicobissexualidade – do autoerotismo ao amor objetal – na seguinte configuração: num primeiro tempo, atividade *versus* passividade; num segundo, masculino fálico *versus* masculino castrado; e, por último, no momento da resolução da conflitiva edípica, feminino *versus* masculino propriamente dito. Portanto, recordamos que a teoria da bissexualidade em Freud parte da assertiva de que a resultante da combinação do feminino e do masculino vai determinar a masculinidade e a feminilidade inerente a cada gênero.

Nas primeiras cenas do filme, Gerda apresenta-nos um feminino diferente que habita suas entranhas, não imprimido nas normas típicas da época: seu caminhar parece mais bruto, suas roupas são menos rendadas, sua fala é impositiva e, por vezes, rude. A falta de intimidade com o conceito de feminino inscrito no século XIX, no entanto, está marcada especialmente pelo seu casamento com Einar. Um homem que se esconde, tímido e retraído, que busca conter o feminino em si, mas se revela em suas pinturas fixadas numa infância confusa, vivida no interior da Dinamarca – um provável guerreiro solitário? O casamento da dupla parece, por vezes, funcionar, na medida em que aquilo que falta em um transborda no outro: uma possível inversão de lugares? Cremos que sim: Gerda ocupa predominantemente o lugar que remete ao masculino fálico, enquanto Einar, o que remete ao masculino castrado.

Como já referido, a pintura de Gerda, antes do emergir de Lili, era pura reprodução, uma espécie de repetição sem criação. Uma produção que não despertava desejo de intercâmbio com o outro: prisioneira de uma satisfação autoerótica. Temos isso apresentado na sua constante busca, sem sucesso, de encontrar alguém que se dispusesse a representar e apresentar suas obras no cenário artístico europeu. O que Gerda não consegue fazer, até esse momento, é questionar-se sobre o que faltava em sua criação. Quanto a Einar, suas obras traziam consigo a potencialidade de acionar no espectador o desejo de interação com a cena reencenada. É nesse contexto de um masculino fálico *versus* um masculino castrado que pretendemos fundamentar nossa proposição, a partir do repúdio do feminino e um dos destinos da pulsão sexual: a *sublimação*.

A sublimação implica quatro momentos mediados pelo Ideal do Eu:

1. o recolhimento da libido para o Eu;
2. o direcionamento da libido de uma representação de meta sexual direta para uma meta sexual indireta – dessexualização;
3. a construção de um objeto sublimatório; e
4. a apresentação do criado (da obra) para o meio cultural.

Para Freud, a sublimação é um destino pulsional que independe do recalque, sendo mais específico, do recalcamento secundário (PAIM FILHO; FRIZZO, 2014). Assim, podemos afirmar que esse destino permite uma maior liberdade para a realização do desejo. Decorrente disso, postulamos que a arte, enquanto sublimação, também deve oferecer ao seu admirador a possibilidade de deleitar-se com a realização de um desejo, com menor grau de interdição, que lhe permita sentir este como seu.[3]

Em prosseguimento a essa concepção da sublimação e da sua relação da criação, evocamos a sua vinculação com o repúdio do

3 Essas ideias foram desenvolvidas como maior extensão no trabalho "Sublimação: um desafio metapsicológico" (PAIM FILHO, 2016).

feminino. Compreendemos esse como o repúdio que está destinado em todos nós, segundo Freud (1937/1969), a ser sepultado no leito de rocha, a saber: no homem, o temor de submissão a outro homem; e, na mulher, a inveja do pênis. Esse repudiado que estrutura o psiquismo vai adquirindo diferentes formas de presentificar-se: de forma circunscrita e tomando por parâmetro o fator econômico – do excesso ao déficit. Ao propor a interação "sublimação/repúdio", temos em mente a ideia de que um menor grau de repúdio do feminino é condição fundamental para a criação. Nesse sentido, advogamos que, para criar um objeto sublimatório, é necessário repudiar em parte a castração, o que permite ir além do já estabelecido e, ao mesmo tempo, reconhecê-la e conter um *quantum* do desejo pela força do recalque originário. É nesse interjogo lúdico que se dá a verdadeira criação-criativa (PAIM FILHO; FRIZZO, 2014).

A respeito do processo de criação de nossas protagonistas, Gerda, antes de Lili, tem uma produção que entendemos como não sublimatória e marcada por um repúdio excessivo do feminino, na qual o recolhimento narcísico, julgamos, desenrola-se de forma pouco continente, fazendo com que os deslizamentos do processo primário (condensação e deslocamento) operem-se com pouca flexibilidade: menor grau de trabalho psíquico. Esse movimento lembra-nos o acontecer de um arco reflexo: estímulo resposta – capta a imagem da modelo e devolve sem maior investimento libidinal: é a atividade sobrepujando a passividade (preponderância de um masculino fálico). Essa passividade está implicada no trabalho do feminino de conter e transformar, que visa ampliar as potencialidades de fazer novas ligações e percorrer novos caminhos. Essa não intimidade com o feminino faz com que sua obra seja uma criação-catarse. Sendo assim, o que muda no processo de criação de Gerda com o desvelamento de Lili?

Pensamos no reencontro com o seu feminino repudiado – convite irrecusável para sua busca de tornar-se mulher. Quanto mais Lili se distancia de Einar, mais Gerda se vê lançada no ar, desatada de suas amarras do repúdio do feminino. Nesse momento, a artista que a habita passa a pintar imagens de Lili e Gerda, ora juntas, ora separadas, ora sobrepostas (maior familiaridade com o masculino castrado). A criação-criativa toma forma, suas pinturas passam a retratar uma nova arquitetura psíquica, a sublimação é posta em marcha. Seus quadros conquistam admiradores, pois convidam ao deleite narcísico, levam ao reencontro com a plenitude da bissexualidade das nossas origens. Diante dessas telas, com seu poder de fascinação, evocamos o impacto estético que atribuímos às obras *Mona Lisa* (1503/1517) e *São João Batista* (1508/1509), ambas de Leonardo da Vinci, que também despertam aos olhos de quem as vê uma irresistível atração que, segundo Freud (1910/1969), é produto, entre outros fatores, do hermafroditismo psíquico. O sucesso de Gerda é instantâneo, assim como a curiosidade do público parisiense em conhecer a modelo. Surge a interrogação: quem é essa mulher?

Busquemos agora compreender o que se passa com o processo criativo de Lili à medida que Einar vai deixando de existir. Podemos e nos atrevemos a imaginar que, para Einar, as pinturas de recriação das imagens dos fiordes, de quando ainda morava no interior da Dinamarca, eram uma tentativa de se reencontrar com o feminino que ficou preso no início de sua história e, por desfecho, foi contido ao longo dos anos. Contido, mas não abolido. Talvez tenha se mantido, como afirmou Freud em 1918, como duas correntes paralelas: uma que reconhece a castração, e outra que a desconsidera. Entendemos e propomos que sua arte propiciava um encontro virtual e pontual entre essas correntes. Hans, um amigo presente em parte de sua infância, encenou nesse momento a prevalência da corrente que reconhece a castração, quando, em uma brincadeira, deu um beijo no(a) amigo(a). O pai de Einar presenciou a cena e imediatamente mandou Hans embora. Seria possível supor que esse momento vem cristalizar a ideia de que *ele* era *ela* desde o princípio da estruturação da sua sexualidade infantil? O pai, ao intervir nesses moldes – defendendo-o do "assédio" do menino –, estaria reafirmando o "ser menina de Einar"?

Seria simplificado e apressado demais pensar que Einar, ao ser beijado por seu amigo, o faz em nome de uma libido homossexual. Seguindo essa trilha, levantamos a ideia de que Einar sempre teve Lili dentro de si e que precisou renegá-la para poder sobreviver aos rígidos costumes da época. Contudo, nossa hipótese ganha força quando Einar, transvestido de Lili pela primeira vez, nega o convite feito por um homem homossexual para se relacionarem amorosamente. Ele(a) não tinha desejos por homens de libido homossexual – não estava em busca de um par homossexual. Partimos do pressuposto, então, de que Einar tinha predominantemente uma libido heterossexual. Na medida em que vai se reconhecendo como mulher, vai à procura de um homem, a partir de uma perspectiva feminina.

Portanto, acreditamos que se manter recriando sempre as mesmas paisagens funcionaria como uma espécie de tentativa de abertura para esse feminino, um escoamento para a feminilidade existente e que, de alguma maneira, precisava ser vivida. Construímos a hipótese de que os fiordes representavam, simbolicamente, a fenda do corpo de uma mulher com seus fluidos, na medida em que eles se constituem por meio do mar que irrompe e desliza entre as montanhas. Quem sabe essa representação pudesse ganhar novas/velhas pinceladas quando Lili agregou como seu sobrenome o nome do rio Elba, justamente no momento que está prestes a submeter-se à castração em ato – extirpar os órgãos genitais do seu corpo: "o calor deixava-o com vontade de fechar os olhos e voltar aos seus dias de menino, quando aquilo que pendia entre as pernas era pequeno e inútil feito um rabanete branco" (EBERSHOFF, 2016, p. 20).

Propõe-se, assim, que a principal diferença entre o processo de criação de Einar e Gerda esteja marcada pela intensidade com que ambos precisaram repudiar o feminino: o "estranho" em si (FREUD, 1919/1969). Para que o processo sublimatório ocorra, é preciso que esse repúdio aconteça, porém numa intensidade possível, pois do contrário inviabiliza o processo de criação. É preciso transitar entre o reconhecimento e o repúdio da castração, já que toda criação é uma transgressão – produto resultante do interjogo da pulsão de morte, com sua força disruptiva (desconstrução), *versus* Eros, com sua força conjuntiva (construção).

Para que o processo criativo aconteça, é imprescindível haver um recolhimento da libido objetal para o Eu – narcisismo secundário –, tendo este a função de mediar a passagem do objeto sexual para o objeto "não sexual". O artista precisa deixar-se levar nesse movimento ondulatório da libido para que sua criação possa ser apresentada ao mundo, como possibilidade de viver o mais além das gratificações autoeróticas. No momento que o Eu passa a funcionar como uma espécie de objeto de transição, tem-se a reativação dos desejos narcísicos mediados por um Ideal do Eu (PAIM FILHO; FRIZZO, 2014). Contudo, ao contemplar um lugar para esse ideal na sublimação, Freud nos dá margem para pensar numa conexão entre o recalque originário e o repúdio do feminino. É nesse interjogo entre narcisismo primário e sublimação que vai aparecer metapsicologicamente o repúdio do feminino, ou seja, a não aceitação da castração, o que possibilitou, no nosso entendimento, o processo criativo de Einar.

Entretanto, no decorrer dessa história de transformação, nos interrogamos: por que Lili vê-se privada desse processo sublimatório? Se nos mantivermos sob o escopo de que seus quadros cumpriam uma função de escoamento para o feminino, assim que Lili começa a reconhecer-se como mulher, já não se faz mais necessário que ela continue pintando. Não só desnecessário, mas, acima de tudo, não desejado, pois parece-nos que o pintar e o ser mulher eram sentidos como coisas antagônicas: "Eu quero me tornar uma mulher, não uma pintora".

Dando sequência às nossas especulações sobre esse tornar-se mulher, mais uma questão nos ocorre: o que faz Lili decidir-se pela cirurgia, que viria a ser fatal? Partimos da ideia de que ela estava impossibilitada de entender, em verdade, que esse tornar-se transcendia os limites impostos pelo corpo. Acreditamos que ela, que sempre teve uma "cabeça de mulher num corpo de homem", tinha paradoxalmente por tese que a anatomia dos genitais femininos era imprescindível ao processo de tornar-se mulher. Esse aprisionamento nessa concepção de feminilidade determinará uma espécie de tragédia do destino.

Fazendo um contraponto a essa concepção, retomamos Freud, em 1933, que insiste em diferenciar as questões somáticas vinculadas exclusivamente à biologia e ao psíquico de um devir que precisa ter espaço para se constituir. Afirma, assim, que seria no complexo de castração que a diferença anatômica entre os dois sexos ganharia significado em nível psíquico. Portanto, é possível sustentar que a nossa realidade psíquica é que torna possível o ser mulher, e não necessariamente a mudança do órgão genital. Lili, diante de sua identidade psíquica frágil, vê-se obrigada a fazer a polêmica segunda cirurgia, na qual seria implantado um útero e constituído um canal vaginal. Fica evidente a sua incapacidade em renunciar à castração com a qual tanto homens quanto mulheres têm de se haver na estruturação da sua identidade psicossexual. É o auge do repúdio do feminino, pautado na ideia da personagem de que a possibilidade de gestar seria fundamental na constituição de uma mulher.[4]

> *Mas sabia que precisava [portanto não tinha escolha] voltar a Dresden e terminar o que Bolk [seu médico] começara. Para provar ao mundo – ao mundo não, a si mesma – que ela era de fato mulher, e que toda aquela vida anterior como homem franzino chamado Einar fora simplesmente um grave equívoco da natureza, agora corrigido de uma vez por todas. (EBERSHOFF, 2016, p. 316)*

Escutamos nessa fala uma tentativa de negar que os equívocos também nos constituem. Com isso, portanto, não consegue perceber que suas correções sempre seriam parciais. Afinal, o ser humano com sua psicobissexualidade é um ser da cultura, não da natureza.

Diante dos mistérios desse vir a ser, surge-nos mais uma questão: seria o dr. Bolk um deslocamento condensado do casal parental de Lili? Estaria ele fadado a terminar o que os pais de Einar começaram? Pensamos que sim, portanto, não tinha escolha, precisava voltar, pois tinha a missão, como todo filho – que segue sendo o duplo –, de realizar os sonhos não realizados dos pais (FREUD, 1914/2014).

Esse contexto nos convoca a reassinalar a importância dessa situação extremamente paradoxal que o/a personagem Einar/Lili

---

4 O tema da relação entre a maternidade e o tornar-se mulher é uma questão relevante, mas que vai além da proposta deste texto. Nesse sentido, entendemos que merece ser aprofundada, tendo por escopo, por exemplo, a primitiva equivalência simbólica, que nos foi legada por Freud (1933d/1969): fezes – dinheiro – dádiva – bebê – pênis.

nos oferta, no sentido da prevalência da anatomia psíquica em detrimento da anatomia biológica. Einar, enquanto homem biológico, tinha mais familiaridade com o trabalho do feminino – menos horror à castração – do que Lili. Está na direta proporção do estar se constituindo como mulher, mas se divorcia do seu trabalho do feminino, fazendo-se agente de uma virilidade narcísica: "provar ao mundo – ao mundo não, a si mesma – que era de fato mulher".

Lili morreu em 13 de setembro de 1931. Seu destino trágico, no entanto, foi traçado desde muito antes – como diz Cazuza, "nossos destinos foram traçados na maternidade" –, pela impossibilidade de reconhecer que a incompletude é inerente a todo sujeito na construção da identidade psicossexual. Sua busca pela transformação do seu corpo – "agora corrigido de uma vez por todas" – é movida pela força da letalidade de um psiquismo que vê na falta a marca de uma injúria narcísica. A inscrição simbólica da castração não ocorre. A mutilação do seu corpo estranhamente é feita em prol da manutenção de uma vivência fálica: supremacia do narcisismo primário com seu Eu ideal. Se assim o for, o faz em nome de quem? Quem sabe? Aventamos a hipótese de que seja em nome de sua mãe – "Foi o mais lindo dos sonhos". Essa que encarna a mítica "mãe fálica" (FREUD, 1933d/1969, p. 156). Aquela que não tem o pênis, mas tem o falo.[5]

Diante desse contexto, repassemos o pensamento freudiano, para quem o tornar-se homem ou mulher sempre será um eterno devir, um processo constantemente inacabado, pautado pelo universal, com sua singularidade em cada ser. Para nossa heroína trágica, a falta estava capitalizada primordialmente no corpo, mas, ainda assim, era sentida como insustentável, não bastava retirar:

5 Compreendemos que a mãe e o pai sempre são os vetores das suas demandas individuais, bem como do casal parental. Como diz Freud em 1923, em nota de rodapé, a identificação primária é com os pais.

"aquilo que pendia entre suas pernas [...], pequeno e inútil, feito um rabanete branco". Era preciso criar a fenda, com sua abertura para a vida intrauterina: "Meu pênis por um falo". Anseio mantido nos recônditos de sua alma, por ser como a mãe? "Se não posso ser como tu, serei novamente uma parte tua": retorno ao corpo da mãe? Inferimos que sim, quando o ter sucumbe ao ser como.

Aproximando-nos da finalização deste escrito, percebemos a necessidade de posicionar-nos a respeito da indagação que Freud nos legou em 1925, a partir de um diálogo com Mari Bonaparte:[6] o que quer uma mulher? Não sabemos, mas talvez possamos ampliá-la: o que querem mulheres e homens? Possivelmente, o mesmo: a busca da plenitude, a possibilidade de se efetivarem como seres plenos – a bissexualidade narcísica –, sem terem de realizar as negociações que a bissexualidade edípica requer (MORENO GARCIA; PAIM FILHO, 2016). Nesse sentido, *O banquete* de Platão é uma bela ilustração: Zeus, ao tentar tornar o homem mais fraco, já que este se mostrava muito insolente e ameaçador aos deuses, cortou-o em duas metades. Com o corpo dividido, cada uma das partes saiu em busca da outra, no desejo de voltarem a se fundir em uma só. Estamos, assim, fadados à perene busca daquilo que nos falta.

A história de Lili e Gerda encerra-se com uma echarpe solta pelos ares da Dinamarca. Esse lenço havia sido presente de Lili

6 Parece-nos importante sublinhar que essa princesa também vai em busca de mutilar seu corpo, por acreditar que a anatomia do corpo biológico seria soberana à anatomia psíquica – o corpo como palco do repúdio do feminino. Isso a fará submeter-se a três cirurgias genitais, em 1927, 1930 e 1931, visando dar uma nova anatomia ao seu clitóris, para combater a frigidez: subtração da flexibilidade simbólica do corpo erógeno, em prol da concretude do corpo biológico. Em 1924, um ano antes de iniciar sua análise com Freud, publicou um artigo intitulado "Considerações sobre as causas anatômicas da frigidez feminina", preconizando essa intervenção cirúrgica.

para Gerda. O presente simbolizava, entre tantas possibilidades, o nascimento definitivo de Lili e, com isso, a morte do casamento entre Gerda e Einar. Mais que isso: ele passou a funcionar como um elo entre as personagens, transitando do corpo de uma para o da outra, em momentos distintos da história. Como se ele representasse essa reconstrução, uma possibilidade de entrega do feminino que cada uma delas passava a conhecer, reconhecer e desconhecer em si. Na cena última, quando Hans, o amigo de infância, e Gerda estão passando por todas as paisagens retratadas nas pinturas de Einar, como forma de o/a compreender e se despedir de vez de Einar/Lili, o vento sopra com mais força, fazendo com que o lenço no pescoço de Gerda se vá pelos ares. Hans tenta buscá-lo, mas Gerda o impede. É Lili quem ali está, voando pelos horizontes, atraída pelos mistérios da sua origem: "Da terra mãe tu vieste/ à terra mãe retornarás". Gerda e Lili podem, então, despedir-se; não há mais nada que as prenda, que as una, a não ser o caminho trilhado juntas, na busca errante de tornarem-se mulher. Gerda segue claudicante – podendo saber um pouco mais do feminino que a constitui – pelos caminhos da vida; Lili segue os ditames endogâmicos que vêm do interior da "Dinamarca", que lhe propiciaram uma imortalidade sem vida – perpetuada no seu codinome: a garota dinamarquesa.

Referências

ANDRÉ, J. *As origens femininas da sexualidade*. Rio de Janeiro: Jorge Zahar, 1996.

ANDRÉ, J. O inconsciente é politicamente incorreto. *In*: *Conferência da Jornada Anual da Constructo*, 2014.

ANDRÉ, J. A homossexualidade do psicanalista. *Revista de Psicanálise da Sociedade Psicanalítica de Porto Alegre*, v. 25, n. 1, pp. 61-68, 2018.

ANDRÉ, J. O nascimento da sexualidade humana. *In*: ANDRÉ, J. *As desordens da vida*. Porto Alegre: Sulina, 2019. pp. 25-42.

BENVENISTE, É. *Problèmes de linguistique générale*. Paris: Gallimard, 1966.

BLEICHMAR, S. *A fundação do inconsciente*: destinos da pulsão, destinos do sujeito. Porto Alegre: Artes Médicas, 1994.

BLEICHMAR, S. *Clínica psicanalítica e neogênese*. São Paulo: Annablume, 2005.

BLEICHMAR, S. *Do motivo da consulta à razão da análise e outros ensaios psicanalíticos*. Tradução de Maria Cristina Perdomo e Rogéria Coutinho Brandani. São Paulo: Zagodoni Editora, 2015.

BLEICHMAR, S. Las condiciones de la identificación. *Revista de la Asociación Escuela Argentina de Psicoterapia para graduados*, v. 21, 1995.

BLEICHMAR, S. *Nas origens do sujeito psíquico*: do mito à história. Porto Alegre: Artes Médicas, 1993.

BLEICHMAR, E. D. *O feminismo espontâneo da histeria*. Porto Alegre: Artes Médicas, 1988.

BLEICHMAR, S. *Paradojas de la sexualidad masculina*. Buenos Aires: Paidós, 2006.

BLESTCHER, F. *Psicoanálisis y género*. Buenos Aires: Paidós, 2017.

BUTLER, J. *Cuerpos que importan*. Buenos Aires: Paidós, 2018.

BUTLER, J. *Problemas do gênero feminino e subversão da identidade*. Rio de Janeiro: Civilização Brasileira, 2016.

BUTLER, J. Sujeitos do sexo/gênero/desejo. *In*: BUTLER, J. *Problemas de gênero*: feminismo e subversão da identidade. Rio de Janeiro: Civilização Brasileira, 2016. pp. 17-70.

CARDOSO, M. R. (org.). *Adolescentes*. São Paulo: Escuta, 2006.

CARDOSO, M. R.; MARTY, F. *Destinos da adolescência*. Rio de Janeiro: 7 Letras, 2008.

CHABERT, C. *La jeune fille et le psychanalyste*. Paris: Dunod, 2015.

CHAUI, M. *O que é ideologia*. 2. ed. São Paulo: Brasiliense, 2006.

CUPA, D. Alguma coisa do inconsciente. *In*: *Relatório do 76º Congresso dos Psicanalistas de Língua Francesa*. Bruxelas: CPLF, 2016.

DELEUZE, G.; GUATTARI, F. *O que é a filosofia?* São Paulo: Editora 34, 1997.

EBERSHOFF, D. *A garota dinamarquesa*. Rio de Janeiro: Fábrica 231, 2016.

FERENCZI, S. Confusion de langues entre les adultes et l'enfant. *In*: Œuvres *complètes, Psychanalyse IV*. Paris: Payot, 1982.

FERENCZI, S. *Sexo y psicoanálisis*. Buenos Aires: Hormé, 1959.

FLIESS, W. Em minha própria causa (1906). *In*: PORGE, E. *Roubo de ideias?* Belo Horizonte: Companhia de Freud, 1998. pp. 209-252.

FLORENCE, J. Identification et compulsion de répétition. *Topique*, Paris, n. 17, 1976.

FLORENCE, J. *L'identification dans la théorie freudienne*. Bruxelles: Presses de l'Université Saint-Louis, 1978.

FREUD, S. A cisão do eu no processo de defesa (1940). *In*: FREUD, S. *Escritos sobre a psicologia do inconsciente (1923-1938)*. Tradução de L. A. Hanns. Rio de Janeiro: Imago, 2007. pp. 171--179. (Obras psicológicas de Sigmund Freud, 3).

FREUD, S. A dissolução do complexo de Édipo (1924). *In*: FREUD, S. *Obras psicológicas completas de Sigmund Freud*: edição standard brasileira. Coord. trad. Jayme Salomão. Rio de Janeiro: Imago, 1969, v. XIX. pp. 215-224.

FREUD, S. A feminilidade (1933[1932]). *In*: FREUD, S. *Obras completas, volume 18*: O mal-estar na civilização, novas conferências introdutórias à psicanálise e outros textos (1930-1936). Tradução de Paulo César de Souza. São Paulo: Companhia das Letras, 2010. pp. 263-293.

FREUD, S. À guisa de introdução ao narcisismo (1914b). *In*: FREUD, S. *Escritos sobre a psicologia do inconsciente (1923-*

-*1938)*. Tradução de L. A. Hanns. Rio de Janeiro: Imago, 2004. v. 1, pp. 97-131. (Obras psicológicas de Sigmund Freud, 1).

FREUD, S. A história do movimento psicanalítico (1914). *In*: FREUD, S. *Obras psicológicas completas de Sigmund Freud*: edição standard brasileira. Coord. trad. Jayme Salomão. Rio de Janeiro: Imago, 1969. v. XIV, pp. 16-82.

FREUD, S. A interpretação dos sonhos (1900). *In*: FREUD, S. *Obras psicológicas completas de Sigmund Freud*: edição standard brasileira. Coord. trad. Jayme Salomão. Rio de Janeiro: Imago, 1969. v. V, pp. 323-611.

FREUD, S. A organização genital infantil (uma interpolação na teoria da sexualidade) (1923c). *In*: FREUD, S. *Obras psicológicas completas de Sigmund Freud*: edição standard brasileira. Coord. trad. Jayme Salomão. Rio de Janeiro: Imago, 1969. v. XIX, pp. 179-184.

FREUD, S. A perda da realidade na neurose e psicose (1924). *In*: FREUD, S. *Escritos sobre a psicologia do inconsciente (1923--1938)*. Tradução de L. A. Hanns. Rio de Janeiro: Imago, 2007. v. 3, pp. 125-134. (Obras psicológicas de Sigmund Freud, 3).

FREUD, S. A psicogênese de um caso de homossexualismo numa mulher (1920). *In*: FREUD, S. *Obras psicológicas completas de Sigmund Freud*: edição standard brasileira. Coord. trad. Jayme Salomão. Rio de Janeiro: Imago, 1976. v. XVIII, pp. 185-212.

FREUD, S. Além do princípio do prazer (1920). *In*: FREUD, S. *Escritos sobre a psicologia do inconsciente (1923-1938)*. Tradução de L. A. Hanns. Rio de Janeiro: Imago, 2006. v. 2, pp. 135-198. (Obras psicológicas de Sigmund Freud, 2).

FREUD, S. Algumas consequências psíquicas da diferença anatômica entre os sexos (1925). *In*: FREUD, S. *Obras completas volume 16*: O Eu e o Id, "Autobiografia" e outros textos (1923-

-1925). Tradução de Paulo César de Souza. São Paulo: Companhia das Letras, 2011. pp. 283-299.

FREUD, S. Algumas consequências psíquicas da distinção anatômica entre os sexos (1925a). *In*: FREUD, S. *Obras psicológicas completas de Sigmund Freud*: edição standard brasileira. Coord. trad. Jayme Salomão. Rio de Janeiro: Imago, 1969. v. XIX, pp. 303-320.

FREUD, S. Algumas considerações para um estudo comparativo das paralisias motoras orgânicas e histéricas (1893). *In*: FREUD, S. Obras psicológicas completas de Sigmund Freud: *edição standard brasileira*. Coord. trad. Jayme Salomão. Rio de Janeiro: Imago, 1969. v. I, pp. 203-216.

FREUD, S. Análise terminável e interminável (1937). *In*: FREUD, S. *Obras psicológicas completas de Sigmund Freud*: edição standard brasileira. Coord. trad. Jayme Salomão. Rio de Janeiro: Imago, 1969. v. XXIII, pp. 239-287.

FREUD, S. Ansiedade e vida pulsional (1933a). *In*: FREUD, S. *Obras psicológicas completas de Sigmund Freud*: edição standard brasileira. Coord. trad. Jayme Salomão. Rio de Janeiro: Imago, 1969. v. XXII, pp. 103-138.

FREUD, S. As transformações do instinto exemplificadas no erotismo anal (1917c). *In*: FREUD, S. *Obras psicológicas completas de Sigmund Freud*: edição standard brasileira. Coord. trad. Jayme Salomão. Rio de Janeiro: Imago, 1969. v. XVII, pp. 157-166.

FREUD, S. Au-delà du principe de plaisir. *In*: FREUD, S. *Essais de psychanalyse*. Paris: Payot, 1981. p. 51.

FREUD, S. Carta 52 (1896). *In*: FREUD, S. *Obras psicológicas completas de Sigmund Freud*: edição standard brasileira. Coord.

trad. Jayme Salomão. Rio de Janeiro: Imago, 1969. v. I, pp. 317-324.

FREUD, S. Carta a um anônimo em 09 de abril de 1935 (1935). *In*: FREUD, S. *Correspondência de amor e outras cartas (1873--1939)*. Tradução de Agenor Soares dos Santos. Rio de Janeiro: Nova Fronteira, 1982. pp. 488-489.

FREUD, S. Carta de 01 de fevereiro de 1900. *In*: MASSON, J. M. (org.). *A correspondência completa de Sigmund Freud para Wilhelm Fliess (1887-1904)*. Tradução de Vera Ribeiro. Rio de Janeiro: Imago, 1986. pp. 398-399.

FREUD, S. Carta de 06 de dezembro de 1896. *In*: MASSON, John M. (org.). *A correspondência completa de Sigmund Freud para Wilhelm Fliess (1887-1904)*. Tradução de Vera Ribeiro. Rio de Janeiro: Imago, 1986. pp. 208-216.

FREUD, S. Carta de 21 de novembro de 1909. *In*: McGUIRE, W. (org.). *A correspondência completa de Sigmund Freud e Carl G. Jung*. Tradução de L. Fróes e E. A. M. Souza. Rio de Janeiro: Imago, 1993. pp. 285-286.

FREUD, S. Carta de Freud a Ferenczi de 06 de outubro de 1910. *In*: FREUD, S.; FERENCZI, S. *Correspondência (1908-1911)*. Rio de Janeiro: Imago, 1994. pp. 280-282.

FREUD, S. Carta de Freud a Pfister de 06 de março de 1910. *In*: FREUD, S.; PFISTER, O. *Cartas entre Freud e Pfister (1909--1939)*. Tradução de K. H. K. Wondracek e D. Jung. Viçosa: Ultimato, 1998. pp. 48-49.

FREUD, S. Carta de Freud a Pfister de 27 de maio de 1919. *In*: FREUD, S.; PFISTER, O. *Cartas entre Freud e Pfister (1909--1939)*. Tradução de K. H. K. Wondracek e D. Jung. Viçosa: Ultimato, 1998. pp. 92-95.

FREUD, S. Compêndio de psicanálise (1940[1938]). *In*: FREUD, S. *Compêndio de psicanálise e outros escritos inacabados*: obras incompletas de Sigmund Freud. Trad. Tavares, P. H. Belo Horizonte: Autêntica, 2014. pp. 11-177.

FREUD, S. Conferência XX – A vida sexual dos seres humanos (1917 [1916-1917]). *In*: FREUD, S. *Obras psicológicas completas de Sigmund Freud*: edição standard brasileira. Org. e trad. Jaime Salomão. Rio de Janeiro: Imago, 1969. v. 16, pp. 375-395.

FREUD, S. Conferência XXXIII Feminilidade (1933b). *In*: *Obras psicológicas completas de Sigmund Freud*: edição standard brasileira. Coord. trad. Jayme Salomão. Rio de Janeiro: Imago, 1969. v. XXI, pp. 138-165.

FREUD, S. Conferência XXXV: A questão de uma *Weltanschauung* (1933c). *In*: FREUD, S. *Obras psicológicas completas de Sigmund Freud*: edição standard brasileira. Coord. trad. Jayme Salomão. Rio de Janeiro: Imago, 1969. v. XXII, pp. 193-220.

FREUD, S. Dostoievski e o parricídio (1927). *In*: FREUD, S. *Obras psicológicas completas de Sigmund Freud*: edição standard brasileira. Coord. trad. Jayme Salomão. Rio de Janeiro: Imago, 1969. v. XXI, pp. 205-223.

FREUD, S. Duas histórias clínicas: o "pequeno Hans" e o "Homem dos Ratos" (1909). *In*: FREUD, S. *Obras psicológicas completas de Sigmund Freud*: edição standard brasileira. Coord. trad. Jayme Salomão. Rio de Janeiro: Imago, 1969. v. X, pp. 15-153.

FREUD, S. Fantasias histéricas e sua relação com a bissexualidade (1908a). *In*: FREUD, S. *Obras psicológicas completas de Sigmund Freud*: edição standard brasileira. Coord. trad. Jayme Salomão. Rio de Janeiro: Imago, 1969. v. IX, pp. 163-181.

FREUD, S. Feminilidade (1933d). *In*: FREUD, S. *Obras psicológicas completas de Sigmund Freud*: edição standard brasileira.

Coord. trad. Jayme Salomão. Rio de Janeiro: Imago, 1969. v. XXII, pp. 139-165.

FREUD, S. Fetichismo (1927). *In*: FREUD, S. *Escritos sobre a psicologia do inconsciente (1923-1938)*. Tradução de L. A. Hanns. Rio de Janeiro: Imago, 2007. v. 3, pp. 159-170. (Obras psicológicas de Sigmund Freud, 3).

FREUD, S. Formulations sur les deux principes du cours des événements psychiques. *In*: FREUD, S. *Résultats, idées, problèmes I*. Paris: PUF, 1984.

FREUD, S. Fragmentos do espólio (1938[1940]). *In*: *Obras incompletas de Sigmund Freud*: Compêndio de psicanálise e outros escritos inacabados. Tradução de Pedro H. Tavares. Belo Horizonte: Autêntica, 2014. pp. 205-207.

FREUD, S. História de uma neurose infantil ("O Homem dos Lobos") (1918[1914]). *In*: FREUD, S. *Obras completas volume 14*: História de uma neurose infantil ("O Homem dos Lobos"), Além do princípio do prazer e outros textos (1917-1920). Tradução de Paulo César de Souza. São Paulo: Companhia das Letras, 2010. pp. 14-160.

FREUD, S. História de uma neurose infantil (1918[1914]). *In*: FREUD, S. *Obras psicológicas completas de Sigmund Freud*: edição standard brasileira. Coord. trad. Jayme Salomão. Rio de Janeiro: Imago, 1969. v. XVII, pp. 19-151.

FREUD, S. História do movimento psicanalítico (1914a). *In*: FREUD, S. *Obras psicológicas completas de Sigmund Freud*: edição standard brasileira. Coord. trad. Jayme Salomão. Rio de Janeiro: Imago, 1969. v. XIV, pp. 16-82.

FREUD, S. Inhibition, symptôme et angoisse. *In*: FREUD, S. Œuvres *complètes* (OCF-P). Paris: PUF, 1992a. v. XVII.

FREUD, S. Inibições, sintomas e ansiedade (1926[1925]). *In*: FREUD, S. *Obras psicológicas completas de Sigmund Freud*: edição standard brasileira. Coord. trad. Jayme Salomão. Rio de Janeiro: Imago, 1969. v. XX, pp. 107-200.

FREUD, S. L'inquiétante étrangeté. *In*: FREUD, S. *L'inquiétante* étrangeté *et autres essais*. Paris: Gallimard, 1985.

FREUD, S. Le moi et le ça. *In*: FREUD, S. Œuvres *complètes* (OCF-P). Paris: PUF, 1991. v. XVI.

FREUD, S. Leonardo da Vinci e uma lembrança da infância (1910). *In*: FREUD, S. *Obras psicológicas completas de Sigmund Freud*: edição standard brasileira. Coord. trad. Jayme Salomão. Rio de Janeiro: Imago, 1969. v. XI, pp. 53-124.

FREUD, S. Luto e melancolia (1915-1917). *In*: FREUD, S. *Obras psicológicas completas de Sigmund Freud*: edição standard brasileira. Coord. trad. Jayme Salomão. Rio de Janeiro: Imago, 1969. v. XIV, pp. 271-291.

FREUD, S. Moral sexual "civilizada" e doença nervosa moderna (1908b). *In*: FREUD, S. *Obras psicológicas completas de Sigmund Freud*: edição standard brasileira. Coord. trad. Jayme Salomão. Rio de Janeiro: Imago, 1969. v. IX, pp. 187-208.

FREUD, S. *Nouvelles conférences d'introduction à la psychanalyse*. Paris: Gallimard, 1984.

FREUD, S. O Ego e o Id (1923a). *In*: FREUD, S. *Obras psicológicas completas de Sigmund Freud*: edição standard brasileira. Coord. trad. Jayme Salomão. Rio de Janeiro: Imago, 1969. v. XIX, pp. 13-76.

FREUD, S. O Eu e o Id (1923b). *In*: FREUD, S. *Escritos sobre a psicologia do inconsciente (1923-1938)*. Tradução de L. A. Hanns. Rio de Janeiro: Imago, 2007. v. 3, pp. 13-92. (Obras psicológicas de Sigmund Freud, 3).

FREUD, S. O inquietante (1919). *In*: FREUD, S. *História de uma neurose infantil*: além do princípio do prazer e outros textos (1917-1920). Tradução de Paulo Cesar de Souza. São Paulo: Companhia das Letras, 2010. pp. 329-376.

FREUD, S. O fetichismo (1927). *In*: FREUD, S. *Escritos sobre a psicologia do inconsciente (1923-1938)*. Tradução de L. A. Hanns. Rio de Janeiro: Imago, 2007. v. 3, pp. 161-170. (Obras psicológicas de Sigmund Freud, 3).

FREUD, S. O mal-estar na civilização (1930). *In*: FREUD, S. *Obras psicológicas completas de Sigmund Freud*: edição standard brasileira. Coord. trad. Jayme Salomão. Rio de Janeiro: Imago, 1969. v. XXI, pp. 81-171.

FREUD, S. O problema econômico do masoquismo (1924). *In*: FREUD, S. *Obras psicológicas completas de Sigmund Freud*: edição standard brasileira. Coord. trad. Jayme Salomão. Rio de Janeiro: Imago, 1969, v. XIX. pp. 199- 212.

FREUD, S. O recalque (1915). *In*: FREUD, S. *Escritos sobre a psicologia do inconsciente*. Trad. L. A. Hans. Rio de Janeiro. Imago, 2004. v. 1, pp. 177-193.

FREUD, S. *Obras completas, volume 4*: A interpretação dos sonhos (1900). Tradução de Paulo César de Souza. São Paulo: Companhia das Letras, 2019.

FREUD, S. Observações psicanalíticas sobre um caso de paranoia relatado em autobiografia ("O caso Schreber") (1911). *In*: FREUD, S. *Obras completas volume 10*: Observações psicanalíticas sobre um caso de paranoia relatado em autobiografia ("O caso Schreber"), Artigos sobre técnica e outros textos (1911-1913). Tradução de Paulo César de Souza. São Paulo: Companhia das Letras, 2010. pp. 13-108.

FREUD, S. Organização sexual infantil: uma interpolação na teoria da sexualidade (1923b). *In*: FREUD, S. *Obras psicológicas completas de Sigmund Freud*: edição standard brasileira. Coord. trad. Jayme Salomão. Rio de Janeiro: Imago, 1969. v. XIX, pp. 177-184.

FREUD, S. Os instintos e suas vicissitudes (1915a). *In*: FREUD, S. *Obras psicológicas completas de Sigmund Freud*: edição standard brasileira. Coord. trad. Jayme Salomão. Rio de Janeiro: Imago, 1969. v. XIV, pp. 137-162.

FREUD, S. Para uma introdução ao narcisismo (1914). *In*: CENTRO de Estudos Psicanalíticos de Porto Alegre. *Para uma introdução ao narcisismo*: reflexos e reflexões. Porto Alegre: CEPdePA, 2014. pp. 31-81.

FREUD, S. Pour introduire le narcissisme. *In*: FREUD, S. *La vie sexuelle*. Paris: PUF, 1969.

FREUD, S. Projeto para uma psicologia científica: o complexo do semelhante (1895). *In*: FREUD, S. *Obras psicológicas completas de Sigmund Freud*: edição standard brasileira. Coord. trad. Jayme Salomão. Rio de Janeiro: Imago, 1969. v. I, pp. 395-492.

FREUD, S. Psicanálise e psiquiatria (1917d). *In*: FREUD, S. *Obras psicológicas completas de Sigmund Freud*: edição standard brasileira. Coord. trad. Jayme Salomão. Rio de Janeiro: Imago, 1969. v. XVI, pp. 289-303.

FREUD, S. *Psicologia das massas e análise do Eu* (1921). Rio de Janeiro: Imago, 1987.

FREUD, S. Psicologia de grupo e a análise do ego (1921). *In*: FREUD, S. *Obras psicológicas completas de Sigmund Freud*: edição standard brasileira. Coord. trad. Jayme Salomão. Rio de Janeiro: Imago, 1969. v. XVIII, pp. 74-154.

FREUD, S. Psychologie des masses et analyse du moi. *In*: FREUD, S. Œuvres *complètes* (OCF-P). Paris: PUF, 1991. v. XVI, p. 52.

FREUD, S. Pulsions et destins de pulsions. *In*: FREUD, S. Œuvres *complètes* (OCF-P). 2. ed. Paris, PUF, 1994. v. XIII.

FREUD, S. Pulsões e destino da pulsão (1915a). *In*: FREUD, S. *Escritos sobre a psicologia do inconsciente (1923-1938)*. Tradução de L. A. Hanns. Rio de Janeiro: Imago, 2007. v. 3, pp. 145-162. (Obras psicológicas de Sigmund Freud, 3).

FREUD, S. Reflexões para os tempos de guerra e morte (1915b). *In*: FREUD, S. *Obras psicológicas completas de Sigmund Freud*: edição standard brasileira. Coord. trad. Jayme Salomão. Rio de Janeiro: Imago, 1969. v. XIV, pp. 311-339.

FREUD, S. Remarques psychanalytiques sur un cas de paranoïa. *In*: FREUD, S. Œuvres *complètes* (OCF-P). Paris: PUF, 1993b. v. X.

FREUD, S. *Résultats, idées, problèmes II*. Paris: PUF, 1985.

FREUD, S. (1920). Sobre a psicogênese de um caso de homossexualidade feminina. *In*: FREUD, S. *Neurose, psicose, perversão*. Trad. M. R. S. Moraes. Obras incompletas de Sigmund Freud. Belo Horizonte: Autêntica, 2016. pp. 157-189.

FREUD, S. Sobre a sexualidade feminina (1931). *In*: FREUD, S. *Obras completas volume 18*: O mal-estar na civilização, novas conferências introdutórias à psicanálise e outros textos (1930-1936). Tradução de Paulo César de Souza. São Paulo: Companhia das Letras, 2010. pp. 371-398.

FREUD, S. Sobre a tendência universal à depreciação na esfera do amor (1912). *In*: FREUD, S. *Obras psicológicas completas de Sigmund Freud*: edição standard brasileira. Coord. trad. Jayme Salomão. Rio de Janeiro: Imago, 1969. v. XI, pp. 163-173.

FREUD, S. Sobre a transitoriedade (1916). *In*: FREUD, S. *Obras psicológicas completas de Sigmund Freud*: edição standard brasileira. Coord. trad. Jayme Salomão. Rio de Janeiro: Imago, 1969. v. XIV, pp. 344-348.

FREUD, S. Sobre as teorias sexuais das crianças (1908c). *In*: FREUD, S. *Obras psicológicas completas de Sigmund Freud*: edição standard brasileira. Coord. trad. Jayme Salomão. Rio de Janeiro: Imago, 1969. v. IX, pp. 213-228.

FREUD, S. Sur la sexualité féminine. *In*: FREUD, S. *La vie sexuelle*. Paris: PUF, 1992b.

FREUD, S. Totem e tabu (1913). *In*: FREUD, S. *Obras psicológicas completas de Sigmund Freud*: edição standard brasileira. Coord. trad. Jayme Salomão. Rio de Janeiro: Imago, 1969. v. XIII, pp. 17-192.

FREUD, S. Três ensaios sobre a teoria da sexualidade (1905a). *In*: FREUD, S. *Obras psicológicas completas de Sigmund Freud*: edição standard brasileira. Coord. trad. Jayme Salomão. Rio de Janeiro: Imago, 1969. v. VII. pp. 118-228.

FREUD, S. Três ensaios sobre a teoria da sexualidade. *In*: FREUD, S. *Obras completas*. Trad. P. C. Souza. São Paulo. Companhia das Letras, 2016. v. 6, pp. 14-171.

FREUD, S. Um estudo autobiográfico (1925b). *In*: FREUD, S. *Obras psicológicas completas de Sigmund Freud*: edição standard brasileira. Coord. trad. Jayme Salomão. Rio de Janeiro: Imago, 1969. v. XX, pp. 13-92.

FREUD, S. Uma criança é espancada: uma contribuição ao estudo da origem das perversões sexuais (1919). *In*: FREUD, S. *Obras psicológicas completas de Sigmund Freud*: edição standard brasileira. Coord. trad. Jayme Salomão. Rio de Janeiro: Imago, 1969. v. XVII, pp. 225-253.

FREUD, S. Uma dificuldade no caminho da psicanálise (1917c). *In*: FREUD, S. *Obras psicológicas completas de Sigmund Freud*: edição standard brasileira. Org. e trad. Jaime Salomão. Rio de Janeiro: Imago, 1969. v. 17, pp. 171-179.

FREUD, S. Uma entrevista rara de Freud (George S. Viereck) (1926). *In*: MAUGÜE, M.; CARONE, M.; SOUZA, P. C. (org.). *Sigmund Freud e o gabinete do dr. Lacan*. São Paulo: Brasiliense, 1990.

FREUD, S. Uma recordação de infância de Leonardo da Vinci (1910). *In*: FREUD, S. *Obras completas volume 9*: Observações sobre um caso de neurose obsessiva ("O Homem dos Ratos"), Uma recordação de infância de Leonardo da Vinci e outros textos (1909-1910). Tradução de Paulo César de Souza. São Paulo: Companhia das Letras, 2013. pp. 113-219.

FREUD, S. XX Conferências introdutórias sobre psicanálise – A vida sexual dos seres humanos (1917a). *In*: FREUD, S. *Obras psicológicas completas de Sigmund Freud*: edição standard brasileira. Coord. trad. Jayme Salomão. Rio de Janeiro: Imago, 1969. v. XVI, pp. 309-324.

FREUD, S. XXI Conferências introdutórias sobre psicanálise – O desenvolvimento da libido e as organizações sexuais (1917b). *In*: FREUD, S. *Obras psicológicas completas de Sigmund Freud*: edição standard brasileira. Coord. trad. Jayme Salomão. Rio de Janeiro: Imago, 1969. v. XVI, pp. 375-395.

FREUD, S.; FERENCZI, S. *(1908-1911)*: correspondência. Rio de Janeiro: Imago, 1994.

GARCIA-ROZA, L. A. *Introdução à metapsicologia freudiana 3*. Rio de Janeiro: Jorge Zahar, 1986.

GARCIA-ROZA, L. A. *O mal radical em Freud*. Rio de Janeiro: Jorge Zahar, 1990.

GARCIA-ROZA, L. A. Recalcamento. *In*: GARCIA-ROZA, L. A. *Introdução à metapsicologia*. Rio de Janeiro: Jorge Zahar, 1995. v. 3, pp. 164-206.

GREEN, A. Introduction à Dostoïevski. *In*: DOSTOÏEVSKI, F. *Le double*. Paris: Gallimard, 1980. p. 23. (Coll. Folio Classique, 1227).

GARCIA-ROZA, L. A. Recalcamento. *In*: GARCIA-ROZA, L. A. *Introdução à metapsicologia*. Rio de Janeiro: Jorge Zahar, 1995. v. 3, pp. 164-206.

JONES, E. *A vida e a obra de Sigmund Freud*. v. 2. Rio de Janeiro: Imago, 1989.

LACAN, J. A significação do falo (1966). *In*: LACAN, J. *Escritos*. Tradução de Vera Ribeiro. Rio de Janeiro: Jorge Zahar, 1998. pp. 692-703.

LACAN, J. De uma questão preliminar a todo tratamento possível da psicose (1958). *In*: LACAN, J. *Escritos*. Tradução de Vera Ribeiro. Rio de Janeiro: Jorge Zahar, 1998. pp. 537-590.

LACAN, J. Fonction et champ de la parole et du langage en psychanalyse. *In*: LACAN, J. *Écrits*: a selection. Paris: Seuil, 1966. p. 379.

LACAN, J. Kant com Sade (1962). *In*: LACAN, J. *Escritos*. Tradução Vera Ribeiro. Rio de Janeiro: Jorge Zahar, 1998. pp. 776-803.

LAPLANCHE, J. *Novos fundamentos para a psicanálise*. São Paulo: Martins Fontes, 1992.

LAPLANCHE, J. *Sexual – a sexualidade ampliada no sentido freudiano, 2000-2006*. Porto Alegre: Dublinense, 2015.

LAVIE, J.-C. *Qui je?* Paris: Gallimard, 1985. pp. 85-86.

MAHONY, P. Pós-escrito: a leitura psicanalítica de Freud (1982). *In*: MAHONY, P. *Freud como escritor*. Tradução de E. Saporiti. Rio de Janeiro: Imago, 1992. pp. 194-228.

MASSON, J. M. *A correspondência completa de Sigmund Freud para Wilhelm Fliess (1887-1904)*. Tradução de Vera Ribeiro. Rio de Janeiro: Imago, 1986.

MCDOUGALL, J. *As múltiplas faces de Eros*: uma exploração psicanalítica da sexualidade humana. São Paulo: Martins Fontes, 1997.

MELER, I. El ejercicio de la sexualidad en la postmodernidad. Fantasmas, prácticas y valores. *In*: MELER, I.; TAJER, D. (comps.). *Psicoanálisis y género*. Debates en el foro. Buenos Aires: Lugar Editorial, 2000.

MELER, I. (comp.). *Psicoanálisis y género*. Buenos Aires: Paidós, 2017.

MORENO GARCIA, R. Dissidências sexuais e gênero em psicanálise. *Psicanálise*, Porto Alegre, v. 21, n. 1, pp. 48-62, 2019.

MORENO GARCIA, R. Em Dora, plasticidade libidinal. *In*: LORA, D. Z.; SILVA, S. M. (org.). *Retorno do caso Dora*. Porto Alegre: Artes & Ecos, 2020a. pp. 93-110.

MORENO GARCIA, R. Psicanálise: grávida de consequências. *In*: DEGANI, R. *et al*. (org.). *A analista grávida*. Porto Alegre: Artes & Ecos, 2020b. pp. 135-146.

MORENO GARCIA, R.; PAIM FILHO, I. A. Do sexual infantil à bissexualidade psíquica. *Constructo – Revista da Psicanálise*, Porto Alegre, n. 1, 2016.

MORENO GARCIA, R.; PAIM FILHO, I. A. Do sexual infantil à bissexualidade psíquica. *In*: MORENO GARCIA, R. (org.). *Sobre o infantilismo da sexualidade*. Porto Alegre: Sulina, 2017. pp. 106-133.

PAIM FILHO, I. A. A guerra e o repúdio ao feminino: uma releitura da disposição feminina originária. *In*: PAIM FILHO, I. A.

Metapsicologia: um olhar à luz da pulsão de morte. Porto Alegre: Movimento, 2014. pp. 41-57.

PAIM FILHO, I. A. Complexo de castração em tempos de novas configurações. *Revista Brasileira de Psicanálise*, São Paulo, v. 52, n. 2, pp. 97-112, 2018.

PAIM FILHO, I. A. Freud reinventando Freud: um retorno às origens. *In*: PAIM FILHO, I. A. *Metapsicologia*: um olhar à luz da pulsão de morte. Porto Alegre: Movimento, 2014. pp. 129-146.

PAIM FILHO, I. A. O representável e o irrepresentável: um novo paradigma para pensar as estruturas clínicas (2003). *In*: PAIM FILHO, I. A. *Metapsicologia*: um olhar à luz da pulsão de morte. Porto Alegre: Movimento, 2014. pp. 161-178.

PAIM FILHO, I. A. O ser contemporâneo: entre o pensamento religioso e o científico. *Revista Brasileira de Psicanálise*, São Paulo, v. 49, n. 1, pp. 193-206, 2015.

PAIM FILHO, I. A. Pulsão de morte: o assombrosamente belo. *Constructo revista de psicanálise*, Porto Alegre, v. 3, pp. 173--187, 2018.

PAIM FILHO, I. A. *Shibboleth*, Freud e o fundamental na psicanálise e no devir analista. *In*: SOUTO, V. *Formação psicanalítica*: fatos e versões. Porto Alegre: Letra & Vida, 2010. pp. 71-84.

PAIM FILHO, I. A. Totem e tabu: um proêmio ao narcisismo. *In*: *Para uma introdução ao narcisismo*: reflexos e reflexão. Porto Alegre: CEPdePA, 2014. pp. 237-252.

PAIM FILHO, I. A.; FRIZZO, P. O pulsar da pulsão: os enigmas da criação. *In*: PAIM FILHO, I. A.; FRIZZO, P. *Metapsicologia*: um olhar à luz da pulsão de morte. Porto Alegre: Movimento, 2014. pp. 205-218.

PAIM FILHO, I. A; MACHADO, A P. T. Masoquismo: destino das pulsões – origem do sujeito. *In*: PAIM FILHO, I. A. *et al. Pulsão de morte*: a inegável existência do mal. Porto Alegre: CEPdePA, 2021. pp. 63-87.

PAIM FILHO, I. A.; MACHADO, A. P. T. *Masoquismo*: destino das pulsões: origens do sujeito, 2017. Disponível em: http://www.congreso2018.fepal.org/uploads/trabajos_prepublicados/02_machado_pt.pdf. Acesso em: 15 abr. 2022.

PAIM FILHO, I. A.; PAIM, A. M. Diferenças anatômicas entre os sexos têm algo a ver com a identidade sexual? *In*: MEIRA, A. C.; HAUSEN, D. C.; LIMA, J. L. (ed.). *Édipo*: enigma da atualidade. Porto Alegre: Sulina, 2018, pp. 231-250.

PAIM FILHO, I. A.; QUADROS, V. A guerra e o repúdio ao feminino: Tróia como paradigma. *Revista Brasileira de Psicanálise*, São Paulo, v. 42, n. 4, pp. 99-109, 2008.

PAIM FILHO, I. A. *et al.* Complexo melancólico o anseio da alma. *Percurso Revista de Psicanálise*, São Paulo, Sedes Sapiense, pp. 89-100, 2018.

PAIM FILHO, I. A. *et al.* Filicídio nosso de cada dia: estrutura, alienação e ato. *In*: PAIM FILHO, I. A.; BORGES, G. *Sobre o filicídio*: uma introdução. Porto Alegre: Sulina, 2017a. pp. 77-91.

PAIM FILHO, I. A. *et al.* O tornar-se mulher: a intrigante história da(s) garota(s) dinamarquesa(s). *In*: PAIXÃO, C.; HAUSEN, D.; PAIM FILHO, I. A. (ed.). *Sexualidade.* Porto Alegre: CEPdePA, 2017b. pp. 224-242.

PAIM FILHO, I. A. *et al.* Percepção – castração – cisão: as múltiplas faces do Eu. In: PAIM FILHO, I. A. *Inconfidências metapsicológicas*: Das Unheimliche. Porto Alegre: Sulina, 2019. pp. 114-142.

PAIM FILHO, I. A. *et al.* Perséfone, Hamlet e a vida cotidiana, interlocutores da função paterna. *Revista da Sociedade de Psicologia do RS*, Porto Alegre, v. 4, n. 1, pp. 29-40, 2005.

PAIM FILHO, I. A. *et al.* Sublimação: um desafio metapsicológico. *In*: *Sexualidade*. Porto Alegre: CEPdePA, 2016, pp. 205-223.

PLATÃO. *O banquete*. São Paulo: Rideel, 2005.

PLATÃO. *O banquete*. Tradução de Donaldo Schüler. Porto Alegre: L&PM, 2009.

PLATON. *Le Sophiste*. *In*: *PLATON*. Paris: Flammarion, 2008.

RIEDER, I.; VOIGT, D. *Desejos secretos*: a história de Sidonie C., a paciente homossexual de Freud (2000). Tradução de Laura Barreto. São Paulo: Companhia das Letras, 2008.

ROUDINESCO, E. *Freud en su tiempo y en el nuestro*. Buenos Aires: Debate, 2015.

ROUDINESCO, E. *Sigmund Freud na sua época e em nosso tempo*. Trad A. Telles. Rio de Janeiro: Zahar, 2016.

ROUDINESCO, E.; PLON, M. *Dicionário de psicanálise*. São Paulo: Jorge Zahar, 1998.

STOLLER, R. J. *Sex and gender*: the development of masculinity and femininity. New York: Science House, 1968.

VALÉRY, P. *La cantate du Narcisse*. Paris: Prodinnova, 2020.

VALLS, J. L. *Diccionario freudiano*. Buenos Aires: Gaby Ediciones, 2009.

WINNICOTT, D. W. La préoccupation maternelle primaire. *In*: WINNICOTT, D. W. *De la pédiatrie à la psychanalyse*. Paris: Payot, 1969. pp. 168-174.

Série Psicanálise Contemporânea

Adoecimentos psíquicos e estratégias de cura: matrizes e modelos em psicanálise, de Luís Claudio Figueiredo e Nelson Ernesto Coelho Junior

O brincar na clínica psicanalítica de crianças com autismo, de Talita Arruda Tavares

Budapeste, Viena e Wiesbaden: o percurso do pensamento clínico-teórico de Sándor Ferenczi, de Gustavo Dean-Gomes

Clínica da excitação: psicossomática e traumatismo, de Diana Tabacof

Chuva n'alma: a função vitalizadora do analista, de Fátima Flórido Cesar, Marina F. R. Ribeiro e Luís Claudio Figueiredo

Da excitação à pulsão, com organização de Cândida Sé Holovko e Eliana Rache

De Narciso a Sísifo: os sintomas compulsivos hoje, de Julio Verztman, Regina Herzog, Teresa Pinheiro

Do pensamento clínico ao paradigma contemporâneo: diálogos, de André Green e Fernando Urribarri

Do povo do nevoeiro: psicanálise dos casos difíceis, de Fátima Flórido Cesar

Em carne viva: abuso sexual de crianças e adolescentes, de Susana Toporosi

Escola, espaço de subjetivação: de Freud a Morin, de Esméria Rovai e Alcimar Lima

Expressão e linguagem: aspectos da teoria freudiana, de Janaina Namba

Fernando Pessoa e Freud: diálogos inquietantes, de Nelson da Silva Junior

Figuras do extremo, de Marta Rezende Cardoso, Mônica Kother Macedo, Silvia AbuJamra Zornig

O grão de areia no centro da pérola: sobre neuroses atuais, de Paulo Ritter e Flávio Ferraz

Heranças invisíveis do abandono afetivo: um estudo psicanalítico sobre as dimensões da experiência traumática, de Daniel Schor

Histórias recobridoras: quando o vivido não se transforma em experiência, de Tatiana Inglez-Mazzarella

Identificação: imanência de um conceito, de Ignácio A. Paim Filho, Raquel Moreno Garcia

A indisponibilidade sexual da mulher como queixa conjugal: a psicanálise de casal, o sexual e o intersubjetivo, de Sonia Thorstensen

Interculturalidade e vínculos familiares, de Lisette Weissmann

Janelas da psicanálise: transmissão, clínica, paternidade, mitos, arte, de Fernando Rocha

O lugar do gênero na psicanálise: metapsicologia, identidade, novas formas de subjetivação, de Felippe Lattanzio

Os lugares da psicanálise na clínica e na cultura, de Wilson Franco

Luto e trauma: testemunhar a perda, sonhar a morte, de Luciano Bregalanti

Metapsicologia dos limites, de Camila Junqueira

Os muitos nomes de Silvana: contribuições clínico-políticas da psicanálise sobre mulheres negras, de Ana Paula Musatti-Braga

Nem sapo, nem princesa: terror e fascínio pelo feminino, de Cassandra Pereira França

Neurose e não neurose, 2. ed., de Marion Minerbo

A perlaboração da contratransferência: a alucinação do psicanalista como recurso das construções em análise, de Lizana Dallazen

Psicanálise de casal e família: uma introdução, com organização de Rosely Pennacchi e Sonia Thorstensen

Psicanálise e ciência: um debate necessário, de Paulo Beer

Psicossomática e teoria do corpo, de Christophe Dejours

Razão onírica, razão lúdica: perspectivas do brincar em Freud, Klein e Winnicott, de Marília Velano

Relações de objeto, de Decio Gurfinkel

Ressonâncias da clínica e da cultura: ensaios psicanalíticos, de Silvia Leonor Alonso

Sabina Spielrein: uma pioneira da psicanálise – Obras Completas, volume 1, 2. ed., com organização, textos e notas de Renata Udler Cromberg

Sabina Spielrein: uma pioneira da psicanálise – Obras Completas, volume 2, com organização, textos e notas de Renata Udler Cromberg

O ser sexual e seus outros: gênero, autorização e nomeação em Lacan, de Pedro Ambra

O tempo e os medos: a parábola das estátuas pensantes, de Maria Silvia de Mesquita Bolguese

Tempos de encontro: escrita, escuta, psicanálise, de Rubens M. Volich

Transferência e contratransferência, 2. ed., de Marion Minerbo

GRÁFICA PAYM
Tel. [11] 4392-3344
paym@graficapaym.com.br